History of the Armenians

Movses Khorenatsi

ՀԱՅՈՑ ՊԱՏՄՈՒԹՅՈՒՆ

ՄՈՎՍԵՍ ԽՈՐԵՆԱՑԻ

History of the Armenians

Copyright © 2014, Indo-European Publishing

Contact:
IndoEuropeanPublishing@gmail.com

ISNB: 978-1-60444-807-8

ՀԱՅՈՑ ՊԱՏՄՈՒԹՅՈՒՆ

Հրատարակված է Ամերիկայի Միացյալ Նահանգներում:

Կապ՝

IndoEuropeanPublishing@gmail.com

ISNB: 978-1-60444-807-8

ԳԻՐՔ ԱՌԱՋԻՆ

Հայոց մեծերի ծննդաբանությունը

ՍԱՀԱԿԻ ԹՂԹԻՆ ՊԱՏԱՍԽԱՆ ԵՎ ԽՈՍՏՈՒՄ՝ ՆՐԱ ԽՆԴՐԱԾԸ ԿԱՏԱՐԵԼՈՒ

Մովսես Խորենացին մեր ազգի պատմության այս սկզբում ողջունում է Սահակ Բագրատունուն:

Քո մեջ եղած աստվածային շնորհքների անսպառ գործունեությունը եվ հոգու անդադար շարժումները քո մտածողության վրա՝ ես ճանաչեցի այս գեղեցիկ խնդրի միջոցով, մարմնից առաջ հոգուդ հետ ծանոթանալով, սա իմ ճաշակին ևս ախորժելի է, և մանավանդ իմ սովորություններին: Ուստի ոչ միայն պետք է քեզ գովել, այլև քեզ համար աղոթել, որ միշտ այսպես մնաս:

Որովհետև եթե մենք բանականության պատճառով, ինչպես ասվում է, Աստծու պատկերն ենք, և մյուս կողմից՝ բանականի կատարելությունը խոհականությունն է, և քո մեջ անհատնելի է սրանց ցանկությունը՝ ուրեմն գեղեցիկ մտածողությամբ վառ և բորբոք պահելով քո խոհականության կայծը՝ զարդարում ես բանականությունը, որով մնում ես պատկեր լինելու: Կարելի է ասել, որ սրա միջոցով ուրախացնում ես սրա սկզբնատիպին՝ գեղեցիկ և չափավոր մոլությամբ հետամուտ լինելով այս խնդիրներին:

Սրա հետ միասին հետևյալն էլ եմ նկատում, որ եթե մեզանից առաջ և մեր ժամանակ ապրող՝ Հայոց աշխարհի ցեղապետերն ու իշխանները ոչ իրենց ձեռքի տակ ընկած և հավանորեն եղած իմաստուններին հրամայեցին այսպիսի պատմական հիշատակարաններ գրել, ոչ էլ մտածեցին դրսից՝ որևէ տեղից ներս բերել օծանդակ գիտություններ, և այժմ քեզ այդպիսին եղած ճանաչեցինք, ուրեմն պարզ է, որ դու պետք է ճանաչվես բոլոր քեզանից առաջ եղածներից վեհագույն և բարձրագույն, արժանանաս գովեստների և պատմական այսպիսի հիշատակարանի մեջ դրվելու արժանի:

Ուստի ուրախությամբ ընդունելով քո խնդիրը՝ սիրով կաշխատեմ այն կատարել, անմահ հիշատակ թողնելով այս քեզ, և քեզ հաջորդող սերունդներին: Որովհետև դու պատկանում ես նախնական և քաջ ազգի, արդյունավոր ոչ միայն խոսքի և պիտանի խոհականության մեջ, այլև բազմաթիվ մեծամեծ փառավոր գործերով, որոնք մենք կհիշատակենք այս պատմության ընթացքում, երբ հորից որդի ծննդաբերությունը տալով՝ կազմենք բովանդակ ազգաբանությունը, իսկ հայտնի բոլոր նախարարությունների, ամեն մեկի որտեղից և ինչպես ծագելը համառոտ և հավաստի կպատմենք, ինչպես որ կա մի քանի հունական պատմությունների մեջ:

ԹԵ ԻՆՉՈՒ ՄԵՆՔ ՀՈՒՆԱՐԵՆԻՑ ԿԱՄԵՑԱՆՔ ՑՈՒՅՑ ՏԱԼ ՄԵՐ ԳՈՐԾԵՐԸ, ՄԻՉԴԵՌ ՔԱՂԴԵԱՑԻՆԵՐԻ ԵՎ ԱՍՈՐԵՍՏԱՆՑԻՆԵՐԻ ՄԱՏՅԱՆՆԵՐՈՒՄ ԱՎԵԼԻ ՇԱՏ ԵՆ ՄՐԱՆՔ

Եվ այս բանի վրա թող ոչ ոք չզարմանա, որ թեպետ շատ ազգեր մատենագրություններ են ունեցել, ինչպես ամենքին հայտնի է, մանավանդ պարսիկներն ու քաղդեացիները, որոնց մեջ ավելի շատ են գտնվում մեր ազգին վերաբերվող բազմաթիվ գործերի հիշատակություններ, մենք սակայն միայն հունաց պատմագրությունները հիշատակեցինք և այնտեղից խոստացանք առաջ բերել մեր ազգաբանությունը:

Որովհետև ոչ միայն հունաց թագավորները հոգ տարան հույներին ավանդելու ինչպես իրենց աշխարհակալության, այնպես և գիտության վերաբերյալ աշխատությունները, իրենց ներքին գործերը կարգի բերելուց հետո, ինչպես օրինակ, Պտղոմեոսը, որ եղբայրասեր է կոչվում, հարկավոր համարեց բոլոր ազգերի մատյաններն ու պատմությունները հունարեն թարգմանելու:

Բայց ոչ ոք թող այստեղ մեզ անուսում համարելով չբամբասի, որպես թե մենք անվարժ և տգետ մեկն ենք, որ Պտղոմեոսը եգիպտացիների թագավոր է եղել, իսկ մենք նրան հունաց թագավոր համարեցինք: Որովհետև նա հույներին էլ իր իշխանության տակ նվաճելով՝ կոչվեց Ալեքսանդրիայի և հունաց թագավոր, ինչպես երբեք չկոչվեց և ոչ մեկը Պտղոմյաններից կամ Եգիպտոսի ուրիշ տիրողներից: Նա այնքան հունասեր բարք ուներ, որ իր աշխատությունը հունարենի թարգմանեց: Ուրիշ շատ պատճառներ էլ կան մեր նրան հունաց թագավոր կոչելու, բայց մեր խոսքը համառոտելու համար բավական ենք համարում այս ասածը նրա մասին, այլև Հունաստանի բազմաթիվ անվանի ու գիտությամբ պարապած մարդիկ հոգ տարան հույն լեզվի թարգմանելու ոչ միայն ուրիշ ազգերի թագավորների դիվանների և մեհյանների գրքերը, ինչպես գտնում ենք նրան, որ քաղդեացի Բերոսոսին՝ բոլոր գիտություններին քաջահմուտ մարդուն, հորդորեց այս բանն անելու, այլև մեծամեծ և զարմանալու արժանի արվեստները, որոնք այս և այնտեղ դժվարությամբ գտնելով փոխադրեցին հույնի լեզվի: Եվ այս արվեստները ժողովեցին մարդիկ, որոնց անունները մենք հավաստի գիտենք, և նվիրեցին հելլեն աշխարհին, փառավորելով նրան: Եվ գովելի են ինչպես ուսումնասիրողները՝ ուրիշներից ձեռք բերելու իրենց ջանքի, իմաստության համար, նույնքան և ավելի նրանք, որոնք գիտության այսպիսի գյուտերն ընդունեցին և պատվեցին: Այս պատճառով ես չեմ տատանվում՝ ամբողջ Հունաստանը գիտության մայր կամ դայակ կոչելու:

Եվ այսքանը բավական է բացատրելու համար հունաց պատմագիրներին դիմելու մեր կարիքը:

ՄԵՐ ԱՌԱՋԻՆ ԹԱԳԱՎՈՐՆԵՐԻ ԵՎ ԻՇԽԱՆՆԵՐԻ ԱՆԻՄԱՍՏԱՍԵՐ ԲԱՐՔԻ ՄԱՍԻՆ

Կամենում եմ նաև առանց մեղադրական հիշատակության չթողնել մեր հին նախնիքների անիմաստասեր բարքերը, այլ հենց այստեղ մեր ձեռնարկության սկզբում, նրանց մասին կշտամբանքի խոսքեր գրել: Որովհետև եթե իիրավի գովության արժանի են թագավորներից նրանք, որոնք իրենց ժամանակները գրով ու պատմությամբ հաստատեցին և յուրաքանչյուրն իր իմաստության գործերն ու քաջությունն արձանագրեց պատմագրությունների և պատմությունների մեջ. նրանցից հետո մեր կողմից գովասանական խոսքերի արժանացան նաև այն մատենագիրները, որոնք այս ծանր աշխատանքով պարպեցին: Սրա շնորհիվ մենք էլ նրանց շարադրած գրվածքները կարդալիս աշխարհական կարգերի գիտություն ենք ձեռք բերում և քաղաքական կարգեր ենք սովորում, երբ ուսումնասիրում ենք այսպիսի գիտական ճառեր և պատմական գրվածքներ, ինչպես ունեն քաղդեացիները և ասորեստանցիները, եգիպտացիները և հելլենացիները: Սրա հետ միասին գուցե նաև փափագենք այն մարդկանց իմաստության, որոնք այսպիսի աշխատանք հանձն առան: Ապա ուրեմն մեզ ամենևին հայտնի է մեր թագավորների և մյուս նախնիքների տխմարությունը դեպի գիտությունը և բանական հոգու անկատարությունը: Որովհետև թեպետ մենք փոքր ածու ենք և թվով շատ սահմանափակ ու զորությամբ թույլ և շատ անգամ օտար թագավորությունների կողմից նվաճված, բայց և այնպես մեր երկրումն էլ գրելու և հիշատակելու արժանի շատ սխրագործություններ են կատարվել, որ նրանցից ոչ ոք հոգ չտարավ գրի առնելու: Արդ՝ այն մարդկանց, որոնք չմտածեցին նույնիսկ իրենց բարիք անել և անուն ու հիշատակ թողնել աշխարհում, որքան կիարմարի մեր մեղադրանքը այնպիսիներին և դեռ նրանցից ավելի մեծ բաներ պահանջել, այսինքն՝ իրենցից առաջ եղածները:

Բայց գուցե մեկն ասի, այն ժամանակ գրի ու գրականություն չլինելու պատճառով եղավ այդ, կամ զանազան պատերազմների շնորհիվ, որ անընդհատ մեկը մյուսին հաջորդում էին: Բայց իրավացի չի լինի այսպես կարծելը, որովհետև պատերազմներն ընդմիջումներ էլ են ունեցել, և կային պարսից և հունաց գրեր, որոնցով գրված այժմ գտնվում են մեզ մոտ անթիվ քանակությամբ գրություններ, գյուղերի ու գավառների, յուրաքանչյուր տների սեփականության, ընդհանուր վեճերի ու դաշինքների, մանավանդ սեպուհական ազնվականության ծագման վերաբերյալ: Բայց ինձ թվում է, որ ինչպես այժմ, այնպես էլ հին հայերի մոտ սեր չի եղել դեպի գիտությունը և բանավոր երգերը: Ուստի ավելորդ է մեզ այլևս խոսել անբան, թուլամիտ և վայրենի մարդկանց մասին:

Բայց ես շատ եմ զարմանում քո մտքի բեղմնավորության վրա, որ մեր նախարարական ցեղերի հներից սկսած մինչև այժմյանները միայն դու գտնվեցիր այսպիսի մեծ գործի ձեռնարկող և մեզ առաջարկեցիր հետազոտություն կատարել՝ երկար և շահավոր գործով ճշտությամբ գրել մեր ազգի պատմությունը թագավորների և նախարարական ցեղերի և տոհմերի մասին, թե ով ումից է ծագել, ինչ է գործել նրանցից յուրաքանչյուրը, և որն այս բաժանված ցեղերից բնիկ մեր ազգից է և որոնք եկվորներ են և հայացված բնիկ են դարձել, ամեն մեկի գործերն ու ժամանակները գրով դրոշմել, անկարգ աշտարակի շինությունից սկսած մինչև ներկա ժամանակս – նկատելով այս քեզ համար գեղեցիկ փառք և բավականություն առանց նեղության:

Այս առիթով այսքան միայն կասեմ, կա արդյոք իմ ձեռքի տակ մատյան, ինչպես ասված է Հոբի գրքում, կամ քո հայրենիքն ունի գրականություն, որոնց միջոցով գուցե եբրայեցի պատմագիրների նման, վերևից մինչև քեզ իջնեմ ճյուղագրությունը անսխալ կերպով, կամ թե քեզնից և ուրիշներից սկսելով դեպի վեր տանեմ մինչև սկիզբը: Բայց և այնպես կսկսեմ թեպետ և դժվարությամբ, միայն թե որևէ մեկը շնորհակալ լինի մեր կրած նեղությունների համար: Եվ կսկսեմ նրանից, որից սկսում են և ուրիշները, ոմանք ըստ եկեղեցական պատմության, ոմանք էլ ըստ Քրիստոսի, ավելորդ համարելով երկրորդել արտաքին հեղինակների առասպելները սկզբնական պատմության մասին, բայց հետագայից կհիշենք որոշ ժամանակներ և հայտնի անձեր, որքան նրանք զուգադիպում են Սուրբ գրքի պատմությանը, մինչև որ բնականաբար կհասնենք հեթանոսական զրույցներին, բայց սրանցից էլ կառնենք, ինչ որ հավաստի կհամարենք:

ԱՅՆ ՄԱՍԻՆ, ՈՐ ՄՅՈՒՍ ՊԱՏՄԱԳԻՐՆԵՐԸ ՉՀԱՄԱՁԱՅՆԵՑԻՆ Ս.ԳՐՔԻՆ ԱԴԱՄԻ ԵՎ ՄՅՈՒՍ ՆԱՀԱՊԵՏՆԵՐԻ ՎԵՐԱԲԵՐՄԱՄԲ

Ամբողջ մարդկության արմատի կամ, եթե մեկը կամենա ասել, ծայրի մասին պետք է մեզ մի քանի խոսք ասել, թե ինչու մյուս պատմագիրները, ինչպես Բերոսոսը, Բազմավեպը և Աբյուղենոսը, Ս. հոգուն հակառակ դատելով չհամաձայնեցին Ս. գրքին, ինչպես նաև նույնինքն նավակառույցի և մյուս նահապետների մասին, ոչ միայն անունների և ժամանակների վերաբերյալ, այլև մարդկային ցեղի սկիզբը կարգելու առթիվ, որ մեզ համար ստույգ և արժանահավատ է:

Որովհետև Աբյուղենոսը, մյուսների նման, այսպես է ասում նրա մասին «Ամենախնամ Աստված նրան նշանակեց ժողովրդին հովիվ և առաջնորդ»: Որից հետո ասում է.

«Ազովրոսը թագավորեց տասը շար», որ լինում է երեսունվեց հազար տարի: Նույնպես և Նոյի համար գործ են ածում ուրիշ անուն և վերագրում են նրան խիստ երկար ժամանակ, թեպետև ջրերի սաստիկ հորդության և երկրի ոչնչացման վերաբերմամբ խոսում են համաձայն Սուրբ գրքի պատմածին, նույնպես և նահապետների թիվը, Քսիսութրոսով միասին տասն են հաշվում: Այս ըստ արեգակնային չորս ժամանակյա տարու հաշվելով ոչ միայն չի համապատասխանում մեր տարիներին, մանավանդ նաև Աստվածաշնչի, այլև հեռանում է եգիպտացիների տարիներից, որոնք Լուսնի ծնունդներով են հաշվում: Նույնիսկ եթե աստվածների վերաբերյալ ոմանց ասածները մեկն ու մեկը տարիներ համարի և զուգադրելով համեմատի առաջարկված անսահման թվերին՝ ճշմարտությանը մոտեցնելու, երբեմն պակաս կստացվի և երբեմն մեծ թիվ կազմի: Պետք է այստեղ իսկապես նրանց կարծիքներն ըստ մեր կարողության բացատրել, թե նրանցից յուրաքանչյուրը ինչ մտածեց այս բաները այսպես գրել, բայց մեր առաջիկա գործի երկարության պատճառով՝ այդ բանը կթողնենք ուրիշ տեղի և ժամանակի և մեր խոսքը կնդհատենք այստեղ, ու կսկսենք պատմել հետևյալի մասին, ինչպես որ համոզված ենք:

Ադամը նախաստեղծ է. սա երկու հարյուր երեսուն տարեկան

ժամանակ սերում է Սեթին: Սեթը երկու հարյուր հինգ տարեկան՝ սերում է Ենովսին: Սրան են պատկանում արձանագրություններից երկուսը՝ երկու զալիք դիպվածների դեմ, ինչպես ասում է Հովսեփոսը, թեպետ անհայտ է նրանց տեղը: Ենովսը առաջինն եղավ, որ հուսաց Աստծու անունը տալ:

Եվ ինչու արդյոք այս և կամ ինչ պատճառով սա առաջինը հուսաց՝ Աստված կոչելու, և ինչպես պետք է հասկանալ կոչել բառը: Որովհետև Ադամը իսկապես աստվածաստեղծ է: Սա, ասվում է, Աստծու բերանից պատվեր ստացավ, բայց և հանցանք գործելով ու թաքչ կենալով՝ «ուր ես»-ը նրանից է հարցվում և ոչ ուրիշ մեկից, նույնպես և վճիռը նրա բերանից է լսում: Իսկ հետո Աբելը Աստծուն մերձավոր ու ծանոթ լինելով՝ նրան զոհ է մատուցանում, որ ընդունելի է լինում:

Արդ՝ երբ սրանք

Աստծուց ընդունված ու նրան ճանաչում էին, ինչու սրա, Ենովսի մասին է ասվում, թե առաջինը նա Աստված անվանեց և այն էլ՝ հուսով: Արդ՝ սրա մասին եղած փաստերից մեր հավաքածը կտեղադրենք, իսկ ինչ որ առձեռն պատրաստ է, կասենք:

Որովհետև մարդկանց առաջինը պատվիրանազանց գտնվելով, իր գործած չարիքի պատճառով արտաքսվեց դրախտից և Աստծու տեսությունից, ինչպես ասված է: Հետո Ադամի որդիներից Աբելը ամենից մտերիմը Աստծուն, սպանվում է իր հարազատ եղբորից: Այնուհետև ոչ Աստծային խոսք և ոչ որևէ հայտնություն լինելով՝ մարդկային ցեղը ընկնում է տարակուսանքի և անհուսության մեջ, այլև իսկապես քմահաճ գործերի մեջ: Սրանց մեջ սա լիահույս լինելով ուղղամտությամբ կոչում է Աստծուն: Իսկ կոչելը երկու կերպ կարելի հասկանալ – կամ անվանել, ինչպես մի մոռացված բան, կամ օգնություն կանչել: Արդ՝ անվանել հասկանալը, ինչպես մոռացվածի, հարմար չէ, որովհետև այնքան շատ տարիներ չէին անցել, որ Աստված անունը նրանց մոռացնել տային կամ հենց նրան, որ այս անունով կոչվում էր, և դեռ նույնիսկ Աստծուց ստեղծվածը մահվան և թաղման չէր հասել: Ուրեմն սա՝ Ենովսը Աստծուն օգնության է կանչում:

Սա հարյուր իննսուն տարեկան՝ սերում է Կայինանին: Կայինան հարյուր յոթանասուն տարեկան՝ սերում է

Մաղաղային: Մաղաղայելը հարյուր վաթսունհինգ տարեկան սերում է Հարեդին, Հարեդը հարյուր վաթսուներկու տարեկան՝ սերում է Ենովքին, Ենովքը հարյուր վաթսունհինգ տարեկան՝ սերում է Մաթուսաղային: Մաթուսաղային սերելուց հետո նա երկու հարյուր տարի արժանավոր և հաճելի վարք ունենալով, ինչպես գիտե նա, որ հաճեց ամբարիշտների միջից տեղափոխվեց, ինչպես ասված է, որի պատճառը հետո կտանք: Մաթուսաղան հարյուր վաթսունհինգ տարեկան՝ սերում է Ղամեքին: Ղամեքը հարյուր ութսունութ տարեկան սերում է մի որդի և անունը դնում է Նոյ:

ՆՈՅԻ ՄԱՍԻՆ

Եվ ինչու արդյոք միայն սրան որդի անունով կոչեց, իսկ բոլոր մյուսների մասին պարզաբար ասաց, թե սերեցին. սրա մասին հայրն ինչ-որ հակառակ բան է գուշակում. «Սա մեզ կհանգստացնի,- ասում է նա,-մեր գործերից, մեր ձեռքերի նեղությունից և Աստծու անիծած երկրից», որ իրոք եղավ ոչ թե հանգիստ, այլ ջնջում ամեն բանի, որ երկրի վրա կար: Ինձ թվում է, թե «հանգստացնելը» նշանակում է դադարեցնել, իսկ դադարեցնելը՝ ամբարշտությունը և բոլոր չարիքները վերացնելն է՝ երկրորդ դարի զազրագործ մարդկանց սատակումով: Որովհետև գեղեցիկ ասաց. «մեր գործերից» այսինքն անօրինություններից, և «ձեռքերի նեղությունից», որոնցով պղծություն ենք կատարում: Բայց ըստ այս մարգարեության իիրավի հանգչում են, բայց ոչ բոլորը, այլ առաքինությամբ կատարյալ հոգիները, երբ չարիքներն, որպես հեղեղով ջնջված, մաքրվում են, ինչպես Նոյի ժամանակ չար գործերի անձնատուր մարդիկ: Իսկ որդի անունով մեծարեց Ս. գիրքը, Նոյին իբրև հայտնի ու նշանավոր մարդու և հայրենական առաքինությունների արժանավոր ժառանգի:

ԱՅՆ ՄԱՍԻՆ, ՈՐ ՆՈՅԻ ՈՐԴԻՆԵՐԻ ԾՆՆԴԱԲԵՐՈՒԹՅՈՒՆԸ ՀԱՎԱՍԱՐ Է ԳԱԼԻՍ ՄԻՆՉԵՎ ԱԲՐԱՀԱՄԸ, ՆԻՆՈՍԸ ԵՎ ԱՐԱՄԸ, ԵՎ ԹԵ ՆԻՆՈՍԸ ՈՉ ԲԵԼՆ Է ԵՎ ՈՉ ԲԵԼԻ ՈՐԴԻՆ

Եվ այս հայտնի է ամենքին, թե դժվարագյուտ և տաժանելի է ժամանակագրություն կազմելը սկզբից մինչև մեր ժամանակները, մանավանդ որոշելը նախարարական ցեղերի սերումը Նոյի երեք որդիներից: Որքան էլ որևէ մեկը կամենա հետազոտել ըստ դարերի մանավանդ որ Ս. գիրքը յուրայիններին զատելով իբրև իր սեփական ազգ՝ մյուսներինը լքեց, իբրև արհամարհելի և իր կողմից նշանակվելու անարժան: Սրանց մասին մենք կկսենք խոսել, որքան կարող ենք, ինչպես որ հավաստին գտանք հին պատմությունների մեջ, որոնք ըստ մեզ կատարելապես ճշմարիտ են: Իսկ դու, ով ուշիմ ընթերցող, նայիր այստեղ երեք ցեղերի շարքի հավասարությանը մինչև Աբրահամը, Նինոսը ու Արամը և զարմացիր:

Սեմը հարյուր տարեկան հասակում, ջրհեղեղից երկու տարի հետո, ըստ Ս. գրքի, սերում է Արփաքսաթին:

ՍԵՄ

Սեմը հարյուր տարեկան՝ սերում է Արփաքսաթին:

Արփաքսաթը հարյուր երեսունհինգ տարեկան՝ սերում է Կայինանին:

Կայինանը հարյուր քսան տարեկա՝ սերում է Սաղային:

Սաղան հարյուր երեսուն տարեկան՝ սերում է Եբերին:

Եբերը հարյուր երեսունչորս տարեկան՝ սերում է Փաղեկին:

Փաղեկը հարյուր երեսուներեք տարեկան՝ սերում է Ռագավին:

Ռագավը հարյուր երեսուն տարեկան՝ սերում է Սերուքին:

Սերուքը հարյուր երեսուն տարեկան՝ սերում է Նաքովրին:
Նաքովրը յոթանասունինը տարեկան՝ սերում է Թարային:
Թարան յոթանասուն տարեկան՝ սերում է Աբրահամին:

ՔԱՄ

Քամը սերում է Քուշին:
Քուշը սերում է Մեստրայիմին:
Մեստրայիմը սերում է Նեբրովթին:
Նեբրովթը սերում է Բաբին:
Բաբը սերում է Անեբիսին:
Անեբիսը սերում է Արբելին:
Արբելը սերում է Քայաղին:
Քայաղը սերում է մյուս Արբելին:
Արբելը սերում է Նինոսին:
Նինոսը սերում է Նինուասին:

ՀԱԲԵԹ

Հաբեթը սերում է Գամերին:
Գամերը սերում է Թիրասին:
Թիրասը սերում է Թորգոմին:
Թորգոմը սերում է Հայկին:
Հայկը սերում է Արամանյակին:
Արամանյակը սերում է Արամայիսին:
Արամայիսը սերում է Ամասիային:
Ամասիան սերում է Գեղամին:
Գեղամը սերում է Հարմային:
Հարման սերում է Արամին:

Արամը սերում է Արա Գեղեցիկին:

Արդ՝ Կայինանին իբրև Նոյից չորրորդ և Սեմից երրորդ են համարում բոլոր ժամանակագիրները: Նույնպես և Թիրասին Նոյից չորրորդ և Հաբեթից երրորդ, թեպետ ըստ մեր հայերեն թարգմանության ոչ մի տեղ չի գտնվում ուղղակի ճյուղագրության մեջ: Իսկ Մեստրայիմին իբրև Նոյից չորրորդ և Քամից երրորդ նշանակված չենք գտնում ոչ մեր թարգմանության մեջ և ոչ որևէ ժամանակարգի կողմից: Բայց այսպես սրան նշանակված գտանք մի շատ ուշիմ և ընթերցասեր ոմն ասորու կողմից և մեզ հավանական թվաց նրա ասածը: Որովհետև այդ Մեստրայիմը Մեծրայիմն է, որի տակ հասկացվում է Եգիպտոսը: Եվ ժամանակագիրներից շատերը Նեբրովթին, որ Բելն է, եթովպացի եղած ասելով, համոզեցին մեզ, որ այսպես ստույգ է, Նեբրովթը, այսինքն՝ Բելը, եթովպացի է եղել՝ մենք համոզվեցինք, որ իսկապես այսպես է եղել, Եթովպիան Եգիպտոսին սահմանակից լինելու պատճառով:

Սրանից հետո այս էլ ասենք, որ թեպետ Քամի սերունդների տարիները մինչև Նինոսը, և ոչ իսկ ստուգապես նույն իրեն Նինոսինը, ոչ մի տեղ թվարկված չեն, կամ թե մեզ չեն հասել, իսկ մեր Հաբեթի սերունդներինը բոլորովին չկան,- բայց և այնպես վերը բերված ազգաբանությունը հավաստի է, քանի որ երեք ցեղերն էլ տասնմեկական սերունդ են կազմում մինչև Աբրահամը, մինչև Նինոսը և մինչև մեր Արամը, որովհետև Արան, տասներկուերորդը, Նինոսից հետո է, և երիտասարդ հասակումն է վախճանվել: Եվ որ սա ճշմարիտ է, ոչ ոք թող չկասկածի, որովհետև այս բաները մեզ պատմում է շատ բաներում վստահելի Աբյուղենոսը, որ ասում է այսպես. «Նինոս որդի Արբեղի, որդի Քայաղի, որդի Արբեղի, որդի Անեբի, որդի Բաբի, որդի Բելի»: Նույնպես մերը, Հայկից մինչև Արա Գեղեցիկը, որին վավաշոտ Շամիրամն սպանեց՝ թվարկվում է այսպես. «Արա Գեղեցիկը որդի Արամի, որդի Հարմայի, որդի Գեղամի, որդի Ամասիայի, որդի Արամայիսի, որդի Արամանյակի, որդի Հայկի, որ դուրս եկավ Բելին հակառակորդ և միաժամանակ նրա կյանքին վերջ դնող»: Այս բանն ասում է Աբյուղենոսը իր առաջին առանձին մանր ազգաբանության մեջ, որ վերջերս ոմանք դեն գցեցին:

Սրանց վկայում է և Կեփաղիոնը, որովհետև ասում է իր գրքի

գլուխներից մեկում. «Մեր աշխատության սկզբում սկսեցինք մանրամասն գրել բոլոր ազգաբանություններն արքունական դիվաններից առնելով, բայց թագավորներից հրաման ստացանք՝ հներից բաց թողնել աննշան և վատասիրտ մարդկանց հիշատակությունը, այլ հիշել միայն քաջ, իմաստուն և աշխարհակալ նախնիքներին և մեր ժամանակն իզուր չվատնել» և այլն:

Այլ մեզ բոլորովին օտարոտի և ճշմարտությունից դուրս է թվում այն, որ ասում են, իբր թե Նինոսը Բելի որդին է կամ նույն ինքը Բելը, որովհետև ոչ ազգաբանությունը, ոչ էլ տարիների գումարումը այս չեն հաստատում. գուցե մեկը այս երկուսի, նշանավոր և անվանի լինելու պատճառով պատշաճ համարած լինի հեռավորին իբրև մոտավոր նշանակել:

Այս բաներն իսկապես մենք գտանք հունարեն գրականության մեջ: Թեպետև իրենք հույները քաղդեերենից փոխադրեցին իրենց լեզվին, և թեպետ քաղդեացիները կամ ինքնաբերաբար՝ հոժար կամքով այս կատարեցին, կամ թագավորների հրամանից հարկադրված՝ ինչպես մի ոմն Առիոս և ուրիշ շատերը, բայց մենք հույներին ենք համարում, նրանցից ուսած լինելով:

ԱՅՆ ՄԱՍԻՆ, ԹԵ ՄՅՈՒՍ ՀՆԱԽՈՍՆԵՐԸ ՈՐՈՇ ԲԱՆԵՐՈՒՄ ՄՈՎՍԵՍ ՄԱՐԳԱՐԵԻՆ ՀԱՄԱՁԱՅՆ ԵՆ ԵՎ ՈՐՈՇ ԲԱՆԵՐՈՒՄ ՏԱՐԲԵՐ, ԵՎ ՈՂՈՄՊԻՈԴՈՐՈՍ ՓԻԼԻՍՈՓԱՅԻ ՀԻՆ ԱՆԳԻՐ ԶՐՈՒՅՑՆԵՐԻ ՄԱՍԻՆ

Բազմաթիվ գրվածքներից ընտրելով հավաստին, որքան կարողացանք՝ նշանակեցինք Նոյի երեք որդիների սերունդները մինչև Աբրահամը, մինչև Նինոսը, մինչև Արամը, որին կարծում եմ, խելացի մարդկանցից ոչ ոք չի հակառակի, եթե միայն մարդ չցանկանա պատմության ճիշտ կարգը խանգարելով, ճշմարիտ պատմություններն առասպելների վերածել: Այս բաներով թող ամեն մեկը ուրախանա, ինչպես կամենում է:

Բայց եթե դու շնորհակալ լինես մեր նեղությունների և

ջանքերի համար, ով ուսումնասեր և մեզ այս հարցերում աշխատեցնող, համառոտ խոսքերով կհիշատակեմ, թե հին վիպագիրներն ինչպես գրեցին մեր վերը շարակարգածի մասին, թեպետ ներկայումս չեմ կարող ասել, թե արդյոք թագավորների մատենադարաններում այնպես գտան, թե ամեն մեկն ըստ իր ճաշակի կամեցավ փոփոխել անունները, զրույցները և ժամանակները, կամ թե մի ուրիշ որևէ պատճառով: Բայց ինչպես սկզբի մասին երբեմն ճշմարիտ են ասում և երբեմն ստում են,- օրինակ՝ նախաստեղծին չկոչելով առաջին մարդ, այլ թագավոր, նրան օտարոտի և նշանակությունից զուրկ անուն տալով և երեսունվեց հազար տարվա կյանք վերագրելով ստում են, իսկ նահապետների թվով և ջրհեղեղի հիշատակությամբ զուգընթանում են Մովսես մարգարեին,- այնպես էլ ջրհեղեղից հետո երեք անվանի մարդիկ նշանակելով աշտարակաշինությունից առաջ և Քսիսութրիոսի Հայաստան նավարկությունից հետո՝ ճշմարիտ են խոսում: Իսկ անունների փոփոխումով և ուրիշ շատ բաներով ստում են:

Բայց ես այժմ կուրախանամ իմ առաջիկա խոսքերը սկսելով ինձ սիրելի և շատերից ավելի ճշմարտախոս Բերոսյան Սիբիլլայից : Նա ասում է. «Նախքան աշտարակը և մարդկային խոսակցության բազմալեզու դառնալը, և Քսիսութրիոսի դեպի Հայաստան նավարկությունից հետո, երկրի իշխաններ են դառնում Զրվանը, Տիտանը և Հապետոսթեն», որ ինձ թվում են Սեմը, Քամը և Հաբեթը:

«Երբ նրանք, ասում է նա, ամբողջ աշխարհը բաժանում էին իրենց իշխանությունների մեջ, Զրվանը զորեղանալով տիրում է մյուս երկուսի վրա»: Հետո արդեն Զրադաշտ մոգը՝ բակտրիացիների, այսինքն մեդեացիների թագավորը, այս Զրվանին կոչեց սկիզբ և աստվածների հայր և էլի ուրիշ շատ բաներ նրա մասին առասպելաբանեց, որոնք կրկնելը անտեղի ենք համարում: «Արդ՝ երբ Զրվանը բռնացավ, - ասում է Սիբիլլան,- Տիտանը և Հապետոսթեն նրան դիմադրություն ցույց տվին՝ նրա հետ պատերազմի բռնվելով, որովհետև նա մտադրություն ուներ իր որդիներին բոլորի վրա թագավորեցնել»: Այս խառնակության ժամանակ, ասում է, Տիտանը հափշտակեց Զրվանի ժառանգության սահմաններից մի մասը: Այս ժամանակ մեջ մտավ նրանց քույր Աստղիկը և համոզելով, խռովությունը դադարեցրեց:

Տիտանը և Հապետոսթեն համաձայնում են, որ Զրվանը թագավորի, բայց ուխտով և երդումով դաշինք են հաստատում, որ Զրվանից ծնվելիք բոլոր արուներին սպանեն, որպեսզի սերնդե սերունդ չթագավորի. այս նպատակով հզոր մարդկանց վերահսկող նշանակեցին նրա կանանց ծնունդների վրա: Եվ երբ երկուսին սպանեցին, երդումը և ուխտը հաստատ պահելու համար, ապա Աստղիկ քույրը Զրվանի կանանց հետ միասին համոզում են Տիտաններից մի քանիսին՝ մյուս մանուկներին կենդանի պահել և ուղարկել արևմուտք, այն լեռը, որին ասում էին Դյուցնկեց, իսկ այժմ կոչվում է Ոլիմպոս:

Արդ՝ այս բաները ուրիշ մեկը թեկուզ առասպել՝ թեկուզ ճշմարտություն համարի, բայց ես հավատացած եմ, որ շատ բան ճշմարիտ է: Որովհետև Կիպրոսի Կոստանդիա քաղաքի եպիսկոպոս Եպիփանը հերձվածների դեմ գրած գրքում, երբ ձեռնարկում է ապացուցանել Աստծու ճշմարտությունն ու արդարադատությունը՝ այսպես է ասում իսրայելացիների ձեռքով յոթն ազգերի ոչնչացման մասին: Աստված արդարադատությամբ ոչնչացրեց այդ ազգերը իսրայելացիների առջևից, որովհետև նրանց կալվածների հողն ընկնում էր Սեմի որդինրի բաժնի մեջ, իսկ Քամը հարձակվելով բռնությամբ հափշտակեց այդ երկիրը, իսկ Աստված երդմամբ տրված ուխտի իրավունքը պաշտպանելով վրեժ է առնում Քամի ցեղից և ժառանգությունը վերադարձնում է Սեմի որդիներին: Բայց Տիտաններին և Ռափայիմներին Ս. Գիրքն էլ հիշում է:

Բայց մենք պետք է թեկուզ շատ կարճառոտ կրկնենք ոմանց անգիր հին զրույցները, որ վաղ ժամանակ պատմվում էին հունաց իմաստունների մեջ: Այս զրույցները մեզ հասան Գորգի և Բանան կոչված անձերի ձեռքով, ինչպես և երրորդի՝ ոմն Դավթի միջոցով: Սրանցից մեկը, փիլիսոփայություն ուսած, այսպես էր ասում. «Ով ծերեր, երբ ես Հունաստանում էի և ուսանում էի գիտություններ՝ մի օր դեպք եղավ, որ իմաստուն և բազմահմուտ անձերի մեջ խոսակցություն բացվեց աշխարհագրության և ազգերի բաժանման մասին: Ոմանք գրքերը բացատրում էին այլաբանորեն, ոմանք ուրիշ կերպ: Իսկ Ոլիմպիոդորոս անունով մեկը, որ նրանց մեջ ամենահմուտն էր, այսպես ասաց. «Ձեզ կպատմեմ անգիր զրույցներ, որ ավանդաբար հասել են մինչև մեզ, որ գեղջուկներից շատերն էլ մինչև այժմ պատմում են: Եղել է մի մատյան Քսիսութրիոսի և նրա որդիների մասին, որ այժմ ոչ մի տեղ չի երևում, որի մեջ ասում են, պատմվելիս է եղել այսպես: Երբ Քսիսութրիոսը նավեց դեպի Հայաստան և ցամաքի հանդիպեց՝ նրա որդիներից մեկը, Սեմ անունով, գնաց դեպի հյուսիսային արևմուտք՝ երկիրը դիտելու, հանդիպեց մի փոքր դաշտի մի երկայնանիստ լեռան մոտ, որի դաշտի միջով գետ էր հոսում դեպի Ասորեստանի կողմերը: Այստեղ գետի մոտ նա կանգ է առնում ու մնում է երկու լուսնական ամիս, լեռն իր անունով կոչում է Սիմ և նորից վերադառնում է արևելահարավ՝ որտեղից որ եկել էր: Իսկ նրա կրտսերագույն որդիներից Տարբան անունով մեկը երեսուն ուստրերով և տասնհինգ դուստրերով ու սրանց ամուսիններով, հորից բաժանվելով բնակություն է հաստատում հենց այնտեղ նույն գետի ափին, որի անունով էլ գավառը կոչվում է Տարավն կամ Տարոն, իսկ այն տեղը, որտեղ Տարբանը բնակվեց, կոչվում է Ցրոնք, որովհետև այնտեղ առաջին անգամ որդիները բաժանվեցին նրանցից: Դարձյալ պատմում էին, թե նա կարճ օրեր ապրել է բակտրիացիների սահմանների մոտ, և այստեղ էլ մնացել է նրա որդիներից մեկը: Որովհետև արևելքի կողմերում Սեմին Զրվան են կոչում, իսկ գավառը կոչում են Զարվանդ մինչև այսօր»: Բայց ավելի հաճախ Արամյան ազգի ծերունիները փանդիռների նվագակցությամբ ցուցքերի և պարերի երգերում հիշատակում են այս բաները:

Եվ այս զրույցները սուտ են թե իրոք եղած՝ մեզ համար կարևոր չէ, միայն որպեսզի դու ամեն բան գիտենաս, այս գրքում զետեղում եմ՝ ինչ որ լսովի գիտեմ և ինչ որ գրքերից, որպեսզի իմանաս իմ մտքի անկեղծությունը դեպի քեզ:

ՀԱՄԱՌՈՏ ԲԱՑԱՏՐՈՒԹՅՈՒՆ, ԹԵ ԱՐՏԱՔԻՆ ՀԵՂԻՆԱԿՆԵՐԻ ԲԵԼ ԿՈՉԱԾԸ ԸՍՏ Ս. ԳՐՔԻ ԻՍԿԱՊԵՍ ՆԵԲՐՈՎԹՆ Է

Բելի մասին, որին ժամանակակից էր մեր նախնին՝ Հայկը, շատերը շատ բաներ խառնաշփոթ են պատմում, բայց ես ասում եմ, թե Կռոնոս կոչվածը և Բելը՝ Նեբրովթն է եղել, ինչպես եգիպտացիները Մովսեսի նման թվում են՝ Հեփեստոս, Արեգակ, Կռոնոս, որոնք են Քամը, Քուշը, Նեբրովթը, բաց թողնելով Մեստրայիմին, որովհետև նրանք ասում են, թե իրենց առաջին մարդն եղել է Հեփեստոսը, որ գտել է կրակը: Թե ինչու է սա կոչվում կրակը գտնող, կամ որ Պրոմեթեոսը գողացել է կրակն աստվածներից և շնորհել մարդկանց, որ այլաբանություն է և մեր նյութին չի վերաբերում: Նաև եգիպտացիների թագավորական ցեղերի կարգը և տարիների գումարումը Հովիվների թագավորական հարստություններից մինչև Հեփեստոս հավասար է գալիս եբրայեցոց, Հովսեփի ժամանակներից մինչև Սեմը, Քամը և Հաբեթը:

Այսքանը բավական կհամարենք այս հարցերի մասին: Որովհետև եթե աշտարակաշինությունից սկսած մինչև ներկա ժամանակներս պատահած բոլոր բաները ջանանք մեջ բերել մեր պատմության մեջ ի գիտություն քեզ, ապա երբ կհասնենք քո ցանկացած պատմական զրույցներին, մանավանդ որ մեր առաջիկա գործն երկար է, իսկ մահկանացուների ժամանակը կարճ է և անհայտ: Ուստի կսկսեմ քեզ ցույց տալ մեր պատմությունը, թե որտեղից և ինչպես սկսվեց:

ԹԵ ՈՎ ԵՎ ՈՐՏԵՂԻՑ ԳՏԱՎ ԱՅՍ ՊԱՏՄՈՒԹՅՈՒՆՆԵՐԸ

Պատմում են, թե Արշակ Մեծը՝ Պարսից և Պարթևների թագավորը, որ ինքն էլ ցեղով պարթև էր, ապստամբվեց մակեդոնացիների դեմ, թագավորեց ամբողջ Արևելքի և Ասորեստանի վրա, սպանեց Նինվեում Անտիոքոս թագավորին և ամբողջ տիեզերքը հնազանդեցրեց իրեն: Սա իր եղբորը՝ Վաղարշակին թագավորեցնում է Հայաստանի վրա, նպատակահարմար համարելով, որպեսզի իր թագավորությունն անխախտ մնա: Նրան մայրաքաղաք է տալիս Մծբինը և նրա համար սահմաններ է որոշում՝ Ասորիքի արևմտյան կողմից մի մասը, Պաղեստինը, Ասիան, ամբողջ Միջերկրայքը և Թետալիան Պոնտոս ծովից մինչև այնտեղ, ուր Կովկասը վերջանում է արևմտյան ծովի մոտ, նաև Ատրպատականը, և էլի՝ որքան քո միտքն ու քաջությունը կհասնեն, որովհետև, ասում են՝ քաջերի սահմանը նրանց զենքն է, որքան կտրում է, այնքան էլ գրավում է:

Սա իր իշխանությունը լիովին կարգի բերելով և իր թագավորությունը հաստատելով՝ կամեցավ իմանալ, թե ովքեր արդյոք և ինչպիսի մարդիկ տիրելիս են եղել Հայաստանի վրա իրենից առաջ, արդյոք ինքը անցյալ քաջերի տեղն է գրավում, թե ապիկարների: Նա գտավ մի ուշիմ ասորի, Մար Աբաս Կատինա անունով, քաղդեական և հունական գրության մեջ վարժ, և նրան ուղարկեց իր եղբոր՝ Արշակ Մեծի մոտ արժանավայել ընծաներով, խնդրելով բանալ նրա առաջ արքունական դիվանը: Եվ նրան նամակ է գրում հետևյալ ձևով:

ՀԱՅՈՑ ՎԱՂԱՐՇԱԿ ԹԱԳԱՎՈՐԻ ԹՈՒՂԹԸ ՊԱՐՍԻՑ ԹԱԳԱՎՈՐ ԱՐՇԱԿ ՄԵԾԻՆ

«Ցամաքի և ծովի Արշակ թագավոր, քո անձն ու կերպարանքն իսկապես մեր աստվածներին են նման, իսկ բախտն ու հաջողությունները՝ բոլոր թագավորներից գերազանց և մտքիդ լայնությունը՝ ինչպես երկինքը երկրի վրա, Վաղարշակը՝ քո կրտսեր եղբայրն ու նիզակակիցը, որ քեզանից նշանակվեց Հայոց թագավոր: Ողջ եղիր մշտական հաղթությամբ: Որովհետև քեզանից պատվեր ստացա քաջության և ամեն տեսակ իմաստության հոգ տանել, երբեք զանց չարի քո խրատն անփութությամբ, այլ ամեն բանի խնամք և հոգ տարա՝ որքան միտքս ու ուժերս բավեցին: Եվ այժմ քո խնամակալությամբ թագավորությունս կարգավորելով՝ մտադրվեցի իմանալ, թե ինձանից առաջ ովքեր են տիրել Հայաստանին և որտեղից են այս նախարարությունները, որ այստեղ կան: Որովհետև այստեղ ոչ հայտնի կարգեր են եղել և ոչ մեհենական պաշտամունքներ, և այս երկրի գլխավորներից ոչ առաջինն է հայտնի և ոչ վերջինը, և ոչ էլ որևէ օրինավոր բան կա, այլ ամեն ինչ խառնիխուռն է ու վայրիվերո:

Ուստի աղաչում եմ քեզ՝ արքայության, որ հրամայես արքունական դիվանը բանալ քո հզոր արքայությանդ ներկայացնող այդ մարդու առաջ, որպեսզի քո եղբոր և որդու ցանկալին գտնելով՝ փութով բերի: Հավատացնում եմ, որ մեր բավականությունը, որ կունենանք քո կամքը կատարելով, քեզ ևս ուրախություն կլինի: Ողջ եղիր, աստվածների մեջ բնակությամբ երևելիդ »:

Արշակ Մեծն ընդունելով Մար Աբաս Կատինայից գրությունը, մեծ ուրախությամբ հրամայում է բանալ նրա առաջ արքունական դիվանը, որ Նինվեումն էր, միանգամայն ուրախանալով, որ այսպիսի մտադրություն ունի իր եղբայրը, որին վստահել էր իր թագավորության կեսը: Մար Աբասը աչքե անցկացնելով բոլոր մատյանները՝ գտնում է մի մատյան հունարեն գրված, որ ուներ, ասում է, այսպիսի վերնագիր:

Մատյանի սկիզբը

Այս մատյանն Աղեքսանդրի հրամանով քաղդեերեն լեզվից թարգմանված է հունարենի և պատկանում է բուն հների և նախնիքների պատմությունները:

Սրա սկզբում, ասում է, եղել են Զրվանը, Տիտանը և Հապետոսթեն, և այս երեք նախարարական մարդկանց սերունդներից բոլոր նշանավոր մարդիկ, յուրաքանչյուրն իր տեղում հերթով դասավորված է երկար տարիների ընթացքում:

Մար Աբաս Կատինան այս մատյանից հանելով միայն մեր ազգի հավաստի պատմությունը հույն և ասորի գրերով՝ բերում է Մծբին՝ Վաղարշակ թագավորին: Եվ բարեկազմ ու քաջ աղեղնավոր արի Վաղարշակը, հռետորն ու հանճարեղը, ընդունելով այն՝ համարելով առաջինն իր գանձերի մեջ՝ հրամայում է մեծ զգուշությամբ պահել արքունիքում և մի մասը նրանցից արձանի վրա դրոշմել: Սրանից մենք հավաստի տեղեկանալով զրույցների կարգին՝ կկրկնենք այժմ, քո հետաքրքրասիրության համար, հասցնելով մեր բնիկ նախարարությունները մինչև քաղդեացիների Սարդանապալը և դեռ ավելի մոտ:

Դրա մեջ պատմության սկիզբը այսպես է:

«Աստվածներից առաջիններն ահեղ էին և երևելի ու աշխարհի մեծամեծ բարիքների պատճառ, աշխարհի և բազմամարդության սկիզբ: Սրանցից առաջ եկան հսկաների սերունդը, անհեթեթ, հաղթանդամ, վիթխարի մարդիկ, որոնք ամբարտավանությամբ հղանալով ծնեցին աշտարակաշինության անօրեն խորհուրդը, որը և ձեռնարկեցին իրագործելու: Աստվածների ցասումից ինչ – որ ահագին և աստվածային հողմ փչելով կործանում է աշտարակը և մարդկանց յուրաքանչյուրին տալիս է մյուսներին անհասկանալի լեզուներ, որով նրանց մեջ աղմուկ և շփոթություն է ընկնում: Սրանցից մեկն էր և Հապետոսթյան Հայկը, հաստ աղեղով ու հզոր նետաձիգ, անվանի և քաջ նախարարը»:

Բայց մենք կդադարեցնենք զրուցաբանության այս կարգը, որովհետև մեր նպատակն է ոչ թե պատմությունն ամբողջությանբ գրել, այլ աշխատել ցույց տալ մեր առաջին և բուն հին նախնիքներին: Արդ՝ նույն մատյանից սկսելով կասեմ. Հապետոսթե, Մերոգ, Սիրաթ, Թակլադ, որ են Հաբեթը, Գոմերը, Թիրասը, Թորգոմը: Սրանից հետո նույն մատենագիրը շարունակելով ասում է կարգով՝ Հայկ, Արամանյակ և այլն, որոնց մասին արդեն հիշել ենք:

ՀԱՅԿԻ ԱՊՍՏԱՄԲՈՒԹՅԱՆ ՄԱՍԻՆ

Այս Հայկը, ասում է, վայելչակազմ էր, թիկնավետ, գեղազանգուր մազերով, վառվռուն աչքերով, հաստ բազուկներով: Սա քաջ և երևելի հանդիսացավ հսկաների մեջ, դիմադրող այն բոլորին, որոնք ձեռք էին բարձրացնում բոլոր հսկաների և դյուցազունների վրա տիրապետելու: Սա խրոխտանալով ձեռք բարձրացրեց Բելի բռնավորության դեմ այն ժամանակ, երբ մարդկային ազգը սփռվում, տարածվում էր ամբողջ երկրի լայնության վրա, բազմամբոխ հսկաների, անչափ կատաղիների և ուժեղների մեջ: Որովհետև այս ժամանակ ամեն մի մարդ, կատաղած, սուրն ընկերի կողն էր կոխում, ձգտում էին մեկը մյուսի վրա տիրելու, Բելին պատահմամբ հաջողվեց բռնանալ և ամբողջ երկիրը գրավել: Սրան Հայկը չկամենալով հնազանդվել, Բաբելոնում Արամանյակ որդին ունենալուց հետո, չվեց գնաց Արարադի երկիրը, որ գտնվում է հյուսիսային կողմերում, իր որդիներով, դուստրերով և որդիների որդիներով, զորավոր մարդկանցով՝ թվով մոտ երեք հարյուր հոգի, և ուրիշ ընդոծիններով, նրան հարած եկվորներով և բոլոր տուն ու տեղով: Գնում բնակվում է մի լեռան ստորոտում, դաշտավայր տեղում, որտեղ ապրում էին սակավաթիվ մարդիկ առաջուց ցրվածներից: Հայկը նրանց իրեն հնազանդեցնելով՝ այնտեղ կալվածական բնակելի տուն է շինում և տալիս է ժառանգություն Կադմոսին՝ Արամանյակի որդուն: Սա ճշտում է ասված անգիր հին զրույցները:

Իսկ ինքը, ասում է Մար Աբասը, իր մնացած մարդկանցով և տուն ու տեղով շարժվում է դեպի հյուսիս արևմուտք և գալիս բնակվում է մի բարձրավանդակ դաշտում և այս լեռնադաշտի անունը կոչում է Հարք, այսինքն՝ թե այստեղ բնակվողները հայեր են Թորգոմի տան սերունդի: Շինում է մի գյուղ, որն իր անունով կոչվում է Հայկաշեն: Այստեղ էլ պատմության մեջ հիշվում է, թե այս դաշտի հարավային կողմում, մի երկայնանիստ լեռան մոտ, ապրելիս են եղել առաջուց սակավաթիվ մարդիկ, որոնք կամովին հնազանդվել են դյուցազնին: Այս էլ ճշտում է ասված անգիր զրույցները:

ՊԱՏԵՐԱԶՄԻ ԵՎ ԲԵԼԻ ՄԱՀՎԱՆ ՄԱՍԻՆ

Իր խոսքը շարունակելով Մար Աբասը ասում է, թե երբ Տիտանյան Բելը իր թագավորությունն ամենքի վրա հաստատեց, ապա իր որդիներից մեկին հավատարիմ մարդկանց հետ ուղարկեց հյուսիսային կողմ Հայկի մոտ, որ նա հնազանդվի և խաղաղությամբ ապրի: «Դու ցուրտ սառնամանիքների մեջ բնակվեցիր, ասում է, սակայն տաքացրու և մեղմացրու քո հպարտ բնավորության ցուրտ սառնությունը և ինձ հնազանդվելով խաղաղ ապրիր, որտեղ որ կհաճես իմ երկրում բնակվելու»: Հայկը Բելի պատգամավորներին ետ է դարձնում խստությամբ պատասխանելով: Ուղարկված պատգամավորը վերադառնում է Բաբելոն:

Այն ժամանակ Տիտանյան Բելը զորք է ժողովում նրա դեմ և հետևակ զորքի մեծ բազմությամբ գալիս հասնում է հյուսիս՝ Արարադ երկիրը, Կադմոսի տան մոտ: Կադմոսը փախուստ է տալիս Հայկի մոտ, իրենից առաջ արագավազ սուրհանդակներ ուղարկելով: «Գիտցած եղիր ասում է, ով մեծդ դյուցազների մեջ, որ Բելը դիմում գալիս է քո վրա հավերժական քաջերով և երկնագեղ հասակով կովող հսկաներով: Եվ ես իմանալով, որ նա մոտեցել է իմ տանը՝ փախա և ահա տագնապահար գալիս եմ քեզ մոտ: Ուրեմն շտապիր մտածել, ինչ որ անելու ես »:

Իսկ Բելը հանդուգն ու հսկա ամբոխի զորությամբ ինչպես մի մեծ հորձանք զառիվայրից ներքև հեղեղելով, շտապում է հասնել Հայկի բնակության սահմանները, վստահ լինելով զորավոր մարդկանց քաջության և ուժի վրա:

Այս ժամանակ ուշիմ և խոհեմ հսկան՝ գեղազանգուր ու խայտակնը շտապով հավաքում է իր որդիներին ու թոռներին, թվով շատ նվազ, քաջ և աղեղնավոր մարդկանց, և ուրիշ մարդկանց, որ իրեն էին ենթարկվում, գնում հասնում է մի ծովակի ափ, որն ունի աղի ջուր և մանր ձկներ: Եվ իր զորքերը կանչելով ասում նրանց. «Երբ մենք դուրս կգանք Բելի ամբոխի դեմ, պետք է աշխատենք այն տեղին պատահել, որտեղ կանգնած լինի Բելը քաջերի խառն բազմության մեջ, որպեսզի կամ մեռնենք և մեր աղխը Բելի ծառայության տակ ընկնի, կամ մեր մատների հաջողությունը նրա վրա ցույց տանք, նրա ամբոխը ցրվի և մենք հաղթություն տանենք»:

Եվ ամբողջ ասպարեզներ դեպի առաջ անցնելով հասնում են բարձրագույն լեռների միջև մի դաշտաձև տեղ: Եվ ջրերի հոսանքի աջ կողմում բարձրավանդակի վրա ամուր դիրք գրավելով, գլուխները վեր բարձրացնելով տեսնում են Բելի բազմաթիվ ամբոխի անկարգ հրոսակը, որ հանդուգն հարձակումով ցիրուցան սուրում է երկրի երեսի վրա, իսկ ինքը, մեծ ամբոխով հանդարտ կանգնած էր ջրի ձախ կողմում մի բլրակի վրա՝ իբրև դիտանոցում: Հայկը ճանաչեց սպառազինված ջոկատի խումբը, որտեղ Բելը մի քանի ընտիր և սպառազինված մարդկանցով ամբոխի առաջն էր անցել, և երկար տարածություն կար նրա և ամբոխի միջև: Նա կրում էր նշաններ կրող վերջերով երկաթե գլխանոց, թիկունքի և լանջերի վրա պղնձե տախտակներ, սրունքների և թևերի վրա պահպանակներ, մեջքը կապել էր գոտի, որի ձախ կողմից կախված էր երկսայրի սուրը, աջ ձեռքում բռնել էր հսկայական նիզակը, իսկ ձախում վահան, նրա աջ և ձախ կողմում գտնվում էին ընտիր զորականներ: Հայկը տեսնելով լավ սպառազինված Տիտանյանին և նրա աջ ու ձախ կողմի ընտիր մարդկանց՝ կանգնեցնում է Արամանյակին երկու եղբայրներով աջ կողմը, Կադմոսին իր ուրիշ երկու որդիներով ձախ կողմը, որովհետև սրանք աղեղ և սուր գործածելու մեջ հաջողակ մարդիկ էին, ինքը կանգնում է առջևից, իսկ մյուս բազմությունը կանգնեցնում է իր հետևում, դասավորվեց մոտավորապես եռանկյունի ձևով և հանդարտ առաջ շարժվեց: Եվ երկու կողմի հսկաներն միմյանց հասնելով, երկրի վրա ահագին դղրդյուն բարձրացրին իրենց գրոհներով և իրար վրա ահ ու սարսափ զցեցին իրենց հարձակումների ձևով: Այնտեղ երկու կողմից ոչ սակավ հաղթանդամ մարդիկ սրի բերանի հանդիպելով թավալվում ընկնում էին գետին, և ճակատամարտը երկու կողմից էլ անպարտելի մնաց: Այս անսպասելի տարակուսական դիպվածը տեսնելով Տիտանյան արքան զարհուրեց և ետ քաշվելով սկսեց ետ - ետ բարձրանալ այն բլուրը, որտեղից իջել էր, որովհետև մտածում էր ամբոխի մեջ ամրանալ, մինչև ամբողջ զորքը հասնի, որպեսզի երկրորդ անգամ ճակատ կազմի: Աղեղնավոր Հայկը այս բանը հասկանալով՝ իրեն առաջ է նետում, մոտ է հասնում արքային, մինչև վերջը քաշում է լայնալիճ աղեղը, երեքթևյան նետը դիպցնում է նրա կրծքի տախտակին, և սլաքը շեշտակի թափ անցնելով նրա թիկունքի միջով, գետին է խրվում. այս կերպով գոռոզացած Տիտանյանը կործանվում, ընկնում է գետին և շունչը փչում:

Իսկ ամբոխն այս մեծ քաջագործությունը տեսնելով փախչում է ամեն մեկը իր երեսը դարձած կողմը: Այսքանը բավական թող լինի այս մասին:

Բայց ճակատամարտի տեղը հաղթական պատերազմի պատվին շինում է դաստակերտ և անունը դնում է Հայք: Այս պատճառով գավառն էլ մինչև այժմ կոչվում է Հայոց ձոր: Իսկ այն բլուրը, որտեղ Բելն ընկավ աջ զորականների հետ, Հայկը կոչեց

Գերեզմանք, որն այժմ ասվում է Գերեզմանակ: Բայց Բելի դիակը, ասում է Մար Աբասը, դեղերով զմրսելով՝ Հայկը հրամայում է տանել Հարք և թաղել մի բարձրավանդակ տեղում ի տես իր կանանց և որդիների: Իսկ մեր երկիրը մեր նախնի Հայկի անունով կոչվում է Հայք:

ՀԱՅԿԻՑ ՍԵՐՎԱԾ ՑԵՂԵՐԻ ԵՎ ԶԱՎԱԿՆԵՐԻ ՄԱՍԻՆ ԵՎ ԹԵ ՆՐԱՆՑԻՑ ՅՈՒՐԱՔԱՆՉՅՈՒՐՆ ԻՆՉ ԳՈՐԾԵՑ

Մար Աբասի մատյանում սրանից հետո ուրիշ շատ բաներ են պատմվում. բայց մենք կշարունակենք այն, որ պիտանի է մեր հավաքման համար:

Սրանից հետո, ասում է նա, Հայկը դառնում է իր բնակության տեղը, իր Կադմոս թոռին պարգևում է շատ ինչք պատերազմի ավարից և անվանի մարդիկ իր ընդոծիններից: Նրան հրամայում է իր առաջին տանը բնակություն հաստատել, իսկ ինքը գնում դադարում է Հարք կոչված դաշտում: Սա տարիներ ապրելով, Արամանյակին սերեց Բաբելոնում, ինչպես վերն ասացինք, դրանից հետո, դարձյալ ոչ քիչ տարիներ ապրելով՝ մեռավ, ամբողջ տոհմը հանձնելով իր Արամանյակ որդուն:

Սա իր եղբայրներից երկուսին՝ Խոռին և Մանավազին իրենց ամբողջ աղխով, ինչպես Մանավազի որդի Բազին, թողնում է Հարք կոչված տեղում: Սրանցից Մանավազը ժառանգում է Հարքը, իսկ նրա որդին Բազը ժառանգում է աղի ծովի հյուսիս - արևմտյան ափը և գավառն ու ծովը կոչում է իր անունով: Ասում են, որ սրանցից են առաջ եկել Մանավազյան և Բզնունյանց նահապետությունները, նաև Որդունի կոչվածը, որոնք վերջերս, սուրբ Տրդատից հետո, մեկը մյուսին ոչնչացրին պատերազմով: Իսկ Խոռը բազմանում է հյուսիսային կողմերում, շեներ է հիմնում, և ասում են, որ նրանից սկսած մինչև այժմ շարունակվում է Խոռխոռունիների ցեղի մեծ նախարարությունը, քաջ և անվանի մարդիկ, որոնք այժմ էլ մեր ժամանակ երևելի են:

Իսկ Արամանյակը ամբողջ բազմությունն առնելով չվում է

դեպի հյուսիս - արևելք և գնում իջնում է բարձրագագաթ լեռներով շրջապատված մի խոր դաշտավայր, որի միջով մի կարկաչահոս գետ է անցնում արևմտյան կողմից, և դաշտի արևելյան մասը կարծես մեջքի վրա պառկած երկարությամբ ձգված է արեգակի կողմը, իսկ լեռների ստորոտներում բխում են բազմաթիվ ականակիտ աղբյուրներ, որոնք միանալով, գետեր կազմելով, հեզաբար հոսում են նրանց սահմանների մոտ, լեռների ստորոտներով և դաշտի եզրերով, կարծես թե որպես պատանիներ պտտվում են երիտասարդուհիների շուրջը: Իսկ հարավային արեգակնասլաց լեռը, սպիտակափառ գագաթով, ուղիղ բուսել ՝ երկրից՝ պինդ գոտեվորված մարդու երեքօրյա ճանապարհի շրջապատով, ինչպես ասաց մերոնցից մեկը, և հետզհետե սրվում է դեպի վեր, իսկապես մի ծերունի լեռ երիտասարդացած լեռների մեջ: Արամանյակն այս խոր դաշտում բնակվելով՝ շենցնում է մի մասը դաշտի հյուսիսային կողմում և լեռան ստորոտը նույն կողմում. լեռն իր անվան նմանողությամբ կոչվում է Արագած, իսկ կալվածը՝ ոտն Արագածո՝ Արագածոտն:

Բայց սքանչելի մի բան է ասում պատմագիրը, թե շատ տեղերում ցիրուցան բնակվում էին սակավաթիվ մարդիկ մեր երկրում նախքան մեր բնիկ նախնի Հայկի գալուստը:

Արամանյակը տարիներ ապրելուց հետո սերեց Արամայիսին, որից հետո էլի բավական տարիներ ապրելով մեռավ: Նրա որդին՝ Արամայիսն իր բնակության համար տուն է շինում գետի ափին մի բլուրի վրա և իր անունով այն կոչում է Արմավիր, իսկ գետի անունը իր թոռան՝ Երաստի անունով դնում է Երասխ: Իսկ իր որդուն՝ բազմազավակ և շատակեր Շարային ամբողջ աղխով ուղարկում է մի մերձակա արգավանդ ու բերրի դաշտ, հյուսիսային լեռան՝ Արագածի թիկունքում, որտեղ շատ ջրեր են հոսում: Նրա անունով, ասում են, գավառը կոչվեց Շիրակ: Ուստի, թվում է, թե ճշտվում է գյուղացիների մեջ տարածված առասպելը. «Թե քո որկորը Շարայի որկորն է, բայց մեր ամբարները Շիրակի ամբարները չեն»: Այս Արամայիսը տարիներ ապրելով սերեց իր որդի Ամասիային, որից հետո էլի տարիներ ապրելով մեռավ:

Ամասիան Արմավիրում բնակվելով՝ տարիներ անցնելուց հետո սերում է Գեղամին և Գեղամից հետո արի Փառոխին ու Ցոլակին: Սրանց սերելուց հետո գետն անցնում, մոտենում է հարավային լեռան: Այստեղ լեռան ստորոտում՝ խորշերում խոշոր ծախսերով շինում է երկու տուն, մեկը արևելյան կողմում՝ լեռան ստորոտից բխող աղբյուրների ակունքների մոտ, իսկ մյուսը՝ նույն տնից դեպի արևմուտք նրանից հեռու՝ հետևակ մարդու կես օրվա ճանապարհով երկար օրում: Սրանք նա տվեց ժառանգություն իր երկու որդիներին՝ արի Փառոխին և կայտառ Ցոլակին, որոնք այնտեղ բնակվելով իրենց անունով կոչեցին այդ տեղերը, Փառոխից՝ Փառախոտ և Ցոլակից՝ Ցոլակերտ: Իսկ լեռը Ամասյան իր անունով կոչեց Մասիս և հետո նորից Արմավիր դառնալով կարճ տարիներ ապրեց ու մեռավ:

Իսկ Գեղամը տարիներ անցնելուց հետո Արմավիրում սերեց Հարմային: Նա Հարմային թողեց Արմավիրում բնակվելու իր որդիների հետ, իսկ ինքը գնաց հյուսիս - արևելքում եղած մյուս լեռան հետևի կողմը՝ մի ծովակի ափ: Նա շենացնում է ծովակի ափը, թողնում է այնտեղ բնակիչներ և իր անունով լեռը կոչում է Գեղ, իսկ շեները՝ Գեղարքունի, որով կոչվում է նաև ծովը: Այստեղ նա սերեց իր Սիսակ որդուն, որ մի սեգ ու թիկնավետ, վայելչակազմ, ճարտասան և գեղեցիկ աղեղնավոր էր: Նրան տվեց իր ստացվածքի մեծ մասը և բազմաթիվ ծառաներ, և նրան ժառանգական սահման կտրեց ծովից դեպի արևելք մինչև այն դաշտը, ուր Երասխը սեպացած լեռները ճեղքելով, երկար ու նեղ ձորերով անցնելով, ահագին շառաչյունով թափվում է դաշտը: Սիսակն այստեղ բնակվելով, իր բնակության սահմանները լցնում է շինություններով և երկիրը իր անունով կոչում է Սյունիք, բայց պարսիկներն ավելի ճիշտ կոչում են Սիսական:

Վերջերը հայոց առաջին թագավոր Վաղարշակը՝ Պարթև ցեղից, գտնելով սրա սերունդներից անվանի մարդիկ՝ այս երկրին տերեր է նշանակում, որ Սիսական ցեղն է: Վաղարշակը այս անում է պատմությունից իմանալով, իսկ թե ինչպես այս եղավ, իր տեղում կպատմենք:

Իսկ ինքը Գեղամը նորից դառնում է հիշյալ դաշտը, և նույն լեռան ստորոտում, մի ամուր ձորակում շինում է մի դաստակերտ և անունը դնում է Գեղամի, որ հետո նրա թոռան՝ Գառնիկի անունով կոչվեց Գառնի: Վերջերը, Վաղարշակի թոռան՝ Արտաշեսի ժամանակ, սրա սերունդներից մի պատանի է եղել Վարաժան անունով, եղջերուների, այծյամների և վարազների որսերում հաջողակ, ուժեղ և ճիշտ նետաձիգ: Սրան Արտաշեսը նշանակում է արքունական որսերի վրա և շեներ է պարգևում

Հրազդան կոչված գետի ափերին: Սրանից, ասում են, առաջ է եկել Վարաժնունյաց տունը: Այս Գեղամը, ինչպես ասացինք, տարիներ ապրելով սերեց Հարմային, որից հետո էլ ապրելով մեռավ և իր որդուն՝ Հարմային հրամայեց Արմավիրում բնակվել:

Այս Հայկը՝ Թորգոմի որդին, Թիրասի որդին, Գամերի որդին, Հաբեթի որդին, - հայաստանցիների նախնին է. և այս են նրա ցեղերն ու սերունդները և նրանց բնակության երկիրը: Այնուհետև ասում է Մար Աբասը, նրանք սկսեցին բազմանալ և երկիրը լցնել:

Հարման տարիներ ապրելով սերեց Արամին:

Արամի մասին պատմում են, թե շատ քաջագործություններ է կատարել հաղթական պատերազմներում և ընդարձակել է Հայաստանի սահմանները բոլոր կողմերից, որի անունով էլ բոլոր ազգերը կոչում են մեր երկիրը, ինչպես հույները Արմեն, իսկ պարսիկներն ու ասորիները՝ Արմենիկ: Բայց սրա ընդարձակ պատմությունն ու քաջագործությունները, թե ինչպես և որ ժամանակ կատարվեցին՝ եթե կամենաս՝ այս գրքից դուրս կգետեղենք, իսկ եթե քիչ՝ կգետեղենք հենց այստեղ:

ԱՐԵՎԵԼՑԻՆԵՐԻ ՀԵՏ ՊԱՏԵՐԱԶՄԻ ՈՒ ՀԱՂԹՈՒԹՅԱՆ ԵՎ ՆՅՈՒՔԱՐ ՄԱԴԵՍԻ ՄԱՀՎԱՆ ՄԱՍԻՆ

Եվ որովհետև մեզ հաճելի թվաց քո հրամանով մեր հանձն առած նեղությունն ավելի մեծ բովանդակություն համարել, քան ուրիշներից առաջարկված ուրախություններն ու կերուխումը, ուստի համաձայնեցինք կարճառոտ մեջ բերել զրույցները Հայկական Արամի վարած պատերազմների մասին: Սա աշխատասեր և հայրենասեր մարդ լինելով, ինչպես ցույց է տալիս նույն պատմագիրը, լավ էր համարում հայրենիքի համար մեռնել, քան տեսնել, թե ինչպես օտարացեղ ազգերը ոտնակոխ են անում իր հայրենիքի սահմանները և օտարները տիրում են իր արյունակից հարազատների վրա:

Այս Արամը Նինոսի ասորեստանցիներին և Նինվեին տիրելուց քիչ տարիներ առաջ, շրջակա ազգերից նեղվելով՝

ժողովում է հարազատ, քաջ և աղեղնավոր մարդկանց մի բազմություն, մոտ հինգ բյուր մարդ, վարժ նիզակավոր շատ ուժեղ երիտասարդներ, հաջողակ ձեռքերով, սրտոտ ու պատերազմելու հմուտ: Նա պատահում է հայոց սահմաններին մոտ մեդացիների քաջերին, որոնց առաջնորդում էր մի ոմն Նյուքար Մադես, մի հպարտ և պատերազմասեր մարդ, ինչպես ցույց է տալիս նույն պատմագիրը: Դրանք մի անգամ քուշանների նման ասպատակելով սմբակներով ոտնակոխ արին Հայաստանի սահմանները և Մադեսը երկու տարի իրեն ենթարկեց Հայաստանը: Արամը հանկարծակորեն նրա վրա հարձակվելով արևը ծագելուց առաջ՝ կոտորեց նրա բազմաթիվ ամբոխը և իրեն՝ Նյուքարին էլ, որ Մադես էր կոչվում, ձեռբակալ անելով բերեց Արմավիր և այնտեղ պարսպի աշտարակի ծայրին հրամայեց պատին վարսել, երկաթե ցից մխելով ճակատի մեջ՝ ի ցույց դնելով անցորդներին և բոլոր այնտեղ եկվորներին, իսկ նրա երկիրը մինչև Զարասպ կոչված լեռը իրեն ծառայեցնելով հարկատու դարձրեց մինչև Նինոսի թագավորելն Ասորեստանի և Նինվեի վրա:

Իսկ Նինոսը Նինվեում թագավորելով՝ մտքումը պահած ուներ իր նախնիի՝ Բելի վրեժի հիշատակը, զրույցներից լսած լինելով երկար տարիներ մտածում էր վրեժխնդիր լինել, դիտելով ու սպասելով նպաստավոր ժամանակի, որպեսզի քաջ Հայկի սերունդներից սերմանված ամեն մի արու ժառանգ ոչնչացնի: Բայց կասկածելով, այսպիսի ձեռնարկությունը կարող է նրա թագավորության կորստյան պատճառ դառնալ, իր չար խորհուրդը թաքցնում է, Արամին հրամայում է առանց կասկածի իր իշխանությունը վարել, իրավունք է տալիս մարգարտե վարսակալ կրել և իր երկրորդը կոչվել: Բայց բավական է այսքան ասվածը, որովհետև մեր առաջիկա գործը թույլ չի տալիս երկար կանգ առնել մեր պատմության սկզբում:

ԱՍՈՐԵՍՏԱՆՑԻՆԵՐԻ ՀԵՏ ԿՌՎԻ ՈՒ ՀԱՂԹՈՒԹՅԱՆ ԵՎ ՊԱՅԱՊԻՍ ՔԱԱՂՅԱՅԻ ՄԱՍԻՆ,ՆԱԵՎ ԿԵՍԱՐԻԱՅԻ ԵՎ ԱՌԱՋԻՆ ՈՒ ՄՅՈՒՍ ՀԱՅՔԵՐԻ ՄԱՍԻՆ

Կարճառոտ խոսքերով հիշատակենք ինչ որ սրանից հետո նույն մատյանում պատմվում է սրա քաջագործությունների մասին արևմուտքում և ասորեստանցիների հետ կռիվը, դեպքերի պատճառն ու նշանակությունը միայն հայտնելով և գործի ընդարձակությունը համառոտ խոսքերով ներկայացնելով:

Նույն այս Արամը արևելցիների հետ ճակատամարտը վերջացնելուց հետո նույն զորությամբ շարժվում է Ասորեստանի կողմերը, այնտեղ ևս գտնում է իր երկրի մի ուրիշ ոչնչացնող՝ Բարշամ անունով, հսկաների ցեղից, չորս բյուր սպառազեն հետևակներով և հինգ հազար հեծյալներով, նա խիստ հարկերով սաստիկ նեղելով անապատ էր դարձրել իր ամբողջ շրջակայքը: Արամը պատերազմով նրան ընդհարվելով՝ հալածում էր նրան Կորդուքի միջով և շպրտում է Ասորեստանի դաշտը, շատերին կոտորելով, իսկ Բարշամը նրա զինակիրներին հանդիպելով սպանվում է: Այս Բարշամին ասորիները երկար ժամանակ աստվածացրած պաշտում էին նրա բազմաթիվ քաջագործությունների պատճառով: Իսկ Ասորեստանի դաշտերի մեծ մասը Արամը գրավեց և հպատակության մեջ պահեց երկար ժամանակ:

Իսկ ինչ քաջագործություններ որ սա կատարեց արևմտյան կողմը Տիտանյանների դեմ, մենք դեռ պետք է պատմենք: Սա դեպի արևմուտք շարժվում է առաջին Հայքի վրա չորս բյուր հետևակ և երկու հազար հեծյալ զորքերով, հասնում է կապադովկացոց կողմերը, մի տեղ, որ այժմ Կեսարիա է կոչվում: Որովհետև նա արևելյան և հարավային ազգերը նվաճել և հանձնել էր այս երկու ցեղերին՝ արևելքը Սիսակյաններին և Ասորեստանի կողմերը Կադմոսի տան հաջորդներին, այլևս ոչ մի տեղից կասկած չուներ՝ ուստի երկար ժամանակ մնաց արևմուտքում: Այստեղ նրան պատերազմով հանդիպում է Տիտանյան Պայապիս Քաաղյան, որ բռնացել գրավել էր տարածությունը երկու մեծամեծ ծովերի միջև, այսինքն Պոնտոսի և Օվկիանոսի: Արամը նրան ընդհարվելով վանում և փախցնում է ասիական ծովի մի կղզի. այնտեղ երկրի վրա հսկելու համար նա թողնում է Մշակ անունով մեկին իր ցեղից և մի բյուր զորք, ինքը վերադառնում է Հայաստան:

Բայց այդ երկրի բնակիչներին հրաման է տալիս սովորել և խոսել հայերեն, այս պատճառով հույները մինչև այսօր այդ երկրամասը կոչում են Պռոտին Արմենիան, որ թարգմանվում է առաջին Հայք: Իսկ այն դաստակերտը, որ Արամի կուսակալ Մշակը շինեց իր անունով և փոքր պարսպով պատեց, այդ երկրի հին մարդիկ կոչում էին Մաժաք, կարծես չկարողանալով ճիշտ արտասանել, հետո նա ուրիշներից ավելի ընդարձակ շինվելով կոչվեց Կեսարիա: Միևնույն կարգով՝ այդ տեղերից մինչև իր բուն սահմանները շատ անբնակ տեղեր բնակիչներով լցրեց, որոնք կոչվեցին Երկրորդ և Երրորդ Հայք, նաև Չորրորդ Հայք: Այս է բուն և ճշմարիտ պատճառը մեր՝ արևմտյան կողմը Առաջին և Երկրորդ, այլև Երրորդ և Չորրորդ Հայք անվանելու: Իսկ ինչ որ ոմանց կողմից այլ ձևով է կոչվում հունական կողմերում՝ մեզ ընդունելի չէ, ուրիշներն ինչպես կամենան:

Սա այսպես հզոր և անվանի եղավ, ուստի սրա անունով են մինչև այսօր մեր շրջակա ազգերը մեր երկիրը անվանում, ինչպես ամենքին հայտնի է: Սա ուրիշ շատ քաջագործություններ էլ է կատարել, բայց ինչքան որ ասացինք՝ բավական ենք համարում:

Բայց թե ինչու այս բաները թագավորների բուն մատյաններում կամ մեհենական պատմություններում չհիշատակվեցին, թող այս մասին ոչ ոք չերկբայի ու չկասկածի: Նախ՝ որ այս ժամանակը Նինոսի թագավորությունից առաջ է, երբ ոչ ոք այսպիսի բաների հոգ չէր տանում, երկրորդ՝ որ նրանք հարկավոր և կարևոր չէին համարում օտար ազգերի, հեռավոր աշխարհների հին լուրերն ու նախնական զրույցները իրենց թագավորների կամ մեհյանների մատյաններում գրել, մանավանդ որ պարծանք և պատիվ չէր օտար ազգերի քաջությունը և հերոսական գործերը հիշատակել: Բայց թեպետև սրանք բուն մատյաններում չկան, սակայն, ինչպես Մար Աբաս Կատինան պատմում է, փոքր և աննշան մարդկանց ձեռքով գուսանական երգերից ժողովված են արքունի դիվանում: Մի ուրիշ պատճառ էլ բերում է նույն մարդը, թե ինչպես իմացա, Նինոսը հպարտ և անձնասեր մարդ լինելով և կամենալով միայն իրեն ցույց տալ իբրև սկիզբ աշխարհակալության, ամեն տեսակ քաջության և կատարելության, հրամայում է նախնիների բազմաթիվ մատյաններ, որոնք վերաբերում էին զանազան տեղերի և առանձին մարդկանց քաջագործություններին՝ այրել, իսկ իր ժամանակակիցների վերաբերյալ գրվող մատյանները՝ դադարեցնել, և գրել միայն այն, ինչ որ իրեն է վերաբերում: Բայց այս կրկնելն ավելորդ էր:

Այս Արամը տարիներ ապրելով սերեց Արային, որից հետո էլի շատ տարիներ ապրելով մեռավ:

ԱՐԱՅԻ ԵՎ ՆՐԱ ՄԱՀՎԱՆ ՄԱՍԻՆ ՇԱՄԻՐԱՄԻ ԿՈՂՄԻՑ ՏՐՎԱԾ ՊԱՏԵՐԱԶՄՈՒՄ

Արան Նինոսի վախճանվելուց քիչ տարիներ առաջ խնամակալ դարձավ իր հայրենիքին Նինոսից նույնպիսի շնորհի արժանանալով՝ ինչպիսի շնորհի արժանացավ և իր հայր Արամը: Բայց այն վավաշոտ և անառակ Շամիրամը շատ տարիներից ի վեր նրա գեղեցկության մասին լսած լինելով, ցանկանում էր նրան տեսնել, բայց հայտնի կերպով չէր համարձակվում որևէ բան անել: Իսկ Նինոսի վախճանվելուց կամ Կրետե փախչելուց հետո, ինչպես համոզված եմ, Շամիրամը իր ախտը համարձակ պատվելով՝ Արա Գեղեցիկի մոտ պատգամավորներ է ուղարկում ընծաներով ու նվերներով և շատ աղաչանքներով ու պարգևների խոստումով խնդրում է գալ Նինվե իր մոտ՝ կամ իրեն կին առնել ու թագավորել այն ամենի վրա, որոնց թագավորում էր Նինոսը, և կամ նրա ցանկության կամքը կատարել ու մեծամեծ նվերներով խաղաղությամբ իր տեղը դառնալ:

Երբ պատգամավորները շատ անգամ երթևեկություն կատարեցին և Արան չհամաձայնեց, Շամիրամը սաստիկ չարանալով, պատգամավորությունը դադարելուց հետո, առնում է իր զորքի բազմությունը և շտապում է գնալ հասնել Հայաստան Արայի վրա, բայց որքան դեմքից կարելի էր գուշակել, շտապում էր ոչ այնքան նրան սպանելու կամ հալածելու, որքան նվաճելու կամ իր ձեռքը գցելու, որպեսզի իր ցանկության կամքը կատարի, որովհետև մոլեգին կրքի պատճառով, երբ նրա մասին խոսք էր լինում, կատաղի տոփանքով այրվում էր, ինչպես տեսնելիս լիներ: Փութով գալիս հասնում է Արայի դաշտը, որ նրա անունով կոչվեց Այրարատ: Ճակամարտը պատրաստելիս նա իր զորականներին պատվեր է տալիս, եթե դեպքը բերի, պետք է ջանալ կենդանի պահել Արային: Կռվի ժամանակ Արայի զորքը ջարդվում է, Արան էլ ընկնում է պատերազմի մեջ Շամիրամի կտրիճներից: Հաղթությունից հետո տիկինը դիակապուտներ է ուղարկում ճակատամարտի տեղը՝ ընկած դիակների մեջ փնտրելու իր ցանկալի տարփածուին: Արային գտնում են մեռած քաջամարտիկների մեջ: Հրամայում են նրան տանել դնել ապարանքի վերնատանը:

Երբ հայոց զորքը պատրաստվում էր նորից պատերազմելու Շամիրամ տիկնոջ հետ, Արայի մահվան վրեժն առնելու համար, - Շամիրամն ասում է. «Ես իմ աստվածներին հրամայեցի նրա վերքերը լիզել, և նա կկենդանանա»: Միննույն ժամանակ նա հույս ուներ կախարդական դյութությամբ Արային կենդանացներ, տռփական ցանկությունից ցնորված: Բայց երբ դիակն սկսեց նեխել, հրամայեց գցել նրան մի մեծ վիհի մեջ ու ծածկել, իսկ իր սիրականներից մեկին ծածուկ զարդարելով նրա մասին այսպիսի լուր է տարածում. «Աստվածներն Արային լիզելով ու կենդանացնելով մեր փափագն ու ցանկությունը կատարեցին, ուստի այսուհետև նրանք ավելի ևս արժանի են մեզանից պաշտվելու և փառավորվելու իբրև մեզ ուրախացնողներ և մեր կամքը կատարողներ»: Նաև մի ինչ - որ արձան է կանգնեցնում աստվածների անունով և մեծամեծ զոհերով պատվում է նրան, ցույց տալով, իբր թե աստվածների այս զորությունը կենդանացրեց Արային: Այսպիսի լուրեր տարածելով Հայաստանում և բոլորին համոզելով՝ հուզմունքը խաղաղեցնում է:

Արայի մասին կարճառոտ այսքանն էլ բավական է հիշատակել: Նա տարիներ ապրելով սերեց Կարդոսին:

ԹԵ ԻՆՉՊԵՍ ԱՐԱՅԻ ՄԱՀԻՑ ՀԵՏՈ ՇԱՄԻՐԱՄԸ ՇԻՆՈՒՄ Է ՔԱՂԱՔԸ, ԳԵՏԻ ԱՄԲԱՐՏԱԿԸ ԵՎ ԻՐ ՏՈՒՆԸ

Այսպիսի հաջող գործերից հետո Շամիրամը կարճ ժամանակով մնում է այն դաշտում, որ Արայի անունով կոչվեց Այրարատ, բարձրանում է երկրի հարավակողմն ընկած լեռնային վայրերը, որովհետև ամառային եղանակ էր, կամենում էր հովիտներում և ծաղկավետ դաշտերում զբոսնել: Եվ տեսնելով երկրի գեղեցկությունը, օդի մաքրությունը, բխող մաքուր աղբյուրները, կարկաչահոս ու բարձրագնաց գետերը՝ նա ասում է. «Պետք է այսպիսի բարեխառն կլիմայում, մաքուր ջրերով երկրում մեզ համար քաղաք և բնակության արքունիք շինել, որպեսզի տարվա շրջանի մի չորրորդ մասը, այսինքն ամառային եղանակը, ամեն տեսակ վայելչությամբ անցկացնենք Հայաստանում, իսկ մյուս երեք մասը, օդի զով ժամանակը, կյանք վայելենք Նինվեում»:

Շատ տեղերով անցնելով՝ գալիս հասնում է աղի ծովակի եզերքը արևելյան կողմից, տեսնում է ծովի ափին մի երկայնաձև բլուր, որ երկարությանբ ձգվում էր դեպի արևմուտք՝ հյուսիսային կողմում մի փոքր թեքությամբ, իսկ հարավային կողմից ուղղահայաց դեպի երկինք բարձրացած մի կանգուն ու անթեք քարաժայռ կար: Սրանից դեպի հարավ հեռուն տարածվում էր մի դաշտանման երկայնաձև հովիտ, որ լեռան արևելյան կողմից իջնում էր ծովի ափը, ընդարձակ և գեղեցիկ ձորի ձևով, նրա միջով հոսում էին լեռներից իջնող, ծործորներից ու հովիտներից քամվող քաղցրահամ ջրեր, որոնք լեռների ստորոտների մոտ միավորվելով՝ ծավալվում, գեղեցիկ գետեր էին կազմում: Հովտաձև ձորակի մեջ ոչ սակավ շեներ կային՝ ջրերի աջ ու ձախ կողմերում զետեղված: Այս հաճելի բլուրից դեպի արևելք կար մի փոքրագույն լեռ:

Այս տեղի վրա աչք դնելով՝ այրասիրտ և վավաշոտ Շամիրամը հրամայում է անմիջապես Ասորեստանից և իր իշխանության մյուս տեղերից փափագած տեղը բերել չորս բյուր և երկու հազար սևագործ բանվորներ, վեց հազար ընտիր փայտագործ, քարագործ, պղնձագործ և երկաթագործ արհեստավորներից, որոնք ըստ ամենայնի կատարյալ լինեն իրենց գործի մեջ, և գործը հրամանի համապատասխան կատարվում է: Անմիջապես բերվեցին բազմաթիվ սևագործ բանվորներ և բազմարվեստ հմուտ վարպետներ: Եվ հրամայում է՝ նախ գետի ամբարտակը շինել ապառաժ խոշոր քարերով, կրի և ավազի շաղախով, շատ լայն և բարձր, որ մինչև այժմ, ինչպես ասում են, հաստատ մնում է: Գետի այս ամբարտակի ճեղքվածքներում այդտեղի մարդիկ, ինչպես լսում եմ, փախչում ամրանում են ասպատակությունների և գաղթականությունների ժամանակ, որպես թե ամրանալիս լինեին ապառաժ լեռների գագաթներին: Եվ եթե մեկը կամենա փորձել՝ չի կարողանա ամբարտակի շինվածքից պոկել թեկուզ պարսատիկի մի փոքր քար, որչափ էլ աշխատի: Եվ երբ մարդ նայի քարերի շուրջն եղած կրի ծեփին, նրան այնպես է թվում, թե ճարպ է ածած այնտեղ: Այսպես երկար ասպարեզներով ամբարտակն անցկացնելով՝ հասցնում է քաղաքի համար որոշված տեղը:

Այստեղ հրամայում է բազմությունը շատ խմբերի բաժանել և ամեն մի խմբի վրա ղեկավար նշանակել վարպետներից ընտիրներին, և այսպես խիստ լարված աշխատանքի մեջ պահելով՝ քիչ տարիներից հետո գլուխ է բերում հրաշալի շինվածքը, ամուր պարիսպներով ու պղնձակերտ դռներով: Քաղաքի մեջ շինում է նաև բազմաթիվ ընտիր ապարանքներ, կրկնահարկ և եռահարկ, զարդարված տեսակ - տեսակ գույնզգույն քարերով, և ամեն մեկում պատուհաններ ըստ հարմարության: Քաղաքը մասերի է բաժանում գեղեցկագույն և ընդարձակ փողոցներով: Շինում է նաև չքնաղ և զարմանալու արժանի բաղնիքներ, համապատասխան քաղաքի դիրքին և պիտույքներին և բուրաստանների ու ծաղկանոցների ոռոգման համար, իսկ մյուս մասը անց է կացնում ծովակի աջ և ձախ ափերով՝ քաղաքի և բոլոր շրջակայքի ոռոգման համար: Քաղաքի ամբողջ արևելյան, հյուսիսային և հարավային կողմերը զարդարում է դաստակերտներով, վարսագեղ սաղարթախիտ ծառերով՝ զանազանակերպ պտուղներով ու տերևներով, և այնտեղ տնկում է բազմաթիվ առատաբեր և գինեբեր այգիներ: Պարսպած քաղաքն ամեն կերպ հոյակապ ու հոչակավոր է դարձնում և մեջը բնակեցնում է մարդկանց անթիվ բազմություն:

Իսկ քաղաքի վերի ծայրը և այնտեղի հրաշալի շինվածքները մարդկանց շատերին անհասկանալի են մնում և պատմելու հնարավորություն չկա: Այդտեղ գագաթի շուրջը պարիսպ քաշելով՝ ներսը շինում է դժվար մտնելու և դժվար դուրս գալու ինչ – որ ծածուկ և ահռելի արքայանիստ շինվածքներ: Դրանց շինության որպիսությունը մենք ոչ ոքից ճշտությամբ չենք լսել, ուստի հարմար չենք դատում մեր պատմության մեջ հյուսել, այսքան կասենք, թե ինչպես լսել ենք, սրանք բոլոր թագավորական գործերի մեջ առաջին և վեհագույն են համարվում:

Իսկ քարաժայռի դեպի արեգակը դարձած կողմը, որտեղ այժմ և ոչ մի գիծ կարող է մարդ գծել երկաթով, այսպիսի կարծր քարի մեջ զանազան սենյակներ, ննջարաններ, գանձարաններ և երկար վիհեր՝ հայտնի չէ ինչ բանի համար, հրաշակերտեց: Իսկ քարաժայռի ամբողջ երեսը հարթելով, ինչպես հարթում են մեղրամոմը, վրան շատ գրեր գրել տվեց, որոնց տեսքը միայն բոլորին զարմացնում է: Եվ ոչ միայն այստեղ, այլև Հայոց աշխարհում, շատ տեղերում արձաններ կանգնեցրեց և նույն գրերով իր մասին ինչ – որ հիշատակ հրամայեց գրել, և շատ տեղերում նույն գրով սահմաններ էր հաստատում:

Ահա ասացինք ինչ գործեր որ Շամիրամը կատարել է Հայաստանում:

ՇԱՄԻՐԱՄԻ ՄԱՍԻՆ, ԹԵ ԻՆՉ ՊԱՏՃԱՌՈՎ ԿՈՏՈՐԵՑ ԻՐ ՈՐԴԻՆԵՐԻՆ, ԵՎ ԹԵ ԻՆՉՊԵՍ ԶՐԱԴԱՇՏ ՄՈԳԻՑ ՓԱԽԱՎ ՀԱՅԱՍՏԱՆ ԵՎ ՄԵՌԱՎ ԻՐ ՆԻՆՎԱՍ ՈՐԴՈՒ ՁԵՌՔՈՎ

Սա շարունակ ամառները, երբ գալիս էր հյուսիս, Հայաստանում շինած իր ամառանոցային քաղաքը, կուսակալ և Ասորեստանի ու Նինվեի վերակացու էր թողնում Զրադաշտ Մոգին, Մարաց նահապետին: Եվ այս այսպես երկար ժամանակ կարգադրելով՝ նրան է վստահում վարել իր իշխանությունը:

Եվ հաճախ իր որդիներից հանդիմանվելով իր սաստիկ վավաշոտ և անառակ վարքի պատճառով՝ նրանց բոլորին կոտորում է, ազատվում է միայն ամենափոքրը՝ Նինվասը: Նա իր ամբողջ իշխանությունն ու գանձերը բարեկամներին ու սիրականներին պարգևելով՝ որդիների մասին ամենևին հոգ չի տանում: Որովհետև նրա ամուսինն էլ, Նինոսը, ոչ թե ինչպես ասվում է, մեռավ ու թաղվեց նրա ձեռքով Նինվեում, արքունիքում, այլ գիտենալով նրա ախտասեր և չարասեր բարքը՝ թողեց թագավորությունը և փախավ գնաց Կրետե: Իսկ երբ որդիները չափահաս և խելահաս դարձան, նրան այս բոլորը հիշեցրին, կարծելով թե նրան ետ կդարձնեն դիվական տռփանքից, և նա իր որդիներին կտա իշխանությունն ու գանձերը: Սրա վրա ավելի զայրանալով՝ Շամիրամը կոտորում է բոլորին, կենդանի է մնում միայն Նինվասը, ինչպես վերն ասացինք:

Իսկ երբ Զրադաշտը տիկնոջ դեմ մի սխալանք գործեց, և մեջտեղը հակառակություն ընկավ, Շամիրամը նրա դեմ պատերազմ սկսեց, որովհետև մարացին մտադրվել էր ամենքի վրա բռնանալ: Երբ պատերազմը սաստկացավ, Շամիրամը փախուստ տվեց Զրադաշտից և դիմեց Հայաստան: Այստեղ Նինվասը վրեժխնդրության համար ժամանակ գտնելով՝ մորն սպանում է և ինքը թագավորում է Ասորեստանի Նինվեի վրա: Ահա Շամիրամի մահվան մասին էլ ասացինք, թե ինչից և ինչպես տեղի ունեցավ:

ԱՅՆ ՄԱՍԻՆ, ԹԵ ՀԱՍՏԱՏԱՊԵՍ ՆԱԽ ՏԵՂԻ Է ՈՒՆԵՑԵԼ ՇԱՄԻՐԱՄԻ ՊԱՏԵՐԱԶՄԸ ՀՆԴԿԱՍՏԱՆՈՒՄ ԵՎ ՀԵՏՈ ՆՐԱ ՄԱՀԸ ՀԱՅԱՍՏԱՆՈՒՄ

Ես նկատի ունեմ Կեփաղիոնի պատմածն էլ, որպեսզի շատերին տեղիք չտամ մեզ ծաղրելու, որովհետև նա ուրիշ շատ բաների թվում խոսում է նախ Շամիրամի ծնունդի մասին, հետո դնում է Շամիրամի պատերազմը Զրադաշտի հետ, ապա տալիս է Շամիրամի հաղթելը և արդեն վերջը դնում է Հնդկաստանի պատերազմը: Բայց մեզ ավելի հավանական է թվում Մար Աբաս Կատինայի կատարած քննությունը քաղդեական մատյանների, քան այս, որովհետև տեղին է պատմում և պատերազմի պատճառ էլ հայտնում է: Սրանց հետ մեր երկրի առասպելներն էլ հաստատում են բազմահմուտ ասորուն, թե այստեղ է պատահել Շամիրամի մահը, նրա հետիոտն փախչելը, ծարավելը, ջրի պապակելը, ջուր խմելը, այլև սուսերավորների մոտենալիս հուռութները ծովը նետելը և նրա ասած խոսքը - «Ուլունք Շամիրամա ի ծով»: Բայց եթե առասպել ախորժում ես՝ Շամիրամը Նիոբեից առաջ քար դարձավ:

Արդ՝ այսքան բավական է, մենք դառնանք հաջորդ անցքերին:

ԱՅՆ ՄԱՍԻՆ՝ ԻՆՉ ՊԱՏԱՀԵՑ ՇԱՄԻՐԱՄԻ ՄԱՀԻՑ ՀԵՏՈ

Ամեն ինչ հարմարեցնելով ես այս գրքում կնշանակեմ մեր ազգի ավագագույն մարդկանց ու նախնիքներին և ինչ որ նրանց յուրաքանչյուրի մասին զրույցներ և իրողություններ կան, չմտցնելով սրա մեջ ոչ մի ինքնահնար կամ անպատշաճ բան, այլ ինչ որ հավաքեցինք գրքերից և սրանց հետևողությամբ՝ իմաստուն և այս հարցերում լավատեղյակ անձերից, որոնցից ստույգ կերպով ջանացինք հին գրվածքներից հավաքել: Եվ մենք ասում ենք, որ մենք այս պատմության մեջ ճշմարտախոս ենք եղել մեր դիտավորությամբ և ուղղամտությամբ, իսկ ինչ վերաբերվում է նրանց, որոնցից հավաքել ենք, այդ Աստծուն է հայտնի, նրանք գովելի են թե պախարակելի, այդ մեզ չի վերաբերվում, մենք հեռու ենք դրանցից: Բայց պատմածների համաձայնությունը և պատանիների ճյուղագրության մեջ թվերի հավասարությունը ցույց են տալիս մեր աշխատասիրության ճշմարտությունը: Արդ՝ այս այսպես կարգավորելով, կամ բոլորովին հավաստի կամ փոքր ինչ ճշմարտից շեղվելով կսկսեմ քեզ այսուհետև եղածները պատմել Պիտռոյից Հյուսման պատմությունից:

Արդ՝ Շամիրամի մահից հետո, որ տեղի ունեցավ Արային սպանելուց հետո իր Զամեսես որդու ձեռքով, որ ինքը Նինվասն է, պատմության կարգը հաստատ այսպես պետք է գիտենանք: Նինվասն սպանելով իր հեշտասեր մորը, թագավորում է ինքը և խաղաղ կյանք է վարում: Սրա ժամանակ լրանում է Աբրահամի կյանքի տարիները:

ՄԵՐ ԱԶԳԻ ՃՅՈՒՂԱԳՐՈՒԹՅԱՆ ՀԱՄԵՄԱՏՈՒԹՅՈՒՆԸ ԵԲՐԱՅԵՑԻՆԵՐԻ ԵՎ ՔԱՂԴԵԱՑԻՆԵՐԻ ՃՅՈՒՂԱԳՐՈՒԹՅՈՒՆՆԵՐԻ ՀԵՏ ՄԻՆՉԵՎ ՍԱՐԴԱՆԱՊԱԼՈՍ, ՈՐ ԿՈՉՎՈՒՄ ԷՐ ԹՈՆՈՍ ԿՈՆԿՈՂԵՌՈՍ

Եբրայեցիների

Իսահակ
Հակոբ
Ղևի
Կահաթ
Ամրամ
Մովսես
Հեսու

Սրանից առաջ տիրում էին ոչ թե ըստ ցեղի, այլ ըստ առաջադիմության, որովհետև բոլորն էլ Աբրահամից էին: Երբ սա քանանացիներին կոտորեց, սրանք դեպի Թարսիս նավով անցան Ագռաս, և այս հայտնի է Ափրիկացիների աշխարհում արձանների վրա դրոշմված արձանագրություններից: որ մինչև այժմ կա հետևյալ բովանդակությամբ. «Մենք քանանացիների նախարարներս գող Հեսուից փախչելով եկանք այստեղ բնակվելու»: Սրանցից է և մեր պատմական Քանիդասը Հայաստանում: Եվ մենք ստուգելով հաստատ իմացանք, որ Գնթուների ցեղն անտարակույս սրանցից է սերված, և այս ցեղի բարքը ցույց է տալիս, որ քանանացի են:

Գոթոնիել
Ավովդ
Բարակ
Գեդեոն
Աբիմելեք

Թովդա
Հայիր
Եփթայի
Եսեբովն
Եղովն
Ղաբդոն
Սամփսոն
Հեղի
Սամուել
Սավուղ
Դավիթ և հաջորդները:

Քաղդեացիների

Արիոս
Առալիոս, որ է Ամյուռոս
Քսերքսես, որ և Բաղեոս
Առմամիթռեոս
Բելոքոս
Բալեոս
Աղտագոս
Մամիթոս
Մասքաղեոս
Սփերոս
Մամիդոս
Սպարեթոս
Ասկատադես
Ամինտես
Բելոքոս
Բաղոտոռես
Ղամպառիտես
Սուսառիս
Ղամբառիս
Պաննիաս
Սոսառմոս
Միթռեոս
Տևտամոս

Տևտեոս
Թիննս
Դեռկյուղոս
Եվպաղմոս
Ղավութենիս
Պեռիտիադես
Օփռատիոս
Փռատինիս
Ակռազանիս
Սարդանապաղոս

Հայոց

Արայան Արա

Սա մեր Արայի որդին է, որին Շամիրամը Արա կոչեց և մեր երկրի իշխանությունը նրան վստահեց, նրանից սերվեցին...

Անուշավան
Պարետ
Արբակ
Զավան
Փառնակ
Սուր

Սրա ժամանակ էր ապրում Հեսու Նավյան

Հավանակ
Վաշտակ
Հայկակ

Սրա մասին ասում են, թե ապրել է Բելոքոսի ժամանակ և մի անմիտ խռովություն հարուցանելով նրա մեջ մեռել է:

Ամպակ
Առնակ
Շավարշ
Նորայր
Վստամ
կար
Գոռակ
Հրանտ

Ընձաք
Գղակ
Հորո
Զարմայր

Սա Տևտամոսից օգնական ուղարկեց Պրիամոսին եթովպական զորքի հետ և մեռավ հելլենացի քաջերից։

Պերճ
Արբուն
Բազուկ
Հոյ
Հուսակ
Կայպակ
Սկայորդի

ԱՐԱՅԱՆ ԱՐԱՅԻ ՄԱՍԻՆ, ԵՎ ՈՐ ՄՐԱ ՈՐԴԻՆ ԷՐ ՍՈՍԱՆՎԵՐ ԱՆՈՒՇԱՎԱՆԸ

Իսկ Շամիրամը դեռ իր կենդանության ժամանակ Արայի որդուն, որ ծնված էր նրա սիրելի կնոջից՝ Նվարդից և տասներկու տարեկան երեխա էր մնացել Արայի մահվան ժամանակ, դեպի Արա Գեղեցիկը տածած սիրո պատճառով նրա անունով կոչում է Արա և նշանակում է մեր երկրի գլխավոր՝ սրտանց նրան վստահելով, և ասում են, թե նա պատերազմում Շամիրամի հետ մեռավ։

Բայց Մար Աբասը պատմությունը շարունակում է այսպես, Արայան Արան պատերազմի մեջ մեռնում է Շամիրամի հետ, թողնելով արու զավակ՝ զործով հզոր, խոսքով հանճարեղ Անուշավան Սոսանվերին, որովհետև նա պաշտամունքի համաձայն նվիրված էր Արմենակի՝ Արմավիրում գտնվող սոսի ծառերին, որոնց տերևների սոսափյունից, նայելով քամու ուժին և ուղղությանը՝ մեր հայոց աշխարհում սովորեցին գուշակություններ անել և այն էլ երկար ժամանակ։

Այս Անուշավանը բավական ժամանակ արհամարհանք կրելով Զամեսեսից, տառապում է արքունի դռանը, հետո բարեկամներից օգնություն գտնելով ձեռք է բերում մեր երկրի մի մասը՝ խնամելու համար իբրև հարկատու, վերջը նաև ամբողջ երկիրը:

Բայց չափազանց շատ կլիներ, եթե մենք այս գլխում վերը հիշված մարդկանց բոլոր գործերն ու պատմությունները գրեինք, ինչպես արժանի է:

ԱՅՆ ՄԱՍԻՆ, ՈՐ ՍԿԱՅՈՐԴՈՒՑ ԾՆԱԾ ՊԱՐՈՒՅՐՆ ԱՌԱՋԻՆ ԱՆԳԱՄ ԹԱԳԱՎՈՐՈՒՄ Է ՀԱՅԱՍՏԱՆՈՒՄ, ՕԳՆՈՒՄ Է ՄԱՐԱՑԻ ՎԱՐԲԱԿԵՍԻՆ ՍԱՐԴԱՆԱՊԱԼԻՑ ԹԱԳԱՎՈՐՈՒԹՅՈՒՆԸ ՎԵՐՑՆԵԼՈՒ

Բաց թողնելով դեպքերից ոչ կարևորները, ասենք ինչ, որ անհրաժեշտ է: Այս վերջիններից մի մասը եղել է ասորեստանցիների թագավորության ժամանակ, մի մասն էլ Շամիրամից կամ Նինոսից հետո, իսկ մեր Պարույրն եղավ Սարդանապալի ժամանակ: Սա քիչ օգնություն ցույց չի տվել մարացի Վարբակեսին՝ թագավորությունը Սարդանապալից վերցնելու:

Ահա այժմ ես զվարճանում եմ՝ ոչ փոքր ուրախություն զգալով, որ հասնում եմ այն տեղը, երբ մեր բնիկ նախնիի սերունդները թագավորության աստիճանի են հասնում: Ուստի վայել է մեզ այստեղ մեծ գործ կատարել և շատ խոսքեր գրել, որոնց հիմունքը մենք ինքներս արժանացանք կարդալու իմաստուն, իմաստունների մեջ իմաստագույն և բազմարդյուն հեղինակի չորս հազներգությունների մեջ:

Որովհետև Վարբակեսը, ծննդյամբ մեդացի, այս ամրագույն երկրի ծայրի աննշան կողմերից, կյանքում շատ խորամանկ, կռիվների մեջ խիզախ, գիտենալով Թոնոս Կոնկոզեռոսի տմարդի բնավորությունը և հեշտասեր ու թուլամորթ ծուլությունը՝ իր սիրալիր վարմունքով ու առատաձեռնությամբ ավելացնում է իրեն բարեկամներ այն քաջ ու պիտանի մարդկանցից, որոնց ձեռքով այն ժամանակ ամուր ու հաստատուն կերպով հայտնապես կառավարում էր Ասորեստանի աշխարհակալ պետությունը, իր կողմն է գրավում նաև մեր քաջ նախարար Պարույրին, խոստանալով նրան թագավորության պատիվ և ձև: Գումարում է նաև արի մարդկանց մեծ բազմություն, որոնք չափազանց հաջողակ էին նիզակ, աղեղ և սուր գործածելու մեջ: Այս կերպով Սարդանապալից թագավորությունը գրավելով՝ տիրում է Ասորեստանին և Նինվեին: Բայց Ասորեստանի վրա վերակացուներ թողնելով՝ թագավորությունը փոխադրում է Մարաստան:

Բայց եթե այս բանը ուրիշների մոտ տարբեր է պատմվում, մի զարմանար: Որովհետև ինչպես որ մեր պատմության առաջին գլուխներում մեղադրեցինք մեր հին նախնիների անիմաստասեր բարքն ու ճաշակը, նույնը պատահում է և այնտեղ; Որովհետև ինչ գործեր որ կատարվել են Նաբուգոդոնոսոր հոր կողմից, գրի են առնված նրանց հիշատակագիրների ձեռքով, իսկ մերոնք որովհետև այսպիսի բան չմտածեցին, նրանց գործերը նշանակվեցին վերջերը:

Բայց եթե հարցնես, թե որտեղից մենք այսպես գիտենք մեր նախնիքների անունները, այլև շատերի գործերը՝ կպատասխանեմ, քաղդեացիների, ասորեստանցիների և պարսից հին դիվաններից, որովհետև մեր նախնիները եղել են նրանց գործակալները և նրանց կողմից մեր երկրի վրա նշանակված վերակացուներ ու մեծ կուսակալներ լինելով՝ սրանց անուններն ու գործերը մուծվել են արքունի գրքերի մեջ:

ՄԵՐ ԹԱԳԱՎՈՐՆԵՐԻ ԿԱՐԳԸ ԵՎ ՆՐԱՆՑ ԹՎԱՐԿՈՒՄԸ ՀՈՐԻՑ ՈՐԴԻ

Այժմ ես կանցնեմ թվարկելու մեր մարդկանց, մանավանդ թե թագավորներին, մինչև Պարթևների տերության հաստատվելը: Որովհետև մեր թագավորների մեջ ինձ այս մարդիկն են սիրելի, իբրև բնիկներ, արյունակիցներ և իսկական հարազատներ: Ես շատ կփափագեի, որ այն ժամանակ Փրկիչն եկած և ինձ գտած լիներ, որ նրանց ժամանակ ես աշխարհ եկած լինեի, նրանց տերությամբ զվարճանայի և այժմյան վտանգներից խուսափած լինեի: Բայց շատ վաղ մեզանից այդ դրությունը փախավ, գուցե նաև վիճակը: Բայց ես այժմ օտարների թագավորության ժամանակ ապրելով՝ նրանց թագավորների հետ միասին պետք է նշանակեմ մեր թագավորների կարգը, որովհետև մեր աշխարհի բնիկ պսակավորներն այն մարդիկն են, որոնց անունները ներքևը կդրոշմենք:

Եվ որ իսկականից այդ ժամանակները մեր ազգը թագավորություն ուներ, վկայում է նաև Երեմիա մարգարեն իր մարգարեության մեջ՝ Բաբելոնի դեմ պատերազմի հրավիրելով. “Հրաման տուր ասում է նա, Այրարատյան թագավորությանը և Ասքանազյան գնդին”: Սա ապացույց է, որ այդ ժամանակ մենք ունեցել ենք թագավորություն: Բայց մենք մեր թագավորների ցուցակը կկազմենք, մոտը դնելով նաև՝ Մարաց թագավորներին:

Մարաց առաջին

Վարբակես
Մոդակիս
Մարաց
Սոսարմոս
Առտիկաս
Դեովկիս
Փռավորտիս
Կվաքսարես
Աժդահակ

Իսկ մեր առաջինը, Մարացի Վարբակեսից թագադրված Պարույր, Սակայորդու որդին Հրաչյա:

Սա Հրաչյա է կոչվում առավելապես պայծառ երես և բոցավառ աչքեր ունենալու համար: Ասում են, թե սրա ժամանակն է ապրել Նաբուգոդոնոսորը, որ հրեաներին գերեց: Եվ ասում են, որ սա Նաբուգոդոնոսորից խնդրեց գերված եբրայեցիների գլխավորներից մեկին՝ Շամբաթ անունով և բերեց մեր երկրում բնակեցրեց մեծ պատվով: Պատմագիրն ասում է, թե սրանից սերվեց Բագրատունիների ցեղը, և այս ստույգ է: Բայց թե ինչպիսի ջանքեր գործ դրին մեր թագավորները՝ նրանց ստիպելու, որ կուռքերը պաշտեն և թե նրանցից քանիսը և ովքեր աստվածապաշտությամբ վերջացրին իրենց կյանքը՝ հետո կարգով կպատմենք: Որովհետև մի քանի անվստահելի մարդիկ ասում են, ըստ իրենց ենթադրության, բայց ոչ ճշմարտությամբ, իբր թե Բագրատունիների թագադիր ցեղը ծագում է Հայկից: Ռիստի ես ասում եմ, այսպիսի հիմար խոսքերի մի հավատար, որովհետև ոչ մի հետք կամ ապացույց չկա այդ խոսքերում, որ ցույց տա նրանց ճշմարտությունը: Որովհետև Հայկի և նմանների մասին էլ կակազում են վայրիվերո և անկարգ կերպով: Բայց գիտցիր, որ Սմբատ անունը, որ Բագրատունիները հաճախ դնում են իրենց երեխաներին, իսկապես Շամբաթն է նրանց հին՝ եբրայական լեզվով:

Հայոց

Փառնավազ
Պաճույճ
Կոռնակ
Փավոս
Մյուս Հայկակ
Երվանդ սակավակյաց
Տիգրան:

Որովհետև ես հավանական եմ գտնում, որ սրանց անունով կոչված են վերջին Երվանդն ու Տիգրանն ըստ հույսի, ժամանակը շատ հեռու չլինելով՝ մեկը հիշած կլինի այս անունները:

ՍԵՆԵՔԵՐԻՄԻ ՈՐԴԻՆԵՐԻ ՄԱՍԻՆ ԵՎ ԹԵ ԱՐԾՐՈՒՆԻՆԵՐԸ, ԳՆՈՒՆԻՆԵՐԸ ԵՎ ԱՂՁՆՅԱՑ ԲԴԵՇԽ ԿՈՉՎԱԾԸ ՆՐԱՆՑԻՑ ԵՆ ՍԵՐՎԱԾ,ՆՈՒՅՆ ԳԼԽՈՒՄ ՆԱԵՎ՝ ԹԵ ԱՆԳԵՂ ՏՈՒՆԸ ՊԱՍՔԱՄԻՑ Է

Բայց նախքան ձեռնարկենք խոսել Մեծն Տիգրանի մասին, որ մեր բնիկ թագավորներից իններորդն էր, հուժկու, անվանի և հաղթող այլ աշխարհակալների շարքում, պատմենք ինչ որ անհրաժեշտ է մեր պատմության կարգը պահպանելու համար: Մենք կարծես մոռացության տվինք Սենեքերիմի մասին խոսել: Որովհետև Նաբուգոդոնոսորի թագավորությունից ութսուն, քիչ ավելի կամ պակաս տարի առաջ՝ այս Սենեքերիմը Ասորեստանի թագավոր է եղել, նա որ Երուսաղեմը պաշարեց հրեաների Եզեկիա առաջնորդի ժամանակ: Նրա որդիները, Ադրամելիք և Սանասար, նրան սպանելով, փախան եկան մեզ մոտ:

Սրանցից մեկին, այն է՝ Սանասարին մեր քաջ նախնի Սկայորդին բնակեցնում է նույն Ասորեստանի սահմանների մոտ, մեր աշխարհի արևմտյան հարավում: Նրա սերունդն աճելով ու բազմանալով լցրեց Սիմ կոչված լեռը: Իսկ նրանցից ականավոր և գլխավոր մարդիկ վերջերը գործերով հավատարմություն ցույց տալով մեր թագավորներին՝ արժանացան այդ կողմերի բդեշխությունն ստանալու: Իսկ Արգամոզանը բնակվեց նույն կողմի արևելյան հարավում: Պատմագիրն ասում է, թե սրանից սերվեցին Արծրունիներն ու Գնունիները: Այս էր պատճառը, որ մենք հիշեցինք Սենեքերիմին:

Բայց Անգեղ Տունը նույն պատմագիրն ասում է, թե առաջացել է մի ոմն Պասքամից՝ Հայկի թոռից:

ՏԻԳՐԱՆԻ ՄԱՍԻՆ, ԹԵ ԻՆՉՊԵՍ ԷՐ ԱՄԵՆ ԲԱՆՈՎ

Անցնենք այսուհետև գրելու Տիգրանի և նրա գործերի մասին: Որովհետև սա մեր թագավորներից ամենահզորն և ամենախոհեմն էր և նրանցից բոլորից քաջ: Նա Կյուրոսին աջակից եղավ Մարաց իշխանությունը տապալելու, հույներին էլ ոչ քիչ ժամանակ նվաճելով իրեն հնազանդեցրեց, և մեր բնակության ահմանների ընդարձակելով հասցրեց մինչև հին բնակության սահմանների ծայրերը, բոլոր իր ժամանակակիցներին նախանձելի եղավ, իսկ հետո եկողներիս ցանկալի, թե ինքը և թե իր ժամանակը:

Եվ որ իսկական մարդը, որ սիրում է արիական բարքը և խոհականությունը, չի ուրախանա սրա հիշատակությամբ և չի ձգտի նրա նման մարդ լինել: Նա տղամարդկանց գլուխ կանգնեց և ցույց տալով քաջություն՝ մեր ազգը բարձրացրեց, և մեզ, որ լծի տակ էինք, դարձրեց շատերին լուծ դնողներ և հարկապահանջներ. ոսկու և արծաթի, և պատվական քարերի, և զգեստների, և զանազան գույների, և գործվածքների՝ հարստություններ տղամարդկանց և կանանց համար՝ առհասարակ բազմացրեց, որոնցով տգեղները գեղեցիկների նման աքանչելի էին երևում, իսկ գեղեցիկներն այն ժամանակի համեմատ աստվածանում էին: Հետևակ կռվողները ձիավոր դարձան, պարսերով կռվողներն հաջող աղեղնավորներ, լախտերով կռվողները զինվեցին սրերով ու տեգավոր, նիզակներով, մերկերը պատվեցին վահաններով և երկաթե զգեստներով: Եվ երբ նրանք մի տեղ հավաքվեին, միայն նրանց արտաքին տեսքն ու նրանց պահպանակների ու զենքերի փայլն ու շողքը բավական էին թշնամիներին հալածելու և վանելու: Նա խաղաղություն և շենություն զգեց, բոլորին լիացրեց յուղով ու մեղրով:

Այս և ուրիշ շատ բաներ բերեց մեր երկրին այս խարտյաշ և մազերի ծայրը գանգուր Երվանդյան Տիգրանը, գունեղ երեսով, քաղցր նայվածքով, ուժեղ սրունքներով, գեղեցիկ ոտներով, վայելչակազմ և թիկնավետ, կերակուրների և ըմպելիքների մեջ պարկեշտ, ուրախությունների մեջ օրինավոր, որի մասին մեր հները, որոնք փանդիռներով երգում էին, ասում էին, թե մարմնի ցանկությունների մեջ էլ չափավոր է եղել, մեծիմաստ և պերճախոս և լի բոլոր հատկություններով, որ պիտանի էին մարդուն: Եվ այս գրքում ինչ կա ինձ ավելի սիրելի, քան սրա մասին եղած գովեստներն ու պատմությունը երկարել: Նա ամեն բանի մեջ արդարադատ և հավասարասեր կշեռք ունենալով ամեն մեկի կյանքը կշռում էր իր մտքի լծակով, չէր նախանձում լավագույններին, չէր արհամարհում նվաստներին, այլ աշխատում էր ընդհանրապես ամենքի վրա տարածել իր խնամքի զգեստը:

Սա սկզբում դաշնակից լինելով Աժդահակին, որ Մարացի էր, նրան կին է տալիս իր Տիգրանուհի քրոջը, որին թախանձանքով ուզում էր Աժդահակը: Որովհետև Աժդահակը մտածում էր՝ այդպիսի ազգականության շնորհիվ կամ հաստատուն սեր պահպանել Տիգրանի հետ, կամ այս կերպով հեշտությամբ դավաճանորեն սպանել: Որովհետև նրա միտքը կասկածի մեջ էր, երբ մի անսպասելի մարգարեություն նրան ցույց տվեց առաջիկայում նրան պատահելիքը:

ԱԺԴԱՀԱԿԻ ԵՐԿՅՈՒՂԻ ԵՎ ԿԱՍԿԱԾԱՆՔԻ ՄԱՍԻՆ ԿՅՈՒՐՈՍԻ ԵՎ ՏԻԳՐԱՆԻ ՍԻՐՈ ԵՎ ՄԻԱԲԱՆՈՒԹՅԱՆ ՊԱՏՃԱՌՈՎ

Բայց նրա այս մտածմունքների առիթն էր մտերմական դաշինքը, որ Կյուրոսն առաջարկեց Տիգրանին, և շատ անգամ, երբ Աժդահակն այս բանը հիշում էր, քունը փախչում էր նրանից, և անդադար նա խորհրդակիցներին այսպիսի հարց էր տալիս. "Ինչպիսի հնարքներով մենք պիտի կարողանանք քանդել սիրո կապը պարսիկի և բազմաբյուր զորքեր ունեցող հայի միջև": Եվ այսպիսի շփոթ մտածմունքների ժամանակ առաջիկա դեպքերը նրան հայտնվում են երազի մեջ մի նախատեսությամբ, այս կերպ, ինչպես ասում է պատմողը:

ԹԵ ԻՆՉՊԵՍ ԱԺԴԱՀԱԿ, ԿԱՍԿԱԾՆԵՐԻ ՄԵՋ ԼԻՆԵԼՈՎ, ԻՐԵՆ ՊԱՏԱՀԵԼԻՔ ԴԻՊՎԱԾԸ ՏԵՍՆՈՒՄ Է ՍՔԱՆՉԵԼԻ ԵՐԱԶՈՎ

Այդ օրերում, ասում է, ոչ փոքր վտանգ էր սպառնում մարացի Աժդահակին Կյուրոսի և Տիգրանի միաբանությունից: Ուստի և մտքերի սաստիկ ալեկոծությունից՝ գիշերը քնի մեջ տեսիլքով երևաց այն, ինչ որ արթուն ժամանակ ոչ աչքով էր տեսել երբեք և ոչ ականջով լսել: Ուստի քնից վեր թռնելով՝ չի սպասում խորհրդակցության ժամին սովորական կարգով, այլ իսկույն, մինչդեռ գիշերից բավական ժամեր դեռ կային, կանչում է խորհրդակիցներին և տխուր դեմքով, գետին նայելով սրտի խորքից հառաչանք է արձակում: Երբ խորհրդակիցները պատճառը հարցնում են, նա ժամերով ուշացնում է պատասխանը և վերջապես հեծկլտանքով սկսելով՝ բաց է անում սրտում ծածուկ պահած խորհուրդներն ու կասկածը, նաև սարսափելի տեսիլքը:

«Ով սիրելիք, -ասում է նա,- երազումս թվում էր, թե ես մի անծանոթ երկրում եմ գտնվում, մի լեռան մոտ, որ երկրի վրա երկար բարձրացած էր և որի գագաթը թվում էր սաստիկ սառնամանիքներով պատած, և կարծես ասելիս լինեին, թե այս Հայկազյանց երկրում է: Եվ երբ ես երկար նայում էի այդ լեռան, մի ծիրանազգեստ կին երևաց ինձ երկնագույն քողով, բարձր լեռան գագաթին նստած, խոշոր աչքերով, բարձրահասակ, կարմիր այտերով, որ բռնված էր ծննդի երկունքով: Երբ ես երկար նայում էի այս երևույթինն հիացման մեջ էի, հանկարծ կինը երեք զավակ ծնեց, կատարյալ դյուցազուններ հասակով և էությամբ: Առաջինն առյուծ հեծած՝ սլանում էր դեպի արևմուտք, երկրորդն ինձ հեծած դեպի հյուսիս էր դիմում, իսկ երրորդը վիթխարի վիշապ սանձած՝ արշավակի մեր տերության վրա էր հարձակվում:

Այս խառն երազների մեջ մեկ էլ ինձ թվաց, թե կանգնած եմ իմ ապարանքի տանիքի վրա, տեսնում էի նրա կտուրը բազմաթիվ գեղեցիկ շատրվաններով զարդարված, մեզ պսակող աստվածների հրաշալի տեսքով այնտեղ կանգնած, և ես ձեզ հետ միասին նրանց զոհերով ու խնկերով պատվում էի: Երբ հանկարծ վեր նայեցի, տեսա որ այն վիշապ հեծած մարդը, իսկական արծվի թևերով սլանալով՝ հարձակվեց և մոտենալով ուզում էր աստվածներին կործանել: Իսկ ես, Աժդահակս, մեջ ընկնելով, այն հարձակումն ինձ վրա ընդունեցի, սքանչելի դյուցազնի հետ կռվի բռնվելով: Նախ նիզակների տեգերով իրար մարմինները խոցոտելով՝ արյան վտակներ վար հոսեցրինք և ապարանքի արեգակի նման փայլող երեսը արյան ծով դարձրինք: Հետո ուրիշ զենքերով կռվեցինք ոչ սակավ ժամեր:

Բայց երկար խոսքը էլ ինչ օգուտ կբերի ինձ, որովհետև գործի վերջը իմ կործանումն եղավ: Տագնապալից սաստիկ քրտինքը կոխեց և քունս փախավ, և այլևս կենդանի չեմ թվում: Որովհետև այս երազը ուրիշ բան չի նշանակում քան այն, որ Հայկազյան Տիգրանի կողմից ուժգին հարձակում պիտի կատարվի մեզ վրա: Բայց ով ձեզանից, աստվածների օգնությունից հետո, խոսքով ու գործով մեզ բարիք խորհելով չի հուսա մեզ թագավորակից լինել»:

Եվ խորհրդակիցներից շատ օգտակար առաջարկություններ լսելով՝ շնորհակալությամբ պատվում է նրանց:

ԽՈՐՀՐԴԱԿԻՑՆԵՐԻ ԽՈՍՔԵՐԸ ՀԵՏՈ ԵՎ ԻՐ ՄՏԱԾԱԾ ՄԻՋՈՑԸ ԵՎ ԱՆՄԻՋԱԿԱՆ ԳՈՐԾԱԴՐՈՒԹՅՈՒՆԸ

«Ձեզանից, ով սիրելիներ, ասում է Աժդահակը, շատ հանճարեղ և իմաստուն բաներ լսելուց հետո՝ կասեմ և ես, ինչ որ, աստվածների օգնությունից հետո, մտածում եմ իբրև օգտակար միջոց: Որովհետև թշնամիներից զգուշանալու և նրանց մտադրություններին ծանոթանալու համար ոչ մի բան այնքան մեծ օգնություն չի բերում, քան երբ մեկը թշնամուն կորուստ պատրաստի՝ սիրո միջոցով նրան դավելով: Եվ այս բանը մենք այժմ հնարավորություն չունենք կատարելու ոչ գանձերի միջոցով և ոչ պարտվողական խոսքերով, այլ միայն այն կերպով, որ ես մտադիր եմ գործադրել: Իմ խորհուրդի կատարման որոգայթ սարքելու միջոցը նրա քույր Տիգրանուհին է՝ գեղեցկագույն ու խոհեմը կանանց մեջ: Որովհետև այսպիսի խնամիական ազգականությունները, համարձակ երթևեկության միջոցով, ընդարձակ հնարավորություն են ստեղծում թաքուն կերպով դավեր լարելու, կամ նրա մտերիմներին զանձեր ու պատիվ խոստանալով հրամայել՝ նրան հանկարծակի սպանել սրով կամ թույների միջոցով, կամ նրա մտերիմներին ու կուսակալներին գանձերով նրանից բաժանել և այս կերպով նրան, իբրև մի անզոր տղայի, մեր ձեռքը գցել»:

Բարեկամներն այս խորհուրդն ազդու համարելով, գործի են ձեռնարկում: Աժդահակը իր խորհրդակիցներից մեկին մեծ գանձ տալով ուղարկում է Տիգրանի մոտ մի թղթով, որ հետևյալ բովանդակությունն ուներ:

ԱԺԴԱՀԱԿԻ ԹՈՒՂԹԸ, ԴՐԱՆԻՑ ՀԵՏՈ ՏԻԳՐԱՆԻ ՀԱՄԱՁԱՅՆՈՒԹՅՈՒՆԸ ԵՎ ՏԻԳՐԱՆՈՒՀՈՒՆ ՄԱՐԱՍՏԱՆ ՈՒՂԱՐԿԵԼԸ

«Քո սիրելի եղբայրությունդ գիտե, որ այս աշխարհի կյանքում աստվածները մեզ չեն պարգևել ավելի օգտակար բան, քան սիրելիների բազմություն, և այն էլ իմաստուն և այն էլ հզորագույների, որովհետև այս դեպքերում դրսից խռովություններ վրա չեն տալիս և եթե պատահեն, իսկույն դուրս են շպրտվում, իսկ ներսում նրանք կիալածվեն, քանի որ այսպիսի չարությունը ոչ ոքից չի կարող մուտք գործել: Արդ՝ ես տեսնելով բարեկամությունից առաջ եկող այս օգուտը, կամեցա ավելի հաստատուն դարձնել ու խորացնել մեր մեջ եղած սերը, որպեսզի երկուսով էլ բոլոր կողմերից ապահովվելով՝ ամբողջ և հաստատ պահենք մեր տերությունները: Եվ այս բանը կկատարվի, եթե ինձ կնության տաս քո քույր Տիգրանուհուն, մեծ Հայոց օրիորդին, թերևս նրա համար նաև բարի համարես, որ թագուհիների թագուհին լինի: Ողջ եղիր, մեր թագակից և սիրելի եղբայր»:

Առանց խոսքս երկարացնելու ասեմ: Պատգամավորը գալիս է, գեղեցիկ օրիորդի վերաբերյալ գործը կատարում է, որովհետև Տիգրանը համաձայնելով՝ իր քույր Տիգրանուհուն Աժդահակին կնության է տալիս: Դեռ չգիտենալով նրա կողմից սարքված դավաճանությունը՝ քրոջն ուղարկում է թագավորավայել կարգով: Աժդահակը նրան կին առնելով՝ ոչ միայն իր սրտում թաքցրած նենգության, այլև Տիգրանուհու գեղեցկության պատճառով իր կանանց մեջ առաջինն է դարձնում, իսկ ներքուստ նյութում է չարություն:

ԱՅՆ ՄԱՍԻՆ, ԹԵ ԻՆՉՊԵՍ ՆԵՆԳՈՒԹՅՈՒՆԸ ՀԱՅՏՆԻ ԴԱՐՁԱՎ ԵՎ ՊԱՏԵՐԱԶՄՆ ՍԿՍՎԵՑ, ԵՎ ԱԺԴԱՀԱԿԻ ՄԱՀՆ ԱՅԴ ԿՌՎՈՒՄ

Սրանից հետո ասում է, թե երբ Աժդահակը Տիգրանուհուն տիկնության մեջ հաստատեց, իր թագավորության մեջ ոչինչ չէր գործում առանց նրա հավանության, այլ ամեն բան կարգադրում էր նրա ասածի պես և հրամայում էր, որ բոլորը նրա հրամանին հնազանդվեն: Այս այսպես կարգադրելով՝ սկսում է այնուհետև մեղմով խաբեությամբ նրան գրավել: «Դու չգիտես, ասում է նա, որ քո եղբայրդ Տիգրանը նախանձել է, որ դու Արյաց տիկին ես դարձել, նրան գրգռում է նրա կինը՝ Զարուհին: Ինչ կլինի սրա հետևանքը, եթե ոչ՝ որ նախ ես կմեռնեմ և հետո Զարուհին Արյաց վրա տիկին կդառնա և աստվածուհիների տեղը կբռնե: Ուրեմն քեզ մնում է ընտրել այս երկուսից մեկը, կամ լինել եղբայրասեր և հանձն առնել խայտառակ կործանում Արյաց առաջ, կամ քո բարին հասկանալով մի օգտակար բան մտածել և առաջիկա անցքերի մասին հոգալ»:

Այս խորամանկության մեջ թաքնված էր և սպառնալիք, թե Տիգրանուհին կմեռնի՝ եթե մարապարսկացու ցանկության համաձայն չվարվի: Իսկ խորագետ գեղեցկուհին այս դավաճանությունը հասկանալով՝ սիրալիր խոսքերով է պատասխանում Աժդահակին և մտերիմների միջոցով շտապով եղբորը հայտնում է Աժդահակի նենգությունը:

Աժդահակն այնուհետև գործի է ձեռնարկում, պատգամավորների ձեռքով առաջարկելով Տիգրանին, որ բարեկամական տեսակցության համար գա երկու թագավորությունների սահմանագլուխ մի տեղում, իբր թե մի կարևոր գործ ու խոսելիք կա, որ չի կարելի կատարել գրի և պատվիրարկության միջոցով, բայց միայն անձանբ դեմ առ դեմ հանդիպումով: Սակայն Տիգրանը պատվիրակության դիտավորությունը գիտնալով՝ Աժդահակի խորհուրդներից ոչ մի բան ծածուկ չի թողնում, այլ գրով հայտնում է, ինչ որ նրա սրտի խորքում կար: Երբ այսպիսով չարությունը հայտնի դարձավ, այլևս ոչ մի խոսքով, ոչ մի խորամանկությամբ չէր կարելի չարությունը քողարկել, և այնուհետև թշնամական դրությունը հայտնի զգացվում էր:

Եվ Հայոց թագավորը զորք է ժողովում Կապադովկիայի սահմաններից, Վրաց և Աղվանից ընտիրները՝ որոնք որ կային, և Մեծ ու Փոքր Հայքի բոլոր ընտիրները, և ամբողջ զորությամբ դիմում է Մեդացոց կողմերը: Վտանգը հարկադրում է Աժդահակին Հայկազունի դեմ ելնել պատերազմով ոչ փոքր բազմությամբ: Հակառակության գործը ձգձգվում էր մինչև հինգ ամիս, որովհետև արագ ու առողջ գործը թուլանում է, քանի որ Տիգրանը մտածում էր իր սիրելի քրոջ Տիգրանուհու մասին: Նա աշխատում էր այնպիսի մի հնար գտնել, որ Տիգրանուհին փրկվելու ճար գտնի: Երբ այս հաջողվում է, մոտենում է և կռվի ժամը:

Բայց գովում եմ իմ քաջամարտիկ նիզակավորին, որ բոլոր անդամներով համաչափ էր, մեկը մյուսին ամեն կերպ պատշաճեցրած, կատարյալ գեղեցիկ հասակով, առույգ և ուժի կողմից իրեն հավասարը չունեցող: Եվ ինչու եմ խոսքս երկարացնում, կռվի ժամանակ Աժդահակի երկաթե ամուր զրահը ինչպես ջուր ճեղքելով՝ Աժդահակին շամփրում է իր նիզակի ընդարձակ տեգին, և ձեռքը հետ քաշելիս՝ նրա թոքերի կեսն էլ զենքի հետ դուրս է բերում: Բայց կռիվն սքանչելի էր, որովհետև քաջեր քաջերի հանդիպելով՝ ոչ մեկը մյուսին շուտով թիկունք չէր դարձնում, ուստի պատերազմը երկարում էր բավական ժամեր, մինչև գործին վերջ էր դնում Աժդահակի մահը: Այս բարեբախտ դիպվածը նոր փառք էր ավելացնում Տիգրանին:

ԱՅՆ ՄԱՍԻՆ, ՈՐ ԻՐ ՏԻԳՐԱՆՈՒՀԻ ՔՈՒՅՐՆ ՈՒՂԱՐԿԵՑ ՏԻԳՐԱՆԱԿԵՐՏ, ԱՅԼԵՎ ԱԺԴԱՀԱԿԻ ԱՌԱՋԻՆ ԿՆՈՋ՝ ԱՆՈՒՅՇԻ ԵՎ ԳԵՐԻՆԵՐԻ ԲՆԱԿՈՒԹՅԱՆ ՄԱՍԻՆ

Այս էլ է պատմվում, թե այս գործը վերջանալուց հետո Տիգրանը իր քույր Տիգրանուհուն թագավորավայել ու մեծ բազմությամբ ուղարկում է Հայաստան՝ այն ավանը, որը Տիգրանը շինեց իր անունով, այսինքն՝ Տիգրանակերտ, և այն գավառները հրամայում նրա ծառայության մեջ դնել: Եվ այդ կողմերի ոստան կոչված ազնվական դասակարգն, ասում է, սրա սերունդից է առաջացել, իբրև թագավորական սերունդ:

Իսկ Աժդահակի առաջին կնոջը, Անույշին, և շատ աղջիկներ Աժդահակի սերունդից՝ պատանիներով և գերիների բազմությամբ հանդերձ, ավելի քան մի բույր մարդ, Տիգրանը բնակեցնում է մեծ լեռան արևելյան կողմը մինչև Գողթնի սահմանները. սրանք են Տամբատ, Ոսկիողա, Դաժգույնք և Գետեզրյա ուրիշ դաստակերտներ, որոնցից մեկն է Վրանջունիք, մինչև Նախճավան ամրոցի դեմուդեմը: Նրանց է թողնում նաև երեք ավաններ – Խրամ, Ջուղա և Խորշակունիք՝ գետի մյուս կողմում, ամբողջ դաշտը, որի գլուխն է Աժդանական, մինչև նույն Նախճավանի ամրոցը: Բայց վերը հիշված Անույշ կնոջն իր որդիներով հանգիստ բնակեցնում է մեծ լեռան փլվածքի վերջում: Այս փլվածքն, ասում են, առաջ է եկել մի ահագին երկրաշարժից. այս բանը պատմում են այն մարդիկ, որոնք Պտղոմեոսի հրամանով ընդարձակ ուղևորություններ կատարելով ասպարեզներով չափեցին մարդկանց բնակության տեղերը, մասամբ նաև ծովը և անբնակ վայրերը Այրեցյալ գոտուց մինչև Քիմյուռոն: Իսկ Անույշին սպասավորներ տալիս է նույն այն մարերից, որ լեռան ստորոտում բնակվեցին:

Այս բանը ճշմարտապես պատմում են և թվելյաց երգերը, որ ինչպես լսում եմ, ախորժելով պահել են գինեվետ Գողթն գավառի կողմի մարդիկ, այդ երգերում չափածո շարադրվում են պատմություններ Արտաշեսի և նրա որդիների մասին, այլաբանաբար հիշելով և Աժդահակի սերունդները, նրանց վիշապազուններ կոչելով: Որովհետև Աժդահակ մեր լեզվով նշանակում է վիշապ:

Այլն ասում են.

«Արտավազդը՝ քաջ որդին Արտաշեսի, չգտավ
Ապարանքի փոքրիկ տեղ,
Արտաշատը հիմնելիս՝
Անցավ գնաց և շինեց
Մարաստանում Մարակերտը»:

«Արտավազդը, Արտաշեսի քաջ որդին, Արտաշատի հիմնվելու ժամանակ, մի փոքրիկ տեղ չգտնելով ապարանքի համար՝ անցավ, ասում են, գնաց և Մարաց մեջ շինեց Մարակերտը, որ գտնվում է Շարուր կոչված դաշտում»: Ասում են նաև.

«Տենչալով տենչում է Սաթենիկ տիկինը
Արտախուր խավարտ և տից խավարծի
Արգավանի բարձերից»:

Արդ, դու այստեղ առավելապես չես զարմանա, թե ինչպես պատմեցինք ճշմարիտը՝ բացատրելով մութ պատմություններն այն վիշապների մասին, որ ապրում են Ազատն ի վեր Մասիսի վրա:

ԹԵ ՈՐՈՆՔ ԵՆ ՄՐԱ ՍԵՐՈՒՆԴՆԵՐԸ ԵՎ ԻՆՉ ՑԵՂԵՐ ՋԱՏՎԵՑԻՆ ՄՐԱՆԻՑ

Ինչպես որ ինձ պատմողիս սիրելի է հավաստի պատմել այս պատմության մեջ բուն և առաջին Տիգրանի և նրա գործերի մասին, հիշելով զրույցներն այս Երվանդյան Տիգրանի մասին, նույնպես սիրելի պետք է լինեն ընթերցողիդ ինչպես այդ մարդն ու նրա գործերը, այնպես էլ նրան վերաբերյալ պատմությունները: Ոիստի ես սիրում եմ ըստ քաջության այսպես կոչել – Հայկ, Արամ, Տիգրան, որովհետև քաջերի սերունդները քաջերն են, իսկ նրանց միջև եղածներին ով ինչպես ուզում է՝ թող կոչի: Բայց դիցաբանական տեսակետից ևս ճշմարիտ է մեր ասածը: Չկա ոչ մի Արամազդ, բայց միայն նրանց համար, որոնք կամենում են, որ Արամազդ լինին. և այսպես կոչված չորս Արամազդներից մեկն է միայն՝ Ճաղատ Արամազդը: Այսպես նաև շատերը կան Տիգրան անունով, բայց սա մեկ և միակն է Հայկազուններից, որ Աժդահակին սպանեց, և գերեվարեց նրա տուն ու տեղը և Անույշին, վիշապների մորը, և Կյուրոսին, նրա բարի կամքով և հոժարությամբ, օժանդակ ունենալով՝ Մարաց և Պարսից իշխանությունը հափշտակեց:

Սրա որդիներն են Բաբ, Տիրան և Վահագն, որի մասին մեր երկրի առասպելներն ասում են.

«Երկնում էր երկինք, երկնում էր երկիր,
Երկնում էր ծովը ծիրանի,
Երկունքը բռնել էր ծովում
Նաև կարմրիկ եղեգնիկին:
Եղեգնի փողով ծուխ էր ելնում,
Եղեգնի փողով բոց էր ելնում
Եվ բոցից դուրս էր վազում
Մի խարտյաշ պատանեկիկ:

Վազում էր խարտյաշ մի պատանեկիկ
Նա հուր մազեր ուներ,
Բոց մորուք ուներ,
Եվ աչիկներն էին արեգակներ»:

Մենք մեր ականջով լսեցինք, ինչպես այս ոմանք երգում էին փանդիռներով: Դրանից հետո երգի մեջ ասում էին, թե կռվել է վիշապների հետ ու հաղթել, և Հերակլեսի քաջագործություններին շատ նման բաներ էին երգում նրա մասին: Բայց ասում են նաև, թե սա աստվածացրած է, և Վրաստանում սրա հասակով արձան կանգնեցնելով՝ պատվում էին զոհերով:

Սրա սերունդներն են Վահունիները: Սրա կրտսեր որդուց՝ Առավանից ծագել են Առավենյանները: Սրա որդին էր Առավանը, սրանը՝ Ներսեհը, սրանը՝ Զարեհը, սրա սերունդից են Զարեհավանյան կոչված ցեղերը: Զարեհի առաջին որդին էր

Արմողը, սրանը՝ Բազամը, սրանը՝ Վահանը, սրանը՝ Վահեն: Սա Աղեքսանդր Մակեդոնացու դեմ ապստամբելով՝ մեռնում է նրա ձեռքով:

Այստեղից սկսած մինչև Վաղարշակի թագավորելը Հայաստանում՝ ստույգ բան չունեմ քեզ պատմելու, որովհետև խառնակություններ և շփոթություններ լինելով՝ մեկը մյուսից առաջ էր վազում մեր երկրին տիրելու: Այս պատճառով էլ Արշակ Մեծը դյուրավ Հայաստան մտնելով՝ իր եղբորը՝ Վաղարշակին թագավորեցնում է Հայաստանի վրա:

ԹԵ ԻԼԻԱԿԱՆ ՊԱՏԵՐԱԶՄԸ ՏԵՎՏԱՄՈՍԻ ԺԱՄԱՆԱԿ ԵՂԱՎ, ԵՎ ՄԵՐ ԶԱՐՄԱՑԸ ՍԱԿԱՎԱԹԻՎ ԵԹՈՎՊԱՑԻ ԶՈՐՔԻ ՀԵՏ ԱՅՆՏԵՂ ԷՐ ԵՎ ԱՅՆՏԵՂ ՄԵՌԱՎ

Այս երկու պայմաններն են, որ քո հարցասիրության շնորհիվ մեզ տագնապ ու նեղություն են պատճառում համառոտաբանություն և արագաբանություն, այն էլ պերճ ու պայծառ, ինչպես պլատոնական խոսքերը, ստությունից հեռու և լի ճշմարտությամբ, և այս կերպով քեզ միանգամից պատմել առաջին մարդուց սկսած մինչև քեզ: Բայց այս բոլորը միասին չի կարող պատահել: Որովհետև Աստված, որ ամեն բան ստեղծեց, նա որ կարող էր մի ակնարկությամբ մի ակնթարթում ամեն ինչ գոյացնել՝ այսպես չարավ, այլ օրեր որոշեց և ստեղծվածների մեջ կարգեր, որովհետև մի քանիսն առաջին օրվա ստեղծվածներն են, մի քանիսը՝ երկրորդի, երրորդի և հաջորդ օրերի: Եվ սրանով Սուրբ հոգու ուսմունքը մեզ սովորեցնում է նույնպիսի կարգեր պահպանել: Բայց քո փափագը մենք տեսնում ենք այսպիսի աստվածաշնչային սահմանից դուրս եկած, որ ամեն բան և մի անգամից և ճշմարտությամբ քեզ ասված լինի: Իսկ մենք կամ երկար պետք է գրենք, որպեսզի ցանկացածիդ պես լինի, կամ կարճ, որ քեզ հաճելի չի լինի: Որովհետև քո շտապեցնելուց մենք ոչինչ չգրեցինք Աղեքսանդր Մակեդոնացու մասին, ոչ էլ իլիական պատերազմի մասին իր տեղումը հիշեցինք և այստեղ ենք կցում:

Չենք կարող ասել, իմաստուն թե անիանձար հյուսն ենք մենք դառնում, երբ այստեղ, պատշաճ է թե ոչ այժմ միայն վերջումն ենք կցում կարևոր և մեր շարադրանքին արժանի պատմությունները:

Եվ այս ճառերից որոնք պետք է առաջինը լինեն, եթե ոչ Հոմերոսից պատմվածները, այն՝ ինչ որ պատմվում է իլիական պատերազմի մասին ասորեստանցիների Տևտամոս թագավորի ժամանակ: Եվ մեր Զարմայրը, որ ասորեստանցիներին հպատակ էր, քիչ մարդով եթովպական զորքի հետ օգնական է եղել Պրիամոսին և այնտեղ հելլենացի քաջերից վիրավորվելով մեռել է, բայց կկամենայի թե Աքիլլեսից և ոչ թե մի ուրիշ քաջից:

Վերջացավ Առաջին Գիրքը, Հայոց մեծեր ծննդաբանությունը:

ՊԱՐՍԻՑ ԱՌԱՍՊԵԼՆԵՐԻՑ

ԲՅՈՒՐԱՍՊԻ ԱԺԴԱՀԱԿԻ ՄԱՍԻՆ

Բայց ի՞նչ ցանկություն է արդյոք, որ ունես, Բյուրասպի Աժդահակի առասպելները փծուն ու անհեթեթ են, կամ ինչո՞ւ ես մեզ նեղություն տալիս պարսից անմշակ ու անճաշակ և մանավանդ անիմաստ առասպելների համար, ինչպես են նրա առաջին և անբարի բարերարությունը, դևերի նրան սպասավորելը, վիշապածին ու ստին վրիպեցնել չկարողանալը, ուսերը համբուրելը, այնտեղից վիշապներ ծնվելը, այնուհետև չարության աճումը, փորի համար մարդիկ սպառելը: Հետո մի ոմն Հրուդենի նրան կապելը պղնձե լարերով և Դմբավընդ կոչված լեռը տանելը, հետո Հրուդենի քնելը ճանապարհին, և Բյուրասպիի նրան քաշելով բլուր տանելը: Հրուդենի զարթնելը և նրան լեռան ինչ – որ այր տանելն ու կապելը և ինքն իրեն նրա առաջ իբրև արձան հաստատելը, որից սարսափահար եղած՝ հնազանդ է մնում շղթաներին և չի իշխում դուրս գալ և աշխարհը ոչնչացնել:

Ի՞նչ կարոտություն ունես այս սուտ առասպելների կամ ի՞նչ կարիք այսպիսի շինծու, անմիտ և անհանճար զրույցների: Մի՞թե սրանք հույների պերճ ու ողորկ, պատճառաբանված առասպելներն են, որոնց տակ այլաբանորեն թաքնված են ճշմարիտ իրողություններ, բայց դու մեզ ասում ես, որ իմաստ տանք նրանց անիմաստությանը և անզարդը զարդարենք: Ես նույնը կրկնում եմ քեզ, ի՞նչ կարոտություն ունես սրանց, և ի՞նչ փափագ է՝ անբաղձալի բաներին բաղձալը և մեզ նոր նեղություն պատճառելը: Մենք այս վերագրում ենք քո մանկական հասակին և համարում ենք քո տհաս խակության ցանկություն: Ուստի այստեղ էլ թող կատարած լինենք քո կամքը և փափագդ լրացնենք:

ԲԱՑԱՏՐՈՒԹՅՈՒՆ՝ ԻՆՉ ՈՐ ՀԱՎԱՍՏԻ ԲԱՆ ԿԱ ԲՅՈՒՐԱՍՊԻ ՄԱՍԻՆ

Պլատոնի խոսքն այժմ համարձակապես կարտասանեմ. Միրողի համար կա՞ արդյոք ուրիշ ես, քանի որ իսկապես չկա մեկը: Որովհետև բացի ուրիշ անհնար բաներից, որ քեզ համար հնարավոր դարձրինք, այս էլ ենք կատարում: Որովհետև նրանց այն զրույցներն ու գործերը, որ մենք ատում ենք և մանավանդ որոնց լսելը տաղտկություն էր մեզ պատճառում, այսօր իմ ձեռքով ինքս շարադրում եմ , նրանց անմտության մեջ միտք դնելով և նրանց չափազանց հին և նրանց համար անհասկանալի անցքերն ահա կբացատրեմ, միայն թե սրանք քեզ ուրախություն կամ օգուտ բերեն: Բայց գիտցիր մեր ատելությունը դեպի այսպիսի զրույցները, որ ոչ առաջին գրքում պատմեցինք և ոչ նույնիսկ վերջին գրքում արժան համարեցինք շարադրել այլ զատ և առանձին: Ես կսկսեմ այսպես:

Պարսիկների Բյուրասպի Աժդահակ ասածը նրանց նախնին է, Նեբրովթին ժամանակակից: Որովհետև երբ լեզուները ամբողջ աշխարհի վրա ցրվեցին, այս բանը չկատարվեց խառնիխուռն և առանց առաջնորդների, այլ կարծես մի աստվածային, ակնարկությամբ որոշվեցին գլխավորներ և ցեղապետներ, որոնցից յուրաքանչյուրն իր սահմանը ժառանգեց կարգով ու զորությամբ: Եվ ես այս Բյուրասպիի իսկական անունը ճանաչում եմ Կենտավրոս Պյուռիդա, որ գտել եմ քաղդեական մատյանում: Սա ոչ այնքան քաջությամբ, որքան ճոխությամբ և ճարտարությամբ իր ազգի ցեղասպանությունը վարում էր Նեբրովթին հնազանդվելով և կամենում էր ցույց տալ, որ ամենքը պետք է ընդհանուր կենցաղ ունենան, նա ասում էր, թե ոչ ոք չպետք է առանձին սեփական բան ունենա, այլ ամեն ինչ ընդհանուր պետք է լինի: Նրա ամեն մի խոսքը, ամեն մի գործը հայտնի էր, ոչ մի բան ծածուկ չէր մտածում, այլ սրտի բոլոր գաղտնի խորհուրդները լեզվովն արտահայտում էր, և սահմանում էր, որ բարեկամները նրա մոտ ելումուտ անեն ինչպես ցերեկով, այնպես էլ գիշերը: Եվ այս է նրա այսպես կոչված անբարի բարերարությունը:

Եվ որովհետև աստղաբանության մեջ հզոր լինելով կամեցավ

նաև կատարյալ չարությունը սովորել, և այս նրան անկարելի էր, - որովհետև, ինչպես վերն ասացինք, մարդկանց խաբելու նպատակով սովորություն ուներ ոչ մի բան ծածուկ չգործել, ուստի այնպիսի կատարյալ և ծայրահեղ չարությունը սովորելու հնարավորություն չկար, - այս ուսման համար մի դառն հնարք է մտածում, - իբրև թե փորի սարսափելի ցավեր ունի, որ ոչ մի ուրիշ միջոցով չի բժշկվի, եթե ոչ մի ինչ – որ խոսքով ու սոսկալի անունով, որը ոչ ոք չի կարող լսել առանց վտանգի: Եվ սովորած չար ոգին, որ նյութում էր չարությունը, գլուխը Բյուրասպիի ուսերի վրա դնելով անկասկած սովորեցնում էր նրան անբարի արվեստը, տանը և հրապարակներում, ականջին խոսելով: Սրա մասին առասպելում ասում են, թե սատանայի ճուտը նրան սպասավորելով կատարում էր նրա կամքը, որի համար հետո, պարգև խնդրելով, ուսը համբուրում էր:

Իսկ վիշապներ բուսնելը կամ Բյուրասպիի կատարելապես վիշապանալը, որ ասում են, այս է: Որովհետև նա անթիվ մարդիկ սկսեց զոհել դևերին՝ ուստի ժողովուրդը նրանից զզվեց և բոլորը միաբանեցին ու նրան հալածեցին, նա փախավ վերոհիշյալ լեռան կողմերը, երբ հալածանքը նրա դեմ սաստկացավ, նրա հետ եղած ամբոխը քայքայվեց և ցրվեց, հալածողներն այս բանին վստահանալով՝ մի քանի օր այդ տեղում հանգիստ առան: Սակայն Բյուրասպին ցրվածներին նորից հավաքելով՝ հանկարծորեն նրանց վրա է հասնում, մեծ վնասներ պատճառելով, բայց բազմությունը հաղթում է և Բյուրասպին փախուստ է տալիս: Հասնում նրան սպանում են լեռան մոտ և գցում են մի մեծ ծծմբային վիհի մեջ:

ԳԻՐՔ ԵՐԿՐՈՐԴ

Միջին պատմություն մեր նախնիքների

Այժմ քեզ գրում եմ այն առանձին գործերը, ինչ որ մեր երկրում են կատարվել, սկսելով երկրորդ գիրքս, կարգով պատմելով Աղեքսանդրի թագավորությունից մինչև քաջ ու սուրբ մարդու՝ Տրդատի թագավորությունը, ինչ որ այստեղ քաջության և արիության, իմաստության և բարեկարգության գործեր են կատարվել ամեն մի թագավորի ձեռքով, սկսած Պարսից Արշակ թագավորից և նրա Վաղարշակ եղբորից, որին թագավորեցրեց մեր երկրի վրա, և մեր երկրի մյուս թագավորներից, որ նրանից հետո եղան նրա զարմից, որոնք տերությունը որդին հորից առնելով կոչվեցին Արշակունիներ՝ Արշակի անունից, որոնցից մեկն ըստ կարգի հաջորդում էր թագավորությանը, իսկ մյուսները, ավելորդները, աճում և բազմանում էին իբրև ցեղ: Բայց կարճառոտ գրում եմ այն, ինչ մեզ հարկավոր է, իսկ ավելորդները բաց եմ թողնում: Որովհետև ուրիշ ազգերի մասին այն, ինչ որ շատերից արդեն ասված էր բավական է:

Երբ բոլոր տիեզերքին տիրեց Աղեքսանդր Մակեդոնացին, Փիլիպպոսի և Ոլոմպիադայի որդին, քսանչորսերորդն Աքիլլեսից, ապա ինքը մեռնում է՝ իր տերությունը թողնելով շատ մարդկանց, կտակելով, որ բոլորի իշխանությունն էլ կոչվի Մակեդոնական: Նրանից հետո Բաբելոնի վրա թագավորեց Սելևկիոսը, որ շատերից իշխանությունը խլեց և պարթևներին մեծ պատերազմով հնազանդեցրեց, որի պատճառով և Նիկանովր՝ հաղթող կոչվեց: Սա երեսունմեկ տարի տիրելուց հետո՝ թագավորությունը թողնում է իր որդի Անտիոքին, որ Սոտեր էր կոչվում, սա թագավորեց տասնինը տարի: Սրան հաջորդեց Թեոս կոչված Անտիոքոսը տասը տարի, իսկ տասնմեկերորդ տարում պարթևներն ապստամբվում են և դուրս են գալիս մակեդոնացիների հպատակությունից: Ուստի թագավորում է Արշակ քաջը, որ Աբրահամի սերունդից էր, Քետուրայի զավակներից, որով հաստատվում էր Աբրահամին ուղղված տիրոջ խոսքը, թե « Քեզանից ազգերի թագավորներ կծնվեն »:

ԱՐՇԱԿԻ ԵՎ ՆՐԱ ՈՐԴԻՆԵՐԻ ԹԱԳԱՎՈՐԵԼԸ, ՊԱՏԵՐԱԶՄ ՄԱԿԵԴՈՆԱՑԻՆԵՐԻ ԴԵՄ ԵՎ ԲԱՐԵԿԱՄՈՒԹՅՈՒՆ ՀՌՈՄԵԱՑԻՆԵՐԻ ՀԵՏ

Ինչպես ասացինք, Աղեքսանդրի մահից վաթսուն տարի հետո պարթևների վրա թագավորում է Արշակ քաջը՝ Բահլ Առավոտին կոչված քաղաքում, Քուշանների երկրում: Դաժան և սաստիկ պատերազմներ մղելով՝ գրավում է ամբողջ արևելքը, Բաբելոնից էլ հալածում է մակեդոնացիների իշխանությունը: Նա լսում է, որ հռոմեացիները զորացել են և իշխում են բոլոր Արևմուտքին և ծովին, որ իսպանիացիներից խլել են ոսկու և արծաթի հանքերը, գաղատացիներին հաղթելով ենթարկեցին իրենց, ինչպես և ասիացիների թագավորությունը: Ուստի Արշակը պաղգամավորներ ուղարկելով խնդրում է դաշնակցություն, որպեսզի հռոմեացիները մակեդոնացիներին չօգնեն, իր կողմից խոստանալով ոչ թե հարկ տալ, այլ միայն նվեր՝ տարեկան հարյուր քանքար:

Այսպես նա տիրեց երեսունմեկ տարի: Նրանից հետո նրա որդին Արտաշեսը՝ քսաննվեց տարի: Սրան հաջորդում է որդին Արշակը, որ կոչվեց Մեծ, պատերազմում է Դեմետրի և Դեմետրի որդու՝ Անտիգոնոսի հետ, որ մակեդոնական զորքով նրա վրա եկավ Բաբելոն և պատերազմի մեջ գերի ընկավ, որին Արշակը բռնելով՝ երկաթե շղթաներով տարավ Պարթևների երկիրը, որի պատճառով սիրիպինդես կոչվեց, բայց նրա եղբայրը, Անտիոքոս Սիդիացին, լսելով որ Աշակը գնաց, գալիս գրավում է Ասորիքը:

Բայց Արշակը տասներկու բյուր զորքով նորից ետ է դառնում, Անտիոքոսը սաստիկ ձմեռվանից նեղված, պատերազմով պատահում է նրան մի նեղ տեղում և իր զորքի հետ միասին կորչում է, և Արշակ տիրում է աշխարհիս մի երրորդ մասին, ինչպես կարելի է սովորել Հերոդոտոսի իրական պատմության չորրորդ գրքից, որտեղ աշխարհը բաժանված է երեք մասի, և կոչված են՝ մեկը Եվրոպա, մեկը Լիբիե և մեկը Ասիա, որին և տիրեց Արշակը:

ՎԱՂԱՐՇԱԿԻՆ ՀԱՅԱՍՏԱՆԻ ՎՐԱ ԹԱԳԱՎՈՐԵՑՆԵԼԸ

Այն ժամանակ Հայաստանի վրա թագավորեցնում է իր Վաղարշակ եղբորը, նրան սահման տալով հյուսիսն ու արևմուտքը: Սա, ինչպես մեր առաջին գրքում ասացինք, քաջ և խոհեմ մարդ լինելով, անկախորեն տիրեց իր սահմաններում և կենցաղավորության կարգեր հաստատեց մեր երկրում, որքան կարելի էր, սահմանեց նախարարություններ և այս նախարարությունների համար նահապետներ պիտանի մարդակնցից, որոնք ծագում էին մեր նախնի Հայկի սերունդից և ուրիշներից:

Որովհետև մակեդոնացիներին սանձահարելուց հետո, երբ պատերազմը դադարեց, քաջ Պարթևը ձեռնարկում է բարեկարգությունների, նախ և առաջ բարիքների փոխարեն հատուցանելով զորավոր և իմաստուն Շամբատ Բագարատին, որ հրեաներից էր, իշխանություն տալով նրան՝ որդոց որդի թագադիր լինել Արշակունիներին, և սահմանելով որ նրանից սերվող ցեղը Բագրատունի կոչվի նրա անունով, որ ներկայումս մեծ նախարարություն է մեր երկրում: Որովհետև այս Բագարատն առաջինը կամավորապես ինքն իր անձը ընծա բերեց Վաղարշակին, նախքան Արշակի պատերազմները մակեդոնացիների հետ, երբ սա արքունի դռանն էր, իսկ մեր երկրի արևմտյան կողմում, որտեղ հայերեն լեզուն վերջանում է, նրան նշանակեց կուսակալ, բյուրերի և հազարների իշխան:

Բայց նորից վերև դառնանք և պատմենք Վաղարշակի պատերազմը պոնտացիների դեմ ու Փռյուգիայում և նրա հաղթությունը:

ԹԵ ԻՆՉՊԵՍ ՎԱՂԱՐՇԱԿԸ ՀԱՅՈՑ ՔԱՋԵՐԻՆ ՄԻԱՎՈՐՈՒՄ Է ԵՎ ՌԱԶՄԱԿԱՆ ԿԱՐԳՈՎ ԱՐՇԱՎՈՒՄ ՄԱԿԵԴՈՆԱՑԻՆԵՐԻ ԴԱՇՆԱԿԻՑՆԵՐԻ ՎՐԱ

Արշակի՝ մակեդոնացիների հետ պատերազմից հետո, երբ նա գրավեց Բաբելոնը և Ասորեստանից արևելք և արևմուտք ընկած երկրները, Վաղարշակն էլ մեծ զորք գումարեց Ատրպատականից և Հայաստանի միջնաշխարհից՝ անվանի և քաջ մարդիկ, վերը հիշված Բագարատին և նրա ձեռքի տակ եղած քաջերին, ծովեզերքի երիտասարդներին, որ սերված էին Գեղամից և քանանցիներից, և Շարայի ու Գուշարի սերունդներից, և նրանց մերձակա Սիսակյաններին և Կադմյաններին իրենց մերձավորներով, գրավեց գրեթե մեր երկրի կես մասը: Հասնում է մեր երկրի կենտրոնը, Մեծամորու ակունքից վեր, Երասխի ափը, Արմավիրի մոտ, որ Բլուր է կոչվում, բավական շատ օրեր մնում է այնտեղ, որովհետև ինչպես հարկ է ասել, զինվորական կարգ ու կանոն չգիտեին:

Եվ այստեղից, մեր երկրի բոլոր կողմերից զորքերը միացնելով, հասնում է Խաղտիքի սահմանները, որովհետև Ղազիկան, Պոնտոսը, Փռյուգիան, Մաժաքը և ուրիշները, Արշակի պատերազների լուրն առած չլինելով՝ հաստատ պահում էին բարեկամական դաշինքը մակեդոնացիների պետության հետ: Ուստի մի ոմն Մորփյուղիկես վերոհիշյալ կողմերից միաբանելով՝ պատերազմի է պատրաստվում Վաղարշակի դեմ: Նրանք իրար պատահում են մի բարձրավանդակ քարազգաթ բլուրի մոտ, որ այժմ կոչվում է Կոլոնիա, և միմյանց մոտ գալով, մեջտեղը երկար ասպարեզներ թողած երկու կողմերն ամրանում են ամբողջ օրեր:

ՄՈՐՓՅՈՒՂԻԿԵՍԻ ՊԱՏԵՐԱԶՄԸ ԵՎ ՆՐԱ ՄԱՀԸ ՄԿՈՒՆԴԻ ՀԱՐՎԱԾԻՑ

Երկու կողմերի ամրանալուց շատ օրեր հետո պատերազմն սկսվում է մեր կողմից, ուստի և Մորփյուղիկեսը կամա ակամա, կազմակերպում է իր զորքի ճակատը և հանդուգն հարձակումով վրա է վազում: Որովհետև նա սրտոտ մարդ էր, միմյանց պատշաճ երկար անդամներով, մարմնին համապատասխան էլ սաստիկ ուժեղ էր և ամրացած էր պղնձով ու երկաթով և շրջապատված էր ուրիշ ընտիր սպառազեններով՝ ուստի ոչ սակավ ընտիր ու քաջ մարդիկ գետին էր գլորում Վաղարշակի երիտասարդներից և ջանք էր անում անցնել ու հասնել Հայոց թագավորի մոտ, որ ամրացած էր զինված մեծ խմբի մեջ: Եվ մոտ հասնելով՝ հաջողվեց սվինը զցել, որովհետև կորովի և երկայնաձիգ էր, աշտեն հեռու արձակեց, կարծես սրաթև թռչունի թռիչքով: Բայց չհապաղեցին մեջ ընկնել քաջ և անվանի մարդիկ Հայկի և Ասորեստանի Սենեքերիմի սերունդներից, որոնք աշտեի հարվածով քաջին սպանեցին և նրա զորքերն առաջները զցելով փախցրին, արյան բազմաթիվ վտակներ թափելով՝ գետինը ոռոգեցին՝ ինչպես անձրևի հեղեղներով: Այնուհետև այդ երկիրը Վաղարշակի ձեռքի տակ նվաճվելով խաղաղվում է, և մակեդոնական սպառնալիքը դադարում է:

ԹԵ ԻՆՉՊԵՍ ՎԱՂԱՐՇԱԿԸ ԿԱՐԳԱՎՈՐԵՑ ՄԵՐ ԵՐԿՐԻ ԱՐԵՎՄՈՒՏՔՆ ՈՒ ՀՅՈՒՍԻՍԸ

Եվ այսպես գործելով՝ Վաղարշակը կարգավորում է Մաժաքի կողմերը, պոնտացիներին և եգիպտացիներին, ու դառնում է դեպի հյուսիս, Պարխար լեռների ստորոտով, Տայքի միջով, դեպի անտառախիտ, գեջ, մառախլապատ լոռավետ տեղերը, գեղեցիկ կերպով կարգավորում է այս երկիրը, նրա լեռնային և ջերմին վայրերը փոխադարձաբար բարեխառնելով իր թագավորության վայելչության համար, այնտեղ ամառանոցներ պատրաստելով՝ երբ ամառները դեպի հյուսիս գնալու լինի: Երկու անտառախիտ տափարակներն իրենց լեռներով հանդերձ վերածում է երկու գոմի, դարձնում է որսերի տեղ, և Կոլայի ջերմությունը մեղմացնում է այգիներով և բուրաստաններով: Բայց ես քաշվում եմ այդ սիրելի անձի մասին ամեն ինչ հայտնի և մանրամասն գրել, որովհետև ես միայն տեղերը ճիշտ նշանակեցի, առանց ոճի վրա ուշադրություն դարձնելու, հրաշալի անձի սիրո կապը անխզելի պահելու նպատակով:

Այստեղ նա կանչեց եկվոր վայրենի ցեղը, որ ապրում էր հյուսիսային դաշտում և Կովկաս մեծ լեռան ստորոտում, այն հովիտներում, և խորը ձգված երկայնաձև ձորերում, որ լեռան հարավային կողմից իջնում են մինչև մեծ դաշտի բերանը, նրանց պատվեր է տալիս թողնել ավազակությունը, դեն գցել մարդկանց դավելը, հպատակվել արքունական հրամաններին ու հարկերին, որպեսզի հաջորդ անգամ, երբ նրանց տեսնե, առաջնորդներ և իշխաններ հաստատե գեղեցիկ կարգերով: Եվ նրանց արձակում է՝ իր կողմից իմաստուն մարդիկ և վերակացուներ նշանակելով: Իսկ ինքը, արևմուտքից հավաքած բազմությունն արձակելով՝ իջնում է Շարայի սահմանի մոտ խոտավետ տեղերը, որ հին մարդիկ կոչում էին Անփայտ կամ Վերին Բասյան, բայց հետո Բուլղար Վղնդուր Վունդի գաղթականության պատճառով, որ այդ տեղերում բնակվեց, նրա անունով կոչվեց Վանանդ և մոտակա գյուղերը նրա եղբայրների և սերունդների անուններով են կոչում մինչև այժմ:

Իսկ երբ հյուսիսում ցրտեց և սառնամանիքներն սկսեցին փչել, նա այնտեղից շարժվեց, եկավ իջավ մեծ դաշտը, բանակ դրեց Մեծամորիափին այն տեղում, որտեղ մեծ գետը հյուսիսային ծովակից սկիզբ առնելով, իջնում խառնվում է Մեծամորի հետ: Այստեղ մեր երկրի զորքերը կարգավորելով և իր կողմից վերակացուներ թողնելով՝ վերցնում է իր հետ բոլոր գլխավորներին և չվում է Մծբին:

ԹԱԳԱՎՈՐՈՒԹՅԱՆ ԿԱԶՄԱԿԵՐՊՈՒԹՅՈՒՆԸ ԵՎ ԹԵ ՈՐՏԵՂԻՑ ՀԻՄՆԵՑ ՆԱԽԱՐԱՐՈՒԹՅՈՒՆՆԵՐԸ ԵՎ ԻՆՉՊԵՍ ՀՐԱՄԱՅԵՑ ԿԵՆՑԱՂԱՎԱՐԵԼ

Այս գլուխը մեծ է և հավաստի պատմություններով լի և արժանի է ընդարձակ և կոկիկ պատմվելու: Որովհետև շատ բան կա այստեղ պատմելու տների, ցեղերի, քաղաքների, գյուղերի, դաստակերտների և ընդհանրապես թագավորության կարգերի և կարգավորման վերաբերյալ, ինչպես նաև թագավորության հետ կապված զորքերի զորապետների, կողմերի կուսակալների և սրանց նմանների մասին:

Արդ՝ նախ և առաջ թագավորը կարգավորում է ինքն իրեն և իր տունը, սկսելով իր գլխից ու թագից: Եվ Բագարատ կոչվածին, որ հրեաներից էր ծագում, շնորհակալություն է հայտնում հենց սկզբից անձնատուր լինելու և թագավորին օժանդակելու համար, ինչպես և նրա հավատարմության ու քաջության համար՝ պարգևում է նրան՝ ցեղի վերը հիշված տանուտիրական պատիվը, իրավունք տալով թագ դնել թագավորի գլուխը և կոչվել թագադիր, այլև ասպետ, և մանր մարգարիտից երեք փաթ վարսակալ կրել առավել ոսկու և թանկագին քարերի՝ երբ արքունիքում և թագավորի տանը շրջելիս լինի:

Իրեն զգեստներ հագցնող նշանակում է Ձեռեսին, քանանցիների սերնդից և նրա ցեղի անունը դնում է Գնթունի, չգիտեմ ինչ պատճառով: Իսկ իրեն զինված թիկնապահներ է նշանակում Հայկազն Խոռի սերնդից, ընտիր և քաջ նիզակավոր և սուսերավոր մարդկանց, և նրանց նախարարության գլուխ է նշանակում Մաղխաղ անունով մի բարի և սրտոտ մարդու, բայց ցեղի անունը պահում է սկզբնականը: Իսկ Դատին, որ Գառնիկի զավակներից էր, Գեղամից սերված, նշանակում է արքունական որսերի վրա: Նա ունեցավ մի որդի Վարժ անունով, որի անունով և այս ցեղը կոչվեց, բայց այս հետո եղավ, Արտաշեսի ժամանակ: Գաբաղ անունով մեկին նշանակում է ձիերի երամակների վրա, իսկ Աբելին սեղանատան սպասների և գահերի վրա, նրանց պարգևում է գյուղեր, որոնք նրանց անուններն են կրում, ինչպես նաև նախարարությունները կոչվեցին Աբեղյան և Գաբեղյան:

Իսկ Արծրունիներն իմ գիտցածովս ոչ թե Արծրունի են, այլ արծիվունի, որոնք թագավորի առջև արծիվներ էին կրում: Ես զանց եմ անում առասպելական դատարկաբանությունները, որ պատմվում են Հաղամակերտում, իբր թե երեխայի քնելուն հականռակվելիս են եղել անձրևն ու արևը, և թռչունը հովանի է եղել թալկացած պատանուն: Գնունիներն էլ իմ գիտցածով զինիունի են, որ թագավորին արժանի ըմպելիքներ էին պատրաստում, և զարմանալի կերպով զուգադիպեցին նրա գործն ու անունը, որովհետև թագավորին ըմպելիքներ էր պատրաստում ընտիր և համեղ գինիներից և անունն էլ Գին էր, որի վրա Վաղարշակը շատ զվարճանալով, ասում են, դասում է նախարարական ցեղերի թվում: Եվ այս երկու տունը, Արծրունիներն ու Գնունիները, Սենեքերիմի սերունդներից են:

Ասեմ նույնպես որ Սպանդունիներին նշանակում է սպանդանոցների վրա, իսկ Հավունիներին՝ բազեակիրներ և բազե բռնողներ, որովհետև ապրում էին անտառներում: Եվ եթե դատարկախոս չհամարես ինձ՝ կասեմ, որ Ձյունականներին էլ նշանակում է ամառանոցների պահապաններ և ձյունակիրներ, որոնք առաջադիմելով ազնվականություն ստացան, իբրև թագավորներին ընտանի մարդիկ:

Եվ արքունի դռան չորս պահապան գունդ է նշանակում, ամեն մեկը բյուր սպառազեն մարդուց բաղկացած, բուն հին թագավորների սերունդներից, մեր նախնի Հայկից ծագած, որոնք բուն ոստան էին կոչվում և երբեմն - երբեմն հայրերից ժառանգություն էին ստանում գյուղեր և դաստակերտներ: Բայց վերջերը, Պարսից թագավորների ժամանակ, ինչպես լսում եմ, ուրիշ գնդեր են կազմվել ու ոստան կոչվել, չգիտեմ. արդյոք նախկին ցեղի սպառվելու պատճառով, թե մի որևէ ընդդիմության պատճառով այդ ցեղը դեն գցելով և նրա տեղ ուրիշ գնդեր նշանակելով՝ արժանի անունով: Բայց առաջինը հաստատ հին թագավորների սերնդից էր, ինչպես և այժմ կան Վրաստանում, որոնք Սեփեծուլ են կոչվում: Նաև հրամայում է նույն ցեղից ներքիններ պատրաստել և նրանց նահապետ է նշանակում Հայրին, որի իշխանությունը տարածվում էր Ատրպատականից մինչև Ճաշ և Նախճվան: Բայց սրա պատմությունը, թե որպես և որտեղ պատահեց, հիշատակված չէ, և ես չգիտեմ:

ՄԱՐԱՑ ԱԺԴԱՀԱԿ ԹԱԳԱՎՈՐԻ ՍԵՐՆԴԻՑ ԹԱԳԱՎՈՐՈՒԹՅԱՆ ԵՐԿՐՈՐԴ ՆՇԱՆԱԿԵԼԸ

Թագավորի տունը կարգավորելուց հետո՝ թագավորության երկրորդ նշանակում էր Աժդահակի՝ Մարաց թագավորի սերնդից, որ այժմ կոչվում են Մուրացյան, որովհետև այդ ցեղի նահապետներին չեն ասում Մուրացյան տեր, այլ Մարացիների տեր: Նրան թողնում է բոլոր գյուղերը, որտեղ ապրում էին գերի բերված մարացիները: Իսկ արևելյան կողմից, հայերեն խոսակցության վերջի սահմաններում, երկու կուսակալ է նշանակում մի–մի բյուր մարդով, նահապետական տների ցեղերից, Սիսակյաններին և Կադմոսի սերունդներից, որոնց անունները հիշեցինք մեր նախորդ գլուխներից մեկում:

Սրանից հետո Վաղարշակը հաստատում է արևելյան հյուսիսային կողմի մեծ, անվանի բազմաբյուր կուսակալությունը, կուսակալ նշանակելով Առանին, որ անվանի մարդ էր, առաջինը բոլոր մտավորական և հանճարեղ գործերում, Կուր կոչված մեծ գետի ընթացքով, որ անցնում է մեծ դաշտով: Բայց գիտցիր, որ մենք առաջին գրքում մոռացանք հիշատակել այս մեծ և անվանի ցեղը, այսինքն՝ Սիսակից սերված զունդը, որ ժառանգեց Աղվանից դաշտը և այս դաշտի լեռնակողմը, Երասխ գետից մինչև Հնարակերտ կոչված ամրոցը, աշխարհին էլ Աղվանք կոչվեց նրա քաղցր բնավորության պատճառով, որովհետև նրան աղու էին ասում: Այս Սիսակի սերնդից էր և այս անվանի և քաջ Առանը, որ Պարթև Վաղարշակի կողմից բյուրավոր կուսակալ նշանակվեց: Ասում են, որ այս զավակներից են սերվել Ուտեացիների ազգը և Գարդմանացիների, Ծավդեացիների ու Գարգարացիների իշխանությունները:

Իսկ Գուշարին, Շարայի զավակներից, ժառանգություն տվեց Մթին լեռը, այսինքն Կանդարքը և Ջավախքի կես մասը, Կողբը, Ծոփը, Ձորը, մինչև Հնարակերտ ամրոցը: Բայց Աշոցքի տեր և Տաշիրքի սեպուհ նշանակում է Վաղարշակը Հայկազն Գուշարի զավակներից:

Իսկ Կովկաս լեռան դեմ հյուսիսի կուսակալ է նշանակում մեծ և հզոր ցեղը և նահապետության անունը դնում է Գուգարացիների բդեշխ, որ Դարեհի Միհրդատ նախարարի սերնդից էր, որին Աղեքսանդրը բերելով իշխան նշանակեց իվերիացիների ցեղի գերիների վրա, որոնց բերել էր Նաբուգոդոնոսորը, ինչպես պատմում է Աբյուդենոսը, ասելով «Մեծազոր Նաբուգոդոնոսորը ավելի հզոր էր, քան Հերակլեսը, նա զորք ժողովելով հասնում էր լիբիացիների և իվերիացիների երկիրը և հաղթահարելով իրեն է ենթարկում և նրանցից մի մասը տանում բնակեցնում էր Պոնտոս ծովի աջակողմում»: Իբերիան գտնվում է արևմուտքում աշխարհի ծայրում: Իսկ Բասենի մեծ հովտում նահապետություն է հաստատում Որդունի անունով Հայկի սերունդներից:

Իսկ Տորքին, որ սերված էր Հայկի թոռն Պասքամից, մի տգեղ, բարձր, կոպիտ կազմվածքով, տափակ քթով, փոս ընկած աչքերով, դժնյա հայացքով մարդու, որին սաստիկ տգեղության պատճառով կոչում էին Անգեղյա, որ վիթխարի հասակ և ուժ ուներ, արևմուտքի կուսակալ է նշանակում, իսկ ցեղի անունը կոչում է Անգեղ տուն՝ երեսի տգեղության պատճառով: Բայց եթե ուզում ես, ես էլ նրա մասին անհամ ու անտեղի ստեր կպատմեմ, ինչպես պարսիկները, որ Ռոստոմ Սագճիկի մասին պատմում են, թե հարյուր քսան փղի ուժ է ունեցել: Որովհետև նրա ուժեղության և սրտոտ լինելու պատճառով երգերը պատմում էին նրա մասին չափազանց անհարմար բաներ, որոնք ոչ Սամսոնին են համարվում, ոչ Հերակլեսին և ոչ Սագճիկին: Որովհետև երգում էին նրա մասին, իբր թե ձեռք էր զարնում որձաքար ապառաժներին, որոնց վրա ոչ մի ճեղքվածք չկա, ուզածին պես ճեղքում էր, մեծ ու փոքր, եղունգներով տաշում էր, տախտակներ էր ձևացնում և նույն եղունգներով նրանց վրա գծում էր արծիվներ և նման բաներ: Պոնտոս ծովի ափին պատահել է թշնամիների նավերի և վրա է հարձակվել, նրանք հեռացել են խոր ծովը մոտ ութ ասպարեզ: Չկարողանալով նրանց հասնել, ասում են, վերցնում է բլրաձև ժայռեր և շպրտում է նրանց հետևից: Ջրերի ալեկոծվելուց ոչ սակավ նավեր ընկղմվում են, և ջրերի պատառումից առաջացած ալիքները մնացած նավերը շատ մղոններ հեռու են քշում: Ոհ, չափազանց առասպել է այս , առասպելների առասպել: Բայց, ի՞նչ կանես, որ մարդը սաստիկ ուժեղ էր և այսպիսի զրույցների արժանի:

Սրանից հետո Վաղարշակը հաստատում է Ծոփաց նախարարությունը Չորրորդ կոչված Հայքում:

Նույնպես հաստատում է Ապահունաց նախարարությունը, ինչպես և Մանավազյանը և Բզնունականը Հայկի նույն սերունդներից, և բնակիչներից առաջավորներին գտնելով՝ տերեր է նշանակում՝ գյուղերի և գավառների անուններով նրանց կոչելով: Բայց մոռացանք Սլաք կոչված դժնյա մարդուն, որի մասին հաստատ չեմ կարող ասել, արդյոք Հայկից էր ծագել, թե նրանից առաջ մեր երկրում ապրողներից, որոնց գոյության մասին պատմում են զրույցները, բայց նա քաջ մարդ էր: Սրան քիչ մարդկանցով նշանակում է լեռը պահպանելու և քոշեր որսալու, սրանք կոչվեցին Սլկունիներ: Այսպես և նույնպիսի գործերի վրա նշանակում է անդառնալի Միանդակին, որից սերվեցին Մանդակունիները:

Եվ Վահագնի զավակներից գտնվեցին մարդիկ, որոնք ինքնակամ խնդրեցին մեհյանների սպասավորությանը: Նրանց շատ պատվում է, նրանց է հանձնում քրմությունը, դասում է առաձին նախարարությունների շարքում և կոչում՝ Վահունիներ: Նույնպես գտնելով, որ Առավենյանները և Զարեհավանյանները առաջին թագավորների սերունդներից են, նշանակում է նույնանուն ավաններում:

Իսկ Շարաշանին, որ Սանասարի տնից էր, մեծ բդեշխ և կուսակալ է նշանակում արևմտյան – հարավում, Ասորեստանի սահմանների մոտ, Տիգրիս գետի ափին, նրան գավառներ պարգևելով Արձնը և նրա շրջակայքը, Տավրոս լեռը, որ է Սիմը, և ամբողջ Կղեսուրը: Իսկ Մոկքում գտնելով նույն գավառից մի մարդ, որ ձեռքի տակ ուներ բազմաթիվ ավազակներ, հաստատում է նախարարություն:

Նույնպես հաստատում է Կորդվացիներին, Անձևացիներին և Ակեացիներին նույնանուն գավառներից: Իսկ Ռշտունիների և Գողթնեցիների մասին գտա պատմված, թե նրանց անկասկած Սիսական տան հատվածն են կազմում, բայց չգիտեմ, արդյոք գավառներ են կոչվել մարդկանց անունով, թե գավառների անունով կոչված են նախարարությունները:

Այս բոլորից հետո Արմավիրում մեհյան շինելով՝ արձաններ է կանգնեցնում արեգակին, լուսնին և իր նախնիքներին: Վաղարշակը շատ խնդրեց, նույնպես և խոսքերով հարկադրեց Հրեա Սամբատի զավակ Բագարատին, որ թագադիր և ասպետ էր, որպեսզի թողնի հրեական կրոնը և կուռքեր պաշտի, բայց երբ նա հանձն չառավ, Վաղարշակ արքան նրա կամքին թողեց:

Նաև հրաման է տալիս նորոգել Շամիրամի քաղաքը, և ուրիշ շատ տեղերում շինել բազմամարդ քաղաքներ, նշանավոր մարդաշատ գյուղեր:

Եվ իր թագավորական տանը օրենք է հաստատում, ժամեր է սահմանում արքունիք մտնելու և իջնելու, խորհրդի, կերուխումի և զբոսանքների համար: Սահմանում է զինվորական կարգեր, առաջին, երկրորդ, երրորդ և այլն, և երկու մարդ գրով հիշեցնողներ, մեկը բարին հիշեցնողը, մյուսը՝ վրեժխնդրությունը: Բարին հիշեցնողին հրաման է տալիս՝ թագավորի բարկանալու կամ անիրավ հրաման տալու դեպքում հիշեցնել իրավացին և մարդասիրությունը: Սահմանում է իրավարարներ արքունի տանը, իրավարարներ քաղաքներում և ավաններում: Հրաման է տալիս, որ քաղաքացիների հարգն ու պատիվը ավելի լինի, քան գյուղացիներինը, որ գյուղացիները պատվեն քաղաքացիներին, ինչպես իշխանների, բայց որ քաղաքացիները շատ չգոռոզանան գյուղացիների մոտ, այլ եղբայրաբար վարվեն, բարեկարգության և աննախանձ կյանքի համար, որ հիմք է կազմում շինության և խաղաղ կյանքի, - և ուրիշ նման բաներ:

Եվ որովհետև շատ որդիներ ուներ, հարմար գտավ, որ բոլորն էլ միասին իր մոտ չմնան Մծբինում, այլ նրանց ուղարկում է բնակվելու Հաշտենից գավառը, և նրան սահմանակից Ձորը, որ Տարոնից դուրս է գտնվում, նրանց է թողնում բոլոր գյուղերը, ավելացնելով նաև առանձին եկամուտներ և ռտեստ արքունի գանձարանից: Միայն իր առաջին որդուն, որ կոչում էր Արշակ պահում է իր մոտ, իբրև թագավորության հաջորդ, նաև նրա որդուն, որին կոչեց Արտաշես և որին շատ էր սիրում, որովհետև երեխան հիրավի կայտառ էր և ուժեղ կազմվածքով, այնպես որ նրան նայողները նախատեսում էին, թե ինչ արություններ պիտի զարգանան նրա մեջ: Եվ այս բանն այնուհետև մինչև վերջը օրենք դարձավ Արշակունի թագավորների համար, որ մի որդին ապրի թագավորի հետ՝ թագավորության փոխանորդ լինելու համար, իսկ մյուս որդիներն ու դուստրները գնան Հաշտենից կողմերը իբրև ցեղի ժառանգներ:

Այսպիսի քաջագործություններից և բարեկարգություններից հետո Վաղարշակը մեռնում է Մծբինում, քսաներկու տարի թագավորելուց հետո:

ՄԵՐ ԱՐՇԱԿ ԱՌԱՋԻՆԻ ԵՎ ՆՐԱ ԳՈՐԾԵՐԻ ՄԱՍԻՆ

Արշակը, Վաղարշակի որդին, հայոց վրա թագավորում է տասներեք տարի, իր հոր առաքինություններին նախանձավոր և հետևող գտնվելով, նա շատ բարեկարգություններ մտցրեց: Պոնտացիների հետ պատերազմելով, մեծ ծովի ափին իր հաղթության նշան թողեց մի արձան, և ասում են, թե իր բոլորակ տեգով նիզակը , որ մխված էր գեռունների արյունի մեջ, ոտնաքացի նետելով՝ խորը նստեցրեց երկանաքար արձանի մեջ, որ կանգնեցրել էր ծովեզերքում: Այս արձանը պոնտացիները երկար ժամանակ պատվում էին իբրև աստվածների գործ, բայց երբ Արտաշեսը նորից պատերազմի բռնվեց պոնտացիների հետ, ասում են, նրանք այդ արձանը ծովը գցեցին:

Մրա ժամանակ մեծ խռովություններ ծագեցին Կովկաս մեծ լեռան գոտիներում, բուլղարների երկրում և նրանցից շատերը հեռանալով եկան մեր երկիրը և բնակվեցին Կողից ներքև արգավանդ և հացառատ տեղերում երկար ժամանակ:

Բագարատի որդիները սրանից նեղվեցին, որպեսզի կուռք պաշտեն, նրանցից երկուսը սրով արիաբար վախճանվեցին իրենց հայրենական կրոնի համար, որոնց չեմ տատանվում կոչել հետևող Անանյաններին և Եղիազարյաններին, իսկ մյուսները միայն այսքան բան հանձն են առնում – շաբաթ օրերը ձի հեծնել որսի և պատերազմի համար և տղա զավակներին անթլփատ թողնել՝ եթե լինեն, որովհետև կին չունեին: Եվ Արշակից հրաման դուրս եկավ բոլոր նախարարություններին՝ նրանց կին չտալ, եթե պայման չդնեն թլփատությունից հրաժարվելու: Նրանք հանձն են առնում միայն այս երկուսը, բայց կուռքերին երկրպագելը՝ ոչ:

Այստեղ սպառվում են ծերունի Մար Աբաս Կատինայի պատմությունները:

ԹԵ ՈՐՏԵՂԻՑ ԳՏԱՎ ՊԱՏՄՈՒԹՅՈՒՆԸ ՄԱՐ ԱԲԱՍ ԿԱՏԻՆԱՑԻ ԳՐՔԻՑ ՀԵՏՈ

Կսկսենք պատմել քեզ Ափրիկանոս ժամանակագրի հինգերորդ գրքից, որին վկայում են Հովսեպոս և Հյուպողիտա և ուրիշ շատերը հույներից: Որովհետև նա ամբողջապես փոխադրեց հունարենի՝ ինչ որ Եդեսիայի, այսինքն Ուռհայի դիվանում գրվածքներ կային մեր թագավորների մասին: Այս մատյաններն այնտեղ փոխադրում էին Մծբինից և Պոնտոսի Սինոպից, մեհենական պատմություններից: Թող ոչ ոք չկասկածի, որովհետև մենք ինքներս մեր աչքերով տեսանք այն դիվանը: Եվ մերձավոր վկա ու երաշխավոր թող լինի Եվսեբիոս Կեսարացու եկեղեցական պատմության գիրքը, որը մեր երանելի ուսուցիչ Մաշտոցը թարգմանել տվեց հայերեն: Փնտրել տուր այս գիրքը Գեղարքունիքում, Սյունյաց գավառում, և կգտնես առաջին դպրության տասներեքերորդ գլխում, որտեղ վկայում է, թե Եդեսիայի դիվանում եղել են մեր առաջին թագավորների բոլոր գործերը մինչև Աբգար և Աբգարից հետո մինչև Երվանդ: Եվ կարծում եմ, որ մինչև այժմ էլ պահվելիս կլինի նույն քաղաքում:

ՄԵՐ ԱՐՏԱՇԵՍ ԱՌԱՋԻՆԻ ՄԱՍԻՆ ԵՎ ՆԱԽԱԳԱՀՈՒԹՅՈՒՆԸ ՊԱՐՍԻԿՆԵՐԻՑ ՀԱՓՇՏԱԿԵԼՈՒ ՄԱՍԻՆ

Արտաշեսն իր հոր՝ Արշակի փոխանակ թագավորում է հայոց վրա պարսից Արշական թագավորի քսանչորսերորդ տարում, և մեծանալով չի կամենում երկրորդական գահը գրավել, այլ ձգտում է ավագության, Արշականը համաձայնելով՝ տալիս է նրան նախագահությունը: Որովհետև Արտաշեսը հպարտ և պատերազմասեր մարդ էր, որ և Պարսկաստանում արքունի պալատ շինեց իրեն համար և առանձին դրամ կտրել տվեց իր պատկերով, և Արշականին իր ձեռքի տակ թագավոր էր դնում Պարսկաստանի վրա, ինչպես և իր որդի Տիգրանին՝ հայոց վրա:

Բայց իր որդի Տիգրանին հանձնում է Վարաժ անունով մի պատանու, որ Դատի որդին էր, Գառնիկի զավակներից, Գեղամի սերնդից, որովհետև այդ պատանին նշանավոր էր կորովի նետաձգությամբ, Տիգրանին սովորեցնելու համար: Նրան նշանակում է վերակացու արքունական որսերի, պարգևում է նրան գյուղեր Հրազդան գետի մոտերը, նրա ցեղը նրա անունով կոչվում է Վարաժնունի: Բայց իր Արտաշամա դուստրը կնության է տալիս ոմն Միհրդատի, Վրաց մի մեծ բդեշխի, որ Դարեհի նախարար Միհրդատի զավակներից էր, որին Ալեքսանդրը նշանակել էր իվերիացիների գերիների վրա, ինչպես առաջ պատմեցինք, և նրան է հավատում հյուսիսային լեռների և Պոնտոս ծովի կուսակալությունը:

ԱՐՏԱՇԵՍԻ ԱՐՇԱՎԱՆՔԸ ԴԵՊԻ ԱՐԵՎՄՈՒՏՔ, ԿՐԵՍՈՍԻՆ ՁԵՐԲԱԿԱԼԵԼԸ ԵՎ ԿՈՒՌՔԵՐԻ ԱՐՁԱՆՆԵՐՆ ԱՎԱՐ ԱՌՆԵԼՆ ՈՒ ՀԱՅԵՐԻՆ ՏԱԼԸ

Այն ժամանակ Արտաշեսը հրաման է տալիս արևելքից և հյուսիսից զորք հանել խիստ մեծ բազմությամբ, այնպես որ նա նրանց հաշիվն էլ չգիտեր, այլ հրամայում էր ճանապարհների վրա և իջևաններում մարդագլուխ մի քար դիզել և թողնել իբրև նշան իրենց բազմության: Այնուհետև նա շարժվում է դեպի արևմուտք և ձեռբակալում է լյուդացիների Կրեսոս թագավորին:

Ասիայում գտնելով Արտեմիդի, Հերակլի և Ապոլոնի պղնձաձույլ ոսկեզօծ արձանները բերել է տալիս մեր երկիրը, որպեսզի կանգնեցնեն Արմավիրում: Քրմապետները, որոնք Վահունիների ցեղից էին, Ապոլոնի և Արտեմիդի արձաններն առնելով կանգնեցրին Արմավիրում, իսկ Հերակլեսի արձանը, որ Սկյուղեսի և կրետացի Դիպինոսի գործն էր, իրենց նախնի Վահագնը համարելով, կանգնեցրին Տարոնում, իրենց սեփական Աշտիշատ գյուղում՝ Արտաշեսի մահից հետո:

Բայց Արտաշեսը երկու ծովերի մեջ եղած ցամաքը նվաճելով, օվկիանոսը լցնում է նավերի բազմությամբ, կամենալով ամբողջ արևմուտքն իրեն հպատակեցնել, որովհետև Հռոմում մեծ խռովություն և շփոթություն լինելով՝ ոչ ոք նրան ուժեղ դիմադրություն ցույց չի տալիս: Բայց չեմ կարող ասել ինչ բանի ազդեցությամբ, ահագին աղմուկ և շփոթություն է ծագում, և բազմաթիվ զորքերն սկսում են միմյանց կոտորել, իսկ Արտաշեսը փախչելիս մեռնում է, ինչպես ասում են իր զորքերից, քսանհինգ տարի թագավորելով:

Բայց Եղլադայումն էլ վերցնելով Դիոսի, Արտեմիդի, Աթենասի, Հեփեստոսի և Ափրոդիտեի արձանները՝ ուղարկում է Հայաստան: Բերողները դեռ մեր երկրի ներսը չհասած՝ լսում են Արտաշեսի մահվան բոթը և արձանները փախցնում հասցնում են Անի ամրոցը, քուրմերն էլ արձանների հետ գնալով՝ նրանց մոտ էլ մնում են:

ՈՒՐԻՇ ՊԱՏՄԱԳԻՐՆԵՐԻՑ ՎԿԱՅՈՒԹՅՈՒՆՆԵՐ ԱՐՏԱՇԵՍԻ ՏԻԵԶԵՐԱԿԱԼՈՒԹՅԱՆ ԵՎ ԿՐԵՍՈՍԻՆ ԿԱՊԵԼՈՒ ՄԱՍԻՆ

Այս բանն ասում են հունաց պատմագիրները, ոչ մեկը կամ երկուսը, այլ շատերը, որի մասին տարակուսելով՝ մենք շատ քննություն կատարեցինք: Որովհետև մի քանի պատմություններից լսել էինք, թե Կյուրոսն է սպանել Կրեսոսին և լյուդացոց թագավորությունը վերացրել: Նույնպես պատմվում է Կրեսոսի առարկությունը Նեքթանեբոսին, իսկ այս Նեքթանեբոսը, ինչպես պատմում է Մանեթոսը, եգիպտացիների վերջին թագավորն է, որին ոմանք համարում են Աղեքսանդրի հայրը: Եվ գտնում ենք, որ Կրեսոսը Նեքթանեբոսից երկու հարյուր տարի առաջ է եղել, իսկ Նեքթանեբոսն ավելի քան երկու հարյուր տարի առաջ հայոց Արտաշես Առաջին թագավորից:

Բայց որովհետև շատերն են ասում, թե մեր Արտաշեսն է բռնել

Կրեսոսին և հարմար ոճով են պատմում, ուստի և ես համոզվում եմ: Որովհետև Պոլիկրատեսն այսպես է ասում, «Իմ աչքում պարթև Արտաշեսը բարձր է Ալեքսանդր Մակեդոնացուց, որովհետև իր երկրում մնալով՝ տիրեց Թեբեին ու Բաբելոնին, և Ալյուս գետը չանցած՝ լյուդացիների զորքը կոտորեց և Կրեսոսին բռնեց, և նախ քան Ասիա հասնելը Ատտիկեի դղյակում հռչակվեց: Ավաղ բախտին, գոնե իր տերության մեջ լիներ վախճանված և ոչ թե փախուստի ժամանակ»:

Սրա նման ասում է Եվագարոսը. «Ալեքսանդրի և Դարեհի պատերազմը փոքր է թվում՝ Արտաշեսի պատերազմի հետ համեմատելիս, որովհետև նրանց ժամանակ ցերեկվա լույսը փոշու պատճառով պայծառ չէր երևում, իսկ սա նետաձգությամբ արեգակն ստվերով պատեց, կեսօրին արհեստական գիշեր ստեղծելով:

Նա ոչ մի փախստական չթողեց, որ լյուդացիներին լուր տաներ, այլև նրանց Կրեսոս թագավորին հրամայում էր տապակի վրա դնել: Ուստի և հոսող ջրերը չկարողացան գետը հորդացնել, որովհետև զորքը խմելով նրան իջեցնում էր ձմեռվա նվազության, քանի որ զորքի բազմությամբ ցույց տվեց, որ թվերը տկար են նրանց քանակն արտահայտելու, այնպես որ ավելի չափ էր հարկավոր, քան հաշիվ: Բայց նա սրանով չհպարտացավ, այլ արտասվեց, ասելով, « Ավաղ այս անցավոր փառքին »:

Սկամադրոսն էլ այսպես է գրում. «Լյուդացիների հպարտացած Կրեսոսին մոլորության մեջ էր գցում Պյութիայի գուշակը, պատասխանելով. «Կրեսոսն Ալյուս գետն անցնելով իշխանություններ կկործանե»: Նա օտարների իշխանությունները կործանելով՝ իրենը կործանեց, որովհետև Պարթև Արտաշեսը նրան բռնելով հրամայեց երկաթե տապակի վրա դնել: Իսկ Կրեսոսը հիշելով Աթենացի Սողոնի խոսքերը՝ իր լեզվով բացականչեց. «Ով Սողոն,Սողոն, դու գեղեցիկ խոսեցիր,թե չի կարելի մարդու բարեբախտությանը երանի տալ մինչև նրա մահը»: Նրա մոտն եղած մարդիկ այս լսելով Արտաշեսին պատմեցին, թե Կրեսոսը մի նոր աստծու կանչեց: Արտաշեսը գթալով՝ հրամայեց նրան իր մոտ բերել, և երբ նրանից հարցրեց և իմացավ, թե ինչ էր նրա բացականչածը, հրամայեց ներել ու չտանջել »:

Փղեգոնիոսն էլ գրում է. «Պարթև Արտաշեսը բոլոր

թագավորներից հուժկու եղավ. նա ոչ միայն լյուդացիներին վարեց և Կրեսոսին կապեց, այլև Հելլեսպոնտոսում և Թրակիայում տարբերքների բնությունը փոխեց, ցամաքի վրայով ծովագնացություն կատարեց, ծովով անցավ իբրև հետևակ: Նա սպառնում էր թետալացիներին, նրա համբավը հիացնում էր հելլենական աշխարհը: Նա կործանեց լակեդեմոնացիներին, փախցրեց փոկեացիներին, ղովկրացիներն անձնատուր եղան, բյուտացիները նրա կալվածների մի մասն են, ամբողջ Ելլադան աhաբեկված էր նրանից: Քիչ ժամանակ հետո նրա աղետները գերազանցեցին բոլորից, Կյուրոսն այնքան չթշվառացավ մասքութների դեմ պատերազմելիս, այնպիսի չարիքներ չկրեց Դարեհը սկյութացիներից փախչելիս, ոչ էլ Կամբյուսեսը եթովպացիների երկրում: Փոքր է և Քսերքսի զորքով Ելլադա հարձակվելը, որտեղ նա թողեց գանձերն ու վրանները և ինքը հազիվ փախչելով կենդանի մնաց: Իսկ սա մեծամեծ հաղթանակներով փառավորվելուց հետո իր զորքերից խողխողվում է:

Արդ՝ ես այս պատմություններն արժանահավատ եմ համարում, իսկ այն Կրեսոսը, որ ինչպես պատմում են, եղել է՝ Կյուրոսի կամ Նեքթանեբոսի ժամանակ, կամ սուտ է, կամ մի անունով կոչված են շատ թագավորներ, ինչպես շատերը սովորություն ունեն:

ՏԻԳՐԱՆ ՄԻՋԻՆԻ ԹԱԳԱՎՈՐԵԼԸ, ՀՈՒՆԱՑ ԶՈՐՔԵՐԻՆ ԴԻՄԱՎՈՐԵԼԸ, ՄԵԾՅԱՆՆԵՐԻ ՇԻՆԵԼԸ ԵՎ ՊԱՂԵՍՏԻՆ ԱՐՇԱՎԵԼԸ

Արտաշես Առաջինից հետո թագավորում է նրա Տիգրան որդին պարսից Արշական թագավորի քառասունիններորդ տարում: Հայոց զորքերը ժողովելով՝ նա գնում է հունաց զորքերի դեմ, որոնք նրա հոր՝ Արտաշեսի մահից և նրա զորքերի ցրվելուց հետո՝ նրանց հետապնդելով մեր երկրի վրա էին գալիս: Տիգրանը նրանց դեմ դուրս գալով՝ նրանց արշավանքն արգելում է և ետ է մրում: Իր քրոջ մարդուն՝ Միհրդատին վստահելով Մաժաքը և Միջերկրյա կողմերը և շատ զորք նրա մոտ թողնելով դառնում է մեր երկիրը:

Իբրև առաջին գործ՝ նա կամեցավ մեհյաններ շինել: Իսկ քրմերը, որ եկել էին Հունաստանից, հնար մտածելով, որ իրենց Հայաստանի խորքերը չքշեն, սուտ գուշակություններ հնարեցին, իբր թե աստվածները հենց նույն տեղումը կամենում են բնակվել: Տիգրանն այս բանին համաձայնելով՝ Ոլիմպիական Դիոսի արձանը կանգնեցնում է Անիում, Աթենասինը՝ Թիլում, Արտեմիդի մյուս արձանը՝ Երիզայում և Հեփեստոսինը՝ Բագայառիճում: Բայց Ափրոդիտեի արձանը, իբրև Հերակլեսի տարփածուի, հրամայում է կանգնեցնել հենց Հերակլեսի արձանի մոտ Հաշտից տեղում:

Եվ զայրանալով Վահունիների վրա, որոնք իրենց սեփական գյուղում համարձակվել էին կանգնեցնել իր հոր ուղարկած Հերակլեսի արձանը, զրկում է քրմության պաշտոնից և հարքունիս է գրավում այն գյուղը, որտեղ արձանները դրվել էին:

Եվ այսպես մեհյաններ շինելով և մեհյանների առաջ բագիններ կանգնեցնելով՝ բոլոր նախարարներին հրամայում է զոհեր մատուցանել և երկրպագություն անել: Բագրատունյաց ցեղի մարդիկ այս բանը հանձն չառան: Տիգրանը նրանցից մեկի, որ Ասուդ էր կոչվում, լեզուն կտրեց, որովհետև անարգել էր արձանները, մյուսներին ուրիշ չարչարանքների չենթարկեց, որովհետև համաձայնեցին ուտել թագավորի զոհերից, նույնպես և խոզի միս, թեպետ իրենք զոհեր չմատուցին ու չերկրպագեցին կուռքերին: Ուստի Տիգրանը նրանցից առնում է զորքի իշխանությունը, բայց թագադիր ասպետությունը չի առնում: Ինքն իջնում է Միջագետք, այնտեղ գտնելով Բարշամինայի արձանը, որ շինված էր փղոսկրից և բյուրեղից և արծաթով կազմված, հրամայում է տանել կանգնեցնել Թորդան ավանում:

Այդտեղից անմիջապես դիմում է Պաղեստին աշխարհը Պտղոմյան Կլեոպատրայից վրեժ առնելու՝ նրա Դիոնիս որդու գործած հանցանքի համար իր հոր (Արտաշեսի) դեմ: Հրեաներից շատ գերի վերցնելով շրջապատում է Պտղոմայիդ քաղաքը: Իսկ հրեաների Ալեքսանդրիա կամ Մեսաղինա թագուհին, որ Հուդա Մակաբեի Շմավոն եղբոր որդի Հովհաննեսի որդի Աղեքսանդրի կինն էր եղել և այդ ժամանակ գրավում է հրեական թագավորությունը՝ մեծ գանձ տալով (Տիգրանին) այնտեղից ետ դարձրեց: Որովհետև (Տիգրանը) լսել էր, թե Վայկուն անունով մի ելուզակ անհանգստացնում է Հայաստանը, գրավելով այն ամուր լեռը, որ մինչև այսօր էլ այդ ելուզակի անունով կոչվում է Վայկունիք:

ՀՌՈՄԵԱՑԻՆԵՐԻ ՊՈՄՊԵՈՍ ԶՈՐԱՎԱՐԻ ՄԵԶ ՎՐԱ ԳԱԼԸ, ՄԱԺԱՔՆ ԱՌՆԵԼԸ ԵՎ ՄԻՀՐԴԱՏԻ ՄԱՀԸ

Այն ժամանակ հռոմեացիների Պոմպեոս զորավարը մեծ զորքով գալիս հասնում է Միջերկրյա կողմերը և իր Սկավրոս սպարապետին ուղարկում է Ասորիք՝ Տիգրանի հետ պատերազմելու: Նա գալիս է, բայց չի հանդիպում Տիգրանին, որովհետև սա վերադարձել էր իր երկիրը ելուզակի հարուցած խուճապի պատճառով: Սկավրոսն անցնում է Դամասկոս և տեսնելով, որ Մետեղը և Ղուղը քաղաքն առել են, նրանց հալածում է այնտեղից, ինքը՝ շտապում է հասնել Հրեաստան Արիստաբուղի վրա, իբրև օգնական նրա ավագ եղբոր Հյուրկանոս քահանայապետին, որ Աղեքսանդրի որդին էր:

Իսկ Պոմպեոսը Միհրդատի դեմ պատերազմելով՝ սաստիկ դիմադրության է հանդիպում և ահագին կռիվների: Նա մեծ վտանգի է ենթարկվում, սակայն բազմությունը հաղթում է, և Միհրդատը փախուստ է տալիս Պոնտոսի կողմերը: Նրանից Պոմպեոսն ազատվելով՝ որն ինքը չէր սպասում, առնում է Մաժաքը , բռնում է նրա որդուն՝ Միհրդատին, քաղաքում զորք է թողնում և առանց Միհրդատին հետամուտ լինելու՝ շտապում է Ասորիքով անցնել Հրեաստան: Նա Պոնտացի Պիղատոսի հոր ձեռքով Միհրդատին սպանում է թունավոր դեղով: Այս բանին վկայում է և Հովսեպոս՝ բալասանին վերաբերող գլխում, ասելով. «Երիքովի մոտ Պոմպեոսին հասնում է Միհրդատի մահվան ավետավոր լուրը»:

ՏԻԳՐԱՆԻ՝ ՀՌՈՄԵԱՑԻՆԵՐԻ ԶՈՐՔԵՐԻ ՎՐԱ ՀԱՐՁԱԿՎԵԼԸ, ԳԱԲԻԱՆՈՍԻ ԽՈՒՅՍ ՏԱԼԸ ԵՎ ԵՐԻՏԱՍԱՐԴ ՄԻՀՐԴԱՏԻՆ ԱԶԱՏԵԼԸ

Իսկ Տիգրանը գերի հրեաներին տեղավորելով Արմավիրում և Վարդգեսի ավանում, որ գտնվում է Քասախ գետի վրա, ելուզակներին լեռներից բնաջինջ անելով և Միհրդատի սուգը կատարելով՝ այնուհետև շարժվում գնում է Ասորիք, հռոմեացիների զորքերի վրա՝ վրեժ առնելու: Նրա դեմ է գալիս Գաբիանոսը, հռոմեացիների զորքի սպարապետը, որին այնտեղ թողել էր Պոմպեոսը Հռոմ վերադառնալիս: Գաբիանոսը չի համարձակվում Տիգրանի հետ ընդհարվել, և Եփրատի մոտերից դառնում գնում է Եգիպտոս, պատճառ բերելով Պտղոմեոսին: Եվ Տիգրանի հետ գաղտնի հաշտություն կնքելով ետ է տալիս Միհրդատի որդուն՝ պատանի Միհրդատին, որ Տիգրանի քեռորդին էր և որին բռնել էր Պոմպեոսը Մաժաքում, ասելով, թե Միհրդատը գաղտնի փախավ:

ԿՐԱՍՈՍԻ ՊԱՏԵՐԱԶՄԸ ԵՎ ՏԻԳՐԱՆԻՑ ՍՊԱՆՎԵԼԸ

Հռոմեացիները կասկածելով՝ Գաբիանոսին փոխում են և նրա տեղ ուղարկում են Կրասոսին: Նա գալով գրավում է ամբողջ գանձը, որ գտնվում էր Երուսաղեմում Աստծո տաճարում, և հետո դիմում է Տիգրանի վրա: Եփրատն անցնելով Տիգրանի հետ պատերազմում է և ամբողջ զորքի հետ միասին ինքն էլ սպանվում է: Տիգրանը գանձերը ժողովելով վերադառնում է Հայաստան:

ԹԵ ԻՆՉՊԵՍ ԿԱՍՍԻՈՍԸ ԴԻՄԱԴՐԵՑ ՏԻԳՐԱՆԻՆ ԵՎ ՄԻՀՐԴԱՏԻ ԱՊՍՏԱՄԲՎԵԼՆ ՈՒ ԿԵՍԱՐԻԱՆ ՇԻՆԵԼԸ

Հռոմեացիք զայրանալով ուղարկում են Կասսիոսին անթիվ զորքերով: Սա գալով՝ դիմադրում է Հայոց զորքերին և թույլ չի տալիս Եփրատն անցնել և ասպատակել Ասորիքը: Այս ժամանակները Տիգրանի մեջ կասկած է ծագում պատանի Միհրդատի մասին, թե իր քեռորդին չէ, ուստի նրան ոչ մի իշխանություն չի տալիս, ոչ իսկ նրա երկիրը՝ Վրաստանը: Միհրդատն արհամարհանք կրելով իր քեռի Տիգրանից՝ ապստամբվում է և ապավինում է Կեսարին, և նրանից Պերգա քաղաքի իշխանությունն ստանալով՝ նրա հրամանով օգնում և աջակցում է Հերովդեսի հորը, Անդիպատրոսին: Սա Մաժաք քաղաքը շենցնում է ավելի ընդարձակ և պայծառ շինություններով և ի պատիվ Կեսարի այն կոչում է Կեսարիա: Այս ժամանակից սկսած այդ քաղաքի վրայից վերանում է Հայոց իշխանությունը:

ՏԻԳՐԱՆԻ ԵՎ ԱՐՏԱՇԵԶԻ ՄԻԱԲԱՆՈՒԹՅԱՆ ՄԱՍԻՆ, ՊԱՂԵՍՏԻՆ ԱՊԱՏԱԿՈՂ ԶՈՐՔ ՈՒՂԱՐԿԵԼԸ, ՀՅՈՒՐԿԱՆՈՍ ՔԱՀԱՆԱՅԱՊԵՏԻ և ԲԱԶՄԱԹԻՎ ՀՐԵԱՆԵՐԻ ԳԵՐՈՒԹՅՈՒՆԸ

Այս բոլորից հետո Տիգրանը հիվանդ լինելով, աղաչում է պարսից Արտաշես թագավորին՝ իրենց մեջ սեր հաստատել, որ խզվել էր իր հոր հպարտության պատճառով, երբ նա պարսիկներից խլեց նախագահությունը: Իսկ ինքը Տիգրանից երկրորդական գահն ընդունելով, ինչպես օրենքն էր, նախագահությունը վերադարձնում է նրան: Այս կերպով Արտաշեզին հաշտեցնելով՝ նրանից օգնական զորք է խնդրում: Ապա Տիգրանը Ռշտունյաց նախարարության նահապետ նշանակելով հայոց և պարսից զորքերին ուղարկում է հռոմեացիների զորքերի դեմ և հրաման է տալիս՝ Ասորիքի և Պաղեստինի բնակիչներին հաշտության բերել և խաղաղեցնել: Բարզափրանին ընդառաջ է գալիս մի ոմն Պակարոս, որի հայրը եղել էր ասորիների թագավոր, իսկ ինքը խնամի էր Անտիգոնոսին Արիստաբուղյան տոհմից: Գալով Ռշտունյաց նահապետ և հայոց ու պարսից սպարապետ Բարզափրանի մոտ, խոստանում է հինգ հարյուր գեղեցիկ կին և հազար քանքար ոսկի, եթե իրեն օգնի հրեաների Հյուրկանոսին թագավորությունից զրկելու և Անտիգոնոսին թագավորեցնելու:

Երբ հրեաների քահանայապետ ու թագավոր Հյուրկանոսը և Հերովդեսի եղբայր Փասայելը տեսան, որ Բարզափրանը հռոմեացիների զորքերին փախցրեց՝ ոմանց դեպի ծովը, ոմանց զանազան քաղաքներ, և ինքը խաղաղությամբ անցնում է երկրովը՝ իրենք էլ նրա հետ բանակցում են խաղաղության համար: Նա էլ Գնել անունով մեկին Գնունյաց ցեղից, որ հայոց թագավորի տակառապետն էր, հեծելազորքով ուղարկում է Երուսաղեմ խաղաղություն կնքելու պատրվակով, բայց գաղտնապես՝ Անտիգոնոսին օգնելու նպատակով: Հյուրկանոսը տակառապետին ներս չի ընդունում Երուսաղեմ բոլոր զորքերով, այլ միմիայն հինգ հարյուր հեծյալներով: Եվ տակառապետը դավաճանելով խորհուրդ է տալիս Հյուրկանոսին գնալ Բարզափրանի մոտ երկրի ավերմունքի մասին խոսելու և խոստանում է իր կողմից ևս բարեխոս լինել: Հյուրկանոսը Բարզափրանից երդում է խնդրում, նա էլ երդվում է արեգակով, լուսնով և իրենց բոլոր երկնային և երկրային պաշտելիքներով՝ Հյուրականոսը թողնում է Հերովդեսին Երուսաղեմի վրա և իր հետ վերցնելով Հերովդեսի երեց եղբորը՝ Փասայելին, գալիս է Բարզափրանի մոտ՝ ծովի ափ, Եքտիպոն կոչված գյուղը:

Բարզափրանը խորամանկությամբ նրանց պատվում է, բայց հանկարծ այդ տեղից մեկնելով, մնացած զորքին հրաման է տալիս նրանց բռնել և Անտիգոնոսի ձեռքը մատնել: Եվ Անտիգոնոսը Հյուրկանոսի վրա ընկնելով՝ ատամներով կտրում է նրա ականջները, որպեսզի եթե հանգամանքները փոխվեն, նա այլևս անկարող լինի քահանայապետություն անել, որովհետև հրեական օրենքը պահանջում է, որ քահանա լինեն միայն ողջանդամները: Եվ Փասայելը, Հերովդեսի եղբայրը, ինքն իր գլուխը քարին զարկեց, և բժիշկը, որ Անտիգոնոսից ուղարկվեց իբրև թե բժշկելու, նրա վերքը թունավոր դեղերով լցրեց ու մահացրեց:

Իսկ Բարզափրանը հրաման տվեց հայոց թագավորի տակառապետ Գնելին, որ Երուսաղեմում Հերովդեսին որսա: Գնելը ջանաց խաբեությամբ Հերովդեսին պարսպից դուրս բերել, բայց Հերովդեսը հանձն չառավ, միննույն ժամանակ չվստահացավ քաղաքում նս մնալ Անտիգոնյանների զատվելու պատճառով, այլ գիշերը ծածուկ ընտանիքով փախավ եդոմայեցիների մոտ և ընտանիքը Մասադան ամրոցում թողնելով, ինքը շտապեց Հռոմ հասնել: Բայց հայոց զորքը Անտիգոնյանների օժանդակությամբ Երուսաղեմ մտնելով՝ ոչ ոքի չվնասեցին, այլ միայն Հյուրկանոսի գույքերն առան, ավելի քան երեք հարյուր քանքար: Եվ զավառն ասպատակելով՝ Հյուրկանյաններին հավատարիմ տեղերն առան ավերեցին, մարիսացիների քաղաքն էլ առնելով այնտեղ թագավոր դրին Անտիգոնոսին: Իսկ Հյուրկանոսին կապելով՝ գերիների հետ միասին բերին Տիգրանին, և Տիգրանը Բարզափրանին հրամայեց՝ մարիսացիների քաղաքից բերված հրեա գերիներին բնակեցնել Շամիրամի քաղաքում: Սրանից հետո Տիգրանն ապրելով ոչ ավելի քան երեք տարի, վախճանվում է, երեսուներեք տարի թագավորելուց հետո:

ՀԱՅՈՑ ՄԻ ԱՅԼ ՊԱՏԵՐԱԶՄ ՀՌՈՄԵԱՑԻՆԵՐԻ ՀԵՏ, ՍԻՂՈՆԻ ԵՎ ԲԵՆԴԻԴԻՈՍԻ ՊԱՐՏՈՒԹՅՈՒՆԸ

Հերովդեսը Հռոմ անցնելով՝ Անտոնիոսի, Կեսարի և Սինկլիտոսի առաջ պատմում է իր հավատարմությունը հռոմեացիներին, և Անտոնիոսից Հրեաստանի թագավոր նշանակելով՝ իրեն օգնական է վերցնում Բենդիդիոս սպարապետին հռոմեական զորքերով, որպեսզի հայոց հետ պատերազմի և Անտիգոնոսին տապալի: Ասորիք հասնելով՝ նա փախցնում է հայոց զորքերը և Սիղոնին թողնելով, որ հայերին դիմադրի Եփրատի մոտ և Պակարոսին սպանելով, ինքը դառնում է Երուսաղեմ՝ Անտիգոնոսի դեմ: Բայց հայերը նորից օգնություն ստանալով պարսիկներից՝ դիմում են Միղոնի վրա և փախցնում են նրան մինչև Բենդիդիոսի մոտ, անչափ արյունահեղություններ անելով:

ԹԵ ԻՆՉՊԵՍ ԱՆՏՈՆԻՈՍԸ ԱՆՁԱՄԲ ՀԱՅՈՑ ԶՈՐՔԵՐԻ ՎՐԱ ԴԻՄԵԼՈՎ ԱՌՆՈՒՄ Է ՇԱՄՇԱՏ ՔԱՂԱՔԸ

Անտոնիոսը զայրանալով, ինքն անձամբ գալիս է հռոմեական բոլոր զորքերով: Շամշատ հասնելիս լսում է Տիգրանի մահը, քաղաքն առնելով, Սովսիոսին օգնական թողնելով Հերովդեսին՝ Երուսաղեմում Անտիգոնի դեմ կռվելու, ինքը ձմեռանոց է գնում Եգիպտոս: Նա շտապում է այնտեղ հասնել կնամոլ մարդու վավաշոտությամբ, վառված ցանկությամբ դեպի Կղեոպատրան՝ եգիպտացիների թագուհին: Այս Կղեոպատրան Պտղոմեոս Դիոնիսի դուստրն էր, Պտղոմեոս Կղեոպատրիայի թոռը և շատ սիրելի էր Հերովդեսին, այս պատճառով էլ Անտոնիոսը առավելապես հանձնարարում էր Հերովդեսին, Հերովդեսը Սովսիոսին: Սա քաջապես կռվելով առնում է Երուսաղեմը, սպանում է Անտիգոնոսին և թագավորեցնում է Հերովդեսին ամբողջ Հրեաստանի և Գալիլիայի վրա:

ԱՐՏԱՎԱԶԴԻ ԹԱԳԱՎՈՐԵԼՈՒ ՄԱՍԻՆ ԵՎ ՀՌՈՄԵԱՑԻՆԵՐԻ ԴԵՄ ՊԱՏԵՐԱԶՄԵԼԸ

Հայոց վրա թագավորում է Տիգրանի որդի Արտավազդը: Սա իր եղբայրներին և քույրերին բնակեցնում է Աղիովիտ և Առբերանի գավառներում, նրանց ժառանգություն թողնելով այդ գավառներում գտնված արքունական գյուղերը, առանձին եկամուտով և ռտեստով, նման նրանց այն ազգականներին, որ գտնվում էին Հաշտյանքի կողմում, սահմանելով որ նրանք ավելի պատվավոր և ավելի թագավորազն ճանաչվեն, քան այն մյուս Արշակունիները: Միայն սահմանում է, որ նրանք չապրեն Այրարատում, թագավորի բնակության տեղում:

Բայց ուրիշ ոչ մի արիություն ու քաջագործություն ցույց չտվեց, այլ անձնատուր լինելով կերուխումի, թափառում էր ճախճախուտ տեղերում, եղեգնուտներում , քարափներում, վայրի էշեր և խոզեր հետապնդելով, անփույթ լինելով ուսման, քաջության և բարի հիշատակների, միայն իր փորի ծառան և ստրուկը դառնալով՝ աղբանոցներն էր մեծացնում: Իր զորքերից պախարակվելով իր անգործ ծուլության և սաստիկ որովայնամոլության պատճառով, մանավանդ որ Անտոնիոսը Միջագետքն առել էր նրանից, զայրացած հրամայում է զորքեր հանել՝ Ատրպատական նահանգի բյուրավորները, Կովկաս լեռան բնակիչները աղվանների և վրացիների հետ, շարժվում գնում է Միջագետք և հալածում է հռոմեացիների զորքերը:

ԱՆՏՈՆԻՈՍԻ ՁԵՌԲԱԿԱԼԵԼԸ ԱՐՏԱՎԱԶԴԻՆ

Առյուծի նման զազանաբար մռնչաց Անտոնիոսը, մանավանդ գրգռվելով Կլեոպատրայից, որ (հայերի դեմ) քեն էր պահում իր տատի կրած չարչարանքների համար Տիգրանից: Կլեոպատրան ոչ միայն հայերին էր լինում մահաբեր, այլև ուրիշ շատ թագավորների, որպեսզի նրանց իշխանություններին տիրի: Ուստի և Անտոնիոսը շատ թագավորներ սպանելով՝ նրանց իշխանությունները վստահում է Կլեոպատրային, բացի Տյուրոսից և Սիդոնից և առհասարակ բացի նրանցից, որոնք Ազատ գետի մոտերքն էին: Վերցնելով զորքերի բազմությունը՝ դիմում է Արտավազդի վրա: Միջագետքով անցնելով՝ սաստկապես կոտորում է հայոց զորքերը, ձեռբակալում է նրանց թագավորին և Եգիպտոս վերադառնալով՝ Կլեոպատրային է պարգևում Տիգրանի որդի Արտավազդին, նաև ուրիշ շատ իրեր պատերազմի ավարից:

ԱՐՇԱՄԻ ԹԱԳԱՎՈՐԵԼՈՒ ՄԱՍԻՆ. ԱՌԱՋԻՆ ԱՆԳԱՄ ՀԱՅՈՑ ՄԱՍՆԱԿԻ ԿԵՐՊՈՎ ՀՌՈՄԵԱՑԻՆԵՐԻՆ ՀԱՐԿԱՏՈՒ ԴԱՌՆԱԼԸ ՀՅՈՒՐԿԱՆՈՍԻ ԱԶԱՏՎԵԼԸ ԵՎ ՆՐԱ ՊԱՏՃԱՌՈՎ ԲԱԳՐԱՏՈՒՆՅԱՑ ՑԵՂԻՆ ՀԱՍԱԾ ՎՏԱՆԳԸ

Արշեզի կյանքի վերջին տարում, որ նրա թագավորության քսանմեկերորդ տարին էր, հայոց զորքերը ժողովվելով՝ նրա հրամանով իրենց վրա թագավորեցրին Արջամին կամ Արշամին, որ Արտաշեսի որդին էր, Տիգրանի եղբայրը, Աբգարի հայրը: Ասորիներից ոմանք այս Արշամին կոչեցին Մանովա, ինչպես շատերը սովորություն ունեն երկու անուն կրել, ինչպես Հերովդես Ագրիպպիաս, կամ Տիտոս Անտոնինոս, կամ Տիտոս Հուստոս:

Որովհետև այդ տարում Արշեզը վախճանվեց, պարսից թագավորությունը թողնելով իր Արշավիր որդուն, որ շատ փոքրահասակ տղա էր, և չկար մեկը, որ Արշամին օգներ հռոմեացիներին դիմադրելու համար, ուստի Արշամը նրանց հետ խաղաղության հաշտություն է կնքում՝ Հերովդեսի միջոցով նրանց հարկ տալով Միջագետքից և Կեսարիայի կողմերից: Այս եղավ սկիզբը Հայոց մասնակի հարկատու դառնալուն հռոմեացիներին:

Այս ժամանակներն Արշամի բարկությունը շարժվեց Ենանոսի վրա, որ մի թագակապ ասպետ էր, որովհետև նա արձակեց հրեաների քահանայապետ Հյուրկանոսին, որին գերի էր բերել Բարզափրան Ռշտունին Տիգրանի ժամանակ: Ենանոսը արքայի մոտ պատճառաբանում է, թե Հյուրկանոսը խոստացավ հարյուր քանքար փրկանք տալ, որ ինքը հույս ունի ստանալ և համաձայն է թագավորին տալ: Ուստի Արշամը որոշ ժամանակամիջոց է տալիս նրան: Նա իր եղբայրներից մեկին, որ Սենեքիա էր կոչում, ուղարկում է Հյուրկանոսի մոտ, որ նա իր փրկության համար դրամ վճարի: Ենանոսից ուղարկածը գնալով՝ գտնում է, որ Հերովդեսն սպանել է Հյուրկանոսին, որպեսզի իր թագավորության դեմ դավ չնյութի: Արդ՝ երբ որոշված ժամանակամիջոցը լրանում է, և Ենանոսը Հյուրկանոսի փրկանքի դրամը չի տալիս, Արշամը նրա վրա բարկանալով՝ պատվից զրկում է և հրամայում է բանտարկել:

Այդ ժամանակ Գնթունյաց ցեղի նահապետ Զորան նրա մասին մատնություն է անում թագավորին, ասելով. «Գիտցած եղիր, թագավոր, որ Երանոսը մտածում է քեզանից ապստամբվել և ինձ հետ խորհուրդ է անում, որ Հրեաստանի Հերովդես թագավորից երդում խնդրենք այն մասին, որ մեզ կնդունի և մեզ ժառանգություն կտա մեր բնիկ երկրում, որովհետև այս երկրում մենք չտեսնված տանջանքների ենթարկվեցինք ու խայտառակ եղանք: Ես նրա հետ չհամաձայնեցի և ասացի, ինչու ենք մեզ խաբում հնացած զրույցներով ու պառաված առասպելներով ու մեզ պաղեստինցի համարում: Նա ինձանից հույսը կտրելով՝ նույն նպատակով Հյուրկանոս քահանայապետին ուղարկեց Հերովդեսի մոտ, բայց Հերովդեսից էլ ավելի հուսախաբվեց: Բայց նա իր ուխտադրուժ մտադրությունից ետ չի կենա, եթե դու, արքա, չկանխես նրան»: Արշամ թագավորն այս մատնությանը հավատալով՝ հրամայեց պես – պես տանջանքների ենթարկել Ենանոսին և իբրև վերջնական վճիռ այս է, կամ բոլորովին թողնել հրեական կրոնը, երկրպագելով արեգակին՝ թագավորի կուռքերը պաշտել, որի համար թագավորը նրան հավատալով՝ նախկին իշխանությունը կտա, կամ փայտից կախվել և նրա ցեղը բնաջինջ լինել: Եվ նրա աչքի առաջ սպանելով նրա ազգականներից մեկին, որի անունը Սարիա էր, երբ նրա մոտով սպանման տեղն էին տանում նրա որդիներին, Սափատիային և Ազարիային, նա որդիների մահվան երկյուղից և կանանց թախանձելուց կատարում է թագավորի հրամանը իր ամբողջ ազգատոհմով և հաստատվում է նախկին պատվի մեջ: Սակայն թագավորը լիովին չի վստահանում նրան, այլ ուղարկում է Հայաստան, երկիրը նրան վստահելով, միայն թե Միջագետքից նրան հեռացնի:

ԱՐՇԱՄԻ ԳԺՏՈՒԹՅՈՒՆԸ ՀԵՐՈՎԴԵՍԻ ՀԵՏ ԵՎ ԱԿԱՄԱ ՀՆԱԶԱՆԴՈՒԹՅՈՒՆԸ

Սրանից հետո խռովություն ծագեց Հրեաստանի Հերովդես թագավորի և մեր Արշամ թագավորի միջև: Որովհետև Հերովդեսը բազմաթիվ քաջագործություններից հետո ձեռնամուխ է լինում բարեգործությունների՝ Հռոմից սկսած մինչև Դամասկոս, շատ քաղաքներում բազմաթիվ շինություններ կառուցելով: Նա Արշամից խնդրեց բազմաթիվ հաստատ մշակներ, որպեսզի Ասորիքի Անտիոք քաղաքի փողոցները, որ աղտեղություններից ու տղմից անանցանելի էին դարձել, լցնել տա: Արշամը հանձն չառնելով՝ զորք է ժողովում Հերովդեսին դիմադրելու, և պատգամավորներ Հռոմ ուղարկելով խնդրում է կայսրից, որ իրեն Հերովդեսի իշխանությանը չենթարկի: Իսկ կայսրը ոչ միայն Արշամին չի ազատում Հերովդեսի իշխանությունից, այլև ամբողջ Ասորիքը նրան է հանձնում:

Այն ժամանակ Հերովդեսը գաղատացիներից և պոնտացիներից տասը գունդ վերցնելով իր ծառայության՝ Միջերկրայքի վրա իր իշխանության ենթակա թագավոր է նշանակում իր Աղեքսանդր որդու աներոջը, որ Տիմոնի որդին էր, իսկ մոր կողմից ծագում էր Մարաց թագավորությունից, Դարեհ Վշտասպյանի սերունդից: Այս տեսնելով՝ Արշամն ամեն բանով հպատակվում է Հերովդեսին, իբրև տիրոջ և տալիս է նրա խնդրած մշակները, որոնց ձեռքով Հերովդեսը լցրեց Անտիոք քաղաքի փողոցները քսան վտավան երկարությամբ և սալահատակեց սպիտակ մարմարի սալաքարերով, որպեսզի հեղեղների ջրերը դյուրավ անցնեն այս հատակների վրայով և քաղաքին բոլորովին չվնասեն: Բայց Արշամը քսան տարի թագավորելով մեռավ:

ԱԲԳԱՐԻ ԹԱԳԱՎՈՐԵԼԸ ԵՎ ՀԱՅԵՐԻ ԱՄԲՈՂՋԱՊԵՍ ՀԱՐԿԱՏՈՒ ԴԱՌՆԱԼԸ ՀՌՈՄԵԱՑԻՆԵՐԻՆ,ՊԱՏԵՐԱԶՄԸ ՀԵՐՈՎԴԵՍԻ ԶՈՐՔԵՐԻ ԴԵՄ ԵՎ ՆՐԱ ԵՂԲՈՐՈՐԴԻ ՀՈՎՍԵՓԻՆ ՍՊԱՆԵԼԸ

Թագավորում է Աբգարը, Արշամի որդին, Պարսից Արշավիր թագավորի քսաներորդ տարում: Այս Աբգարոսը կոչվում էր «ավագ այր», իր առավել հեզության և իմաստության պատճառով, հետո՝ նաև տարիքի: Այս բառերը հույներն ու ասորիները պարզ չկարողանալով արտասանել, նրան կոչեցին Աբգարոս: Սրա թագավորության երկրորդ տարում Հայաստանի բոլոր կողմերն էլ բոլորովին Հռոմեացիների հարկի տակ են ընկնում, որովհետև, ինչպես ասված է Ղուկասի ավետարանում՝ Ավգոստոս կայսրից հրաման դուրս եկավ՝ ամբողջ տիեզերքում մարդահամար կատարել: Ուստի և Հայաստան էլ եկան հռոմեացիների գործակալները, որոնք իրենց հետ բերին Ավգոստոս կայսեր պատկերը և կանգնեցրին բոլոր մեհյաններում: Այս ժամանակներում ծնվում է մեր Փրկիչ, Աստծու՝ Որդին Հիսուս Քրիստոսը:

Այս ժամանակները խռովություն է ծագում Աբգարի և Հերովդեսի միջև, որովհետև Հերովդեսը հրամայեց հայոց մեհյաններում իր պատկերն էլ դնել կայսերական պատկերի մոտ, բայց երբ Աբգարն այս հանձն չառավ, ապա Հերովդեսն սկսեց նրա դեմ դավեր սարքել: Նա թրակացիների և գերմանացիների զորքերն ուղարկում է պարսից երկիրն ասպատակելու, բայց հրաման է տալիս նրանց Աբգարի երկրով անցնել: Բայց Աբգարը չհամաձայնելով՝ ընդդիմանում է, ասելով, թե կայսերական հրամանն այնպես է, որ այդ զորքը պետք է անապատով անցնի պարսից երկիրը: Հերովդեսը դառնանում է, բայց անձամբ ոչինչ չի կարող հաջողեցնել, տեսակ – տեսակ ցավերից բռնվելով, ինչպես պատմում է Հովսեպոսը, Քրիստոսի դեմ համարձակվելու պատճառով, նա որդնալից եղավ: Ուստի նա Աբգարի դեմ է ուղարկում իր Հովսեփ եղբորորդուն, որին տվել էր իր դուստերը, որ առաջ եղել էր իր եղբոր Փերուրի կինը: Սա առնելով զորքի բազմությունը՝ գալիս հասնում է Միջագետք և հանդիպում է Աբգարին: Բուգնան զորանիստ գավառում. կռվի մեջ նա մեռնում է, և զորքը փախուստի է դիմում: Հենց այդ ժամանակ էլ մեռնում է և Հերովդեսը, իսկ Ավգոստոսը իրեից ազգապետ է նշանակում նրա Արքեղայոս որդուն:

ԵԴԵՍԻԱ ՔԱՂԱՔԻ ՇԻՆՈՒԹՅՈՒՆԸ ԵՎ ՀԱՄԱՌՈՏ ՀԻՇԱՏԱԿՈՒԹՅՈՒՆ ՄԵՐ ԼՈՒՍԱՎՈՐՉԻ ՏՈՀՄԻ

Ոչ շատ օրեր անցած վախճանվում է Ավգուստոսը և նրա տեղ հռոմեացիների վրա թագավորում է Տիբերը. իսկ Գերմանիկոսը կեսար դառնալով, անարգում է Արշավիրի և Աբգարի Հռոմ ուղարկած իշխաններին, նրանց պատերազմի պատճառով, որի մեջ սպանեցին Հերովդեսի եղբորորդուն: Այս բանից դրդված, Աբգարը մտադրվում է ապստամբվել և պատերազմի պատրաստություն է տեսնում: Այս ժամանակ նա քաղաք է դարձնում այն տեղը, որտեղ առաջ հայոց գունդը պահպանում էր Եփրատի անցքը Կասսիոսի դեմ, որ և կոչվեց Եդեսիա: Այնտեղ է փոխադրում Մծբինից իր արքունիքը և բոլոր իր կուռքերը – Նաբողը, Բելը, Բաթնիքաղը և Թաբաղան, նույնպես և մեհյանների վարժարանի մատյանները և առհասարակ թագավորների դիվանները:

Սրանից հետո մեռնում է Արշավիրը և Պարսից վրա թագավորում է նրա որդին՝ Արտաշեսը: Արդ՝ թեպետ ինչ որ ձեռնարկելու ենք պատմել, չի համապատասխանում ոչ ժամանակին և ոչ էլ պատմության կարգին, բայց որովհետև մեր հայոց ազգի հավատին առիթ եղողները Արշավիր թագավորի սերունդներն են և նրա Արտաշես որդու հարազատները՝ ուստի այդ մարդկանց պատվականության պատճառով կսկսենք, վաղօրոք այս գրքում նշանակելով նրանց Արտաշեսի կողքին, որպեսզի կարդացողներն իմանան, որ նրանք այս քաջի համազգիներն են: Իսկ հետո արդեն կնշանակենք նրանց հայրերի Հայաստան գալու ժամանակը, որ են Կարենյանները և Սուրենյանները, որից եղավ Սուրբ Գրիգորը, ինչպես և Կամսարականները, երբ պատմության ընթացքում կհասնենք այն թագավորի ժամանակին, որ նրանց ընդունեց: Բայց Աբգարի ապստամբվելու մտադրությունը չհաջողվեց, որովհետև Պարսից թագավորության մեջ իր ազգականների միջև խռովություն ծագելով՝ զորք է ժողովում, չվում է այնտեղ, որպեսզի նրանց համոզի և խաղաղացնի:

ԱԲԳԱՐԻ ԱՐԵՎԵԼՔ ԳՆԱԼԸ ԵՎ ԱՐՏԱՇԵՍԻՆ ՊԱՐՍԻՑ ՎՐԱ ԹԱԳԱՎՈՐԵՑՆԵԼԸ, ԵՎ ԹԵ ԻՆՉՊԵՍ ՆԱ ԿԱՐԳԱՎՈՐԵՑ ԱՐՏԱՇԵՍԻ ԵՂԲԱՅՐՆԵՐԻՆ, ՈՐՈՆՑԻՑ ԾԱԳՈՒՄ Է ՄԵՐ ԼՈՒՍԱՎՈՐԻՉԸ ԵՎ ՆՐԱ ԱԶԳԱԿԻՑՆԵՐԸ

Աբգարն արևելք գնալով գտնում է, որ պարսից վրա թագավորել է Արտաշեսը, Արշավիրի որդին և եղբայրները նրան ընդդիմանում են, որովհետև նա կամենում էր ժառանգաբար նրանց վրա թագավորել, իսկ նրանք չէին համաձայնում: Ուստի Արտաշեսը նրանց պաշարել էր և մահվան սպառնալիք արել և այս պատճառով զորքի և մյուս ազգականների մեջ մեծ երկպառակտություն և հակառակություն էին ծագել: Որովհետև Արշավիր թագավորը երեք որդի և մի դուստր ուներ, մեկն ինքը, Արտաշես թագավորը, երկրորդը Կարեն, երրորդը Սուրեն, իսկ նրանց քույրը, որ Կոշմ էր կոչվում, կին էր ամբողջ արյաց զորավարին, որ նշանակված էր նրա հորից:

Աբգարը նրանց համոզում է խաղաղվել և բոլորի մեջ այս կարգն է սահմանում – կթագավորի Արտաշեսը իր զավակներով հանդերձ, ինչպես մտադրվել էր, իսկ եղբայրները կկոչվեն Պահլավներ՝ իրենց քաղաքի և մեծ ու պտղաբեր երկրի անունով և կհամարվեն պարսից բոլոր նախարարությունների մեջ ամենապատվավորները և առաջինները՝ ինչպես իսկական թագավորական սերունդներ: Նաև երդումով դաշինք է հաստատում Աբգարը նրանց միջև, որ եթե Արտաշեսի ցեղից տղամարդիկ սպառվեն, թագավորությունը նրանց կանցնի: Եվ նրա թագավորող ցեղից դուրս նրանց երեք ցեղերի պետք է բաժանել՝ անվանելով Կարենի Պահլավ, Սուրենի Պահլավ և քրոջը՝ Ասպահապետի Պահլավ, նրա ամուսնու տանուտերության անունով: Եվ ասում են, թե Սուրբ Գրիգորը Սուրենյան Պահլավից է և Կամսարականները Կարենյան Պահլավից: Բայց նրանց մեր երկիրը գալու հանգամանքներն իր կարգին կպատմենք, այստեղ միայն նրանց նշանակենք Արտաշեսի կողքին, որպեսզի ճանաչես, որ այս մեծ ցեղը Հիրավի Վաղարշակի անունից է, այսինքն Վաղարշակի եղբոր՝ Արշակ

Մեծի սերունդը: Այս այսպես կարգադրելով և դաշնագիրը իր հետ վերցնելով՝ Աբգարը ետ է դառնում ոչ առողջ, այլ չարաչար ցավերով հիվանդացած:

ԱԲԳԱՐԻ ՎԵՐԱԴԱՌՆԱԼՆ ԱՐԵՎԵԼՔԻՑ ԵՎ ԱՐԵՏԻՆ ՕԳՆԵԼԸ ՀԵՐՈՎԴԵՍ ՉՈՐՐՈՐԴԱՊԵՏԻ ԴԵՄ ՊԱՏԵՐԱԶՄԵԼԻՍ

Երբ Աբգարն Արևելքից վերադարձավ, հռոմեացիների մասին լսեց, թե նրանք կասկածի մեջ են ընկել իր վերաբերմամբ, իբրև թե գնացել է Արևելք զորք բերելու: Ուստի նա հռոմեացիների գործակալներին գրեց իր Պարսկաստան գնալու պատճառը և տվեց տանելու նաև այն դաշնագիրը, որ կնքված էր Արտաշեսի և նրա եղբայրների միջև: Բայց նրանք չհավատացին նրան, մանավանդ որ Աբգարի մասին չարախոսում էին նրա թշնամիները՝ Պիղատոսը, Հերովդես Չորրորդապետը, Լյուսանիան և Փիլիպպոսը: Իսկ Աբգարն իր Եդեսիա քաղաքը գալով՝ միաբանեց պատրիացիների Արետ թագավորի հետ, նրան օգնական զորք ուղարկելով մի ոմն Խոսրան Արծրունու միջոցով, որպեսզի Հերովդեսի դեմ կռվի: Որովհետև նախ Հերովդեսը կին էր առել Արետ թագավորի դստերը, ապա անարգելով բաց էր թողել, իսկ Հերովդիադային նրա ամուսնու կենդանության ժամանակ խլել էր, այս պատճառով էլ հաճախ Հովհաննես Մկրտչից հանդիմանվում էր, որի համար սպանեց Հովհաննես Մկրտչին: Իր դստեր անարգանքի պատճառով Արետը նրա հետ պատերազմ ունեցավ, որի մեջ հայոց քաջերի օգնությամբ Հերովդեսի զորքը չարաչար ջարդվեց, կարծես աստվածային տնօրինությամբ Հովհաննես Մկրտչի մահվան վրեժը լուծելու համար:

ԱԲԳԱՐԻ ԿՈՂՄԻՑ ԻՐ ԻՇԽԱՆՆԵՐԻ ԱՌԱՔՈՒՄԸ ՍԱԲԻՆՈՍԻ ՄՈՏ, ՈՐԻ ԺԱՄԱՆԱԿ ՆՐԱՆՔ ՏԵՍՆՈՒՄ ԵՆ ՄԵՐ ՓՐԿԻՉ ՔՐԻՍՏՈՍԻՆ, ՈՐԻՑ ԱԲԳԱՐԻ ՔՐԻՍՏՈՆՅԱ ԴԱՌՆԱԼՈՒ ՍԿԻԶԲԸ ԵՂԱՎ

Այս ժամանակները կայսեր հազարապետ նշանակվեց փյունիկեցիների, պաղեստինցիների, ասորիների և Միջագետքի վրա Սաբինոսը՝ Ստորգեի որդին: Աբգարը իր գլխավորներից երկուսին, այսինքն Աղձնիքի բդեշխ Մար Իհաբին և Ապահունիների տոհմի նահապետ Շամշագրամին, և իր հավատարիմ Անանին ուղարկեց նրա մոտ Բեթքուբին քաղաքը, բացատրելու համար իր արևելք գնալու պատճառը և ցույց տալու Արտաշեսի և եղբայրների միջև կնքված դաշնագիրը և նրա օգնությունն ու պաշտպանությունը խնդրելու: Նրանք գալով գտան նրան Ելևթերոպոլսում: Նա սիրով և պատվով ընդունեց նրանց և Աբգարին պատասխանեց, որ դրա համար արևելք գնալու առիթով կայսրից չկասկածի, միայն թե հոգ տանի հարկերը լիովին վճարելու:

Նրանք այնտեղից վերադառնալիս մտան Երուսաղեմ մեր Փրկիչ Քրիստոսին տեսնելու համար, որի սքանչելագործությունների համբավը լսել էին, և իրենք էլ ականատես դառնալով՝ պատմեցին Աբգարին: Աբգարը զարմանալով ստույգ հավատաց, որ նա արդարև Աստծու որդին է, նա ասաց. «Դրանք մարդու զորություններ չեն, այլ Աստծու, որովհետև մարդկանցից ոչ ոք չի կարող մեռելներ հարուցանել, այլ միայն Աստված»: Եվ որովհետև նրա մարմինն ապականված էր չարաչար ախտերով, որոնց նա տիրացել էր Պարսկաստանում յոթ տարի առաջ և մարդկանցից բժշկություն գտնելու հնար չէր եղել, ուստի Քրիստոսին աղաչական թուղթ ուղարկեց, որ գա և իր ցավերը բժշկի, հետևյալ բովանդակությամբ.

ԱԲԳԱՐԻ ԹՈՒՂԹԸ ՓՐԿՉԻՆ

Աբգար Արշամի, աշխարհի իշխան, բարերար և Փրկիչ Հիսուսիդ, որ Երուսաղեմում հայտնվեցիր, ողջույն:

Լսել եմ քո մասին և այն բժշկությունների մասին, որ կատարվում են քո ձեռքով առանց դեղերի և արմատների, որովհետև, ինչպես ասում են, դու կույրերին տեսցնում ես, կաղերին քայլեցնում, բորոտներին մաքրում, չար ոգիները և դևերը հանում և առհասարակ երկարատև հիվանդություններով չարչարվողներին բժշկում ես, դու նաև մեռածներին ես կենդանացնում: Երբ այս ամենը քո մասին լսեցի, մտքումս դրի այս երկուսից մեկը – կամ որ դու Աստված կլինես, որ երկնքից իջել ես և այս բաներն անում ես, կամ Աստծու որդի կլինես, որ այդ անում ես: Այս պատճառով քեզ գրեցի, աղաչելով որ նեղություն կրես, գաս ինձ մոտ և բժշկես իմ ունեցած հիվանդությունը: Նաև լսեցի, թե հրեաները քեզանից դժգոհում են և ուզում են քեզ չարչարել, բայց ես մի փոքր և գեղեցիկ քաղաք ունեմ, որ երկուսիս էլ բավական է:

Թուղթ տանողները նրան հանդիպեցին Երուսաղեմում: Այս բանը հաստատում է և Ավետարանի խոսքը թե «Հեթանոսներից մարդիկ կային, որ եկել էին նրա մոտ»: Այս պատճառով լսողները չհամարձակվեցին ասել Հիսուսին, այլ ասացին Փիլիպպոսին և Անդրեասին, և նրանք ասացին Հիսուսին: Իսկ մեր Փրկիչը ինքը հանձն չառավ գնալ այն ժամանակ, երբ Աբգարը նրան կանչում էր, այլ նրան արժանացրեց թուղթի, որ գրված է հետևյալ ձևով:

ԱԲԳԱՐԻ ԹՂԹԻ ՊԱՏԱՍԽԱՆԸ, ՈՐ ԳՐԵՑ ԹՈՎՄԱՍ ԱՌԱՔՅԱԼԸ ՓՐԿՉԻ ՀՐԱՄԱՆՈՎ

Երանի նրան, ով ինձ հավատում է, ինձ տեսած չլինելով, որովհետև իմ մասին այսպես է գրված, թե որոնք ինձ տեսնում են, ինձ չեն հավատա, իսկ որոնք չեն տեսնում, կհավատան և կապրեն: Իսկ որ դու ինձ գրեցիր, որ գամ քեզ մոտ, ես այստեղ պետք է կատարեմ այն բոլորը, որի համար ուղարկված եմ: Երբ այս բոլորը կկատարեմ, կհամբառնամ նրա մոտ, որ ինձ ուղարկեց, և երբ համբառնամ, քեզ մոտ կուղարկեմ իմ այս աշակերտներից մեկին, որ քո ցավերը բժշկի և կյանք շնորհի քեզ և քեզ հետ եղողներին:

Այս թուղթը բերեց Աբգարի սուրհանդակ Անանը և նրա հետ Փրկչի կենդանագիր պատկերը, որ մինչև այսօր գտնվում է Եդեսիայում:

ԹԱԴԵՈՍ ԱՌԱՔՅԱԼԻ ՔԱՐՈԶՉՈՒԹՅՈՒՆԸ ԵԴԵՍԻԱՅՈՒՄ ԵՎ ԱԲԳԱՐԻ ՀԻՆԳ ԹՂԹԵՐԻ ՊԱՏՃԵՆՆԵՐԸ

Բայց մեր Փրկչի համբառնելուց հետո Թովմաս առաքյալը, տասներկուսից առաքյալներից մեկը, Եդեսիա քաղաքն ուղարկեց Թադեոսին, յոթանասունից մեկին աշակերտներից, որպեսզի Աբգարին բժշկի և ավետարանը քարոզի տիրոջ խոսքի համաձայն: Նա եկավ և իջևանեց հրեա Տուբիա իշխանի տանը, որի մասին ասում են, թե Բագրատունայց ցեղից էր և Արշամից խուսափելով՝ հրեական կրոնը չուրացավ իր մյուս ազգականների հետ, այլ նույն կրոնին մնաց մինչև Քրիստոսին հավատալը: Եվ նրա գալու համբավը ողջ քաղաքում տարածվեց: Աբգարը լսելով ասաց. «Դա այն մարդն է, որի մասին Հիսուսը գրեց», և իսկույն նրան կանչեց: Երբ Թադեոսը ներս մտավ, նրա երեսի վրա սքանչելի տեսիլք երևաց Աբգարին, նա գահից վեր կացավ և երեսի վրա ընկնելով երկրպագեց, շուրջը գտնվող բոլոր իշխանները զարմացան, որովհետև տեսիլքը չիմացան: Աբգարը նրան հարցրեց. «Իսկապես դու օրհնյալ Հիսուսի աշակերտն ես, որին խոստացավ այստեղ ուղարկել, և կարող ես իմ ցավերը բժշկել»: Թադեն նրան պատասխանեց, «Եթե հավատաս Հիսուս Քրիստոսին՝ Աստծու Որդուն, քո սրտի բոլոր ցանկացածները կստանաս»: Աբգարը նրան ասաց. «Ես հավատացի նրան և նրա հորը, ուստի կամենում էի զորքերս առնել և գալ կոտորել նրան խաչող հրեաներին, եթե ես ինձ չզսպեի հռոմեացիների թագավորության պատճառով»:

Այս խոսքից սկսելով՝ Թադևոսը քարոզեց ավետարանը նրան և ամբողջ քաղաքին, ձեռքը վրան դնելով նրան բժշկեց, ինչպես և քաղաքի Աբդիու իշխանին, որ հիվանդ էր պոդագրայով և մեծ պատիվ էր վայելում թագավորի արքունիքում. և առհասարակ բժշկեց քաղաքում եղած բոլոր հիվանդներին և ախտավորներին: Եվ բոլորը հավատացին, և մկրտվեցին ինքը Աբգարը և ամբողջ քաղաքը: Կուռքերի մեհյանների դռները փակեցին, և բագինի ու սյունի վրա եղած պատկերները եղեգով պատեցին: Նա ոչ ոքի բռնությամբ չէր դարձնում հավատի, բայց հավատացյալներն օր օրի վրա ավելանում էին:

Իսկ Թադեոս առաքյալն Ադդե անունով մեկին, որ մետաքսագործ ու խույր կարող էր, Եդեսիայի վրա եպիսկոպոս ձեռնադրելով, նրան իր փոխարեն թողնում է թագավորի մոտ: Իսկ ինքն Աբգարից հրովարտակ առնելով, որ ամենքը Քրիստոսի ավետարանին լսեն, գալիս է Աբգարի քեռորդի Սանատրուկի մոտ, որին նշանակել էր մեր երկրի և զորքերի վրա: Բայց Աբգարը համաձայնեց թուղթ գրել Տիբերիոս կայսեր, որ ունի այսպիսի ձև.

ԱԲԳԱՐԻ ԹՈՒՂԹԸ ՏԻԲԵՐԻՈՍԻՆ

«Հայոց Աբգար թագավորը իր տիրոջը՝ հռոմեացիների Տիբերիոս կայսրին ողջունում է:

Թեպետ գիտեմ, որ քո թագավորությունից ոչ մի բան չի ծածկվի, բայց իբրև քո մտերմ՝ ավելին քեզ իմաց եմ տալիս գրով: Որովհետև պաղեստինացիների գավառներում բնակվող հրեաները ժողովվելով Քրիստոսին խաչեցին առանց որևէ հանցանքի, փոխանակ նրա մեծամեծ երախտիքներին, որ նրանց մոտ կատարեց, այսինքն հրաշքներ և սքանչելիքներ մինչև անգամ մեռած մարդկանց կենդանացրեց: Պետք է գիտենաս, որ սրանք սովորական մարդու հրաշքներ չեն, այլ Աստծու: Որովհետև հենց այն ժամանակ, երբ նրան խաչեցին, Արեգակը խավարեց, երկիրը շարժվեց ու տատանվեց և ինքն էլ երեք օրից հետո մեռած տեղից հարություն առավ և շատերին երևաց: Եվ այժմ նրա անունը նրա աշակերտների միջոցով մեծամեծ հրաշքներ է կատարում, ինչպես հենց ինձ վրա հայտնի ցույց տվեց: Արդ՝ այսուհետև քո տերությունը գիտի, թե ինչ է պետք հրամայել հրեա ժողովրդի վերաբերմամբ, որոնք այն բանը գործեցին, և պետք է ամբողջ աշխարհին գրել, որ Քրիստոսին երկրպագեն իբրև Ճշմարիտ Աստծու: Ողջ եղիր»:

ԱԲԳԱՐԻ ԹՂԹԻ ՊԱՏԱՍԽԱՆԸ ՏԻԲԵՐԻՈՍԻ ԿՈՂՄԻՑ

«Հռոմեացիների Տիբերուս կայսրը ողջունում է հայոց Աբգար թագավորին:

Քո մտերմության նամակը կարդացին իմ առաջ, դրա համար մեր կողմից շնորհակալություն: Թեպետ և առաջուց մենք շատերից էինք այդ լսել, բայց և Պիղատոսը ստուգապես մեզ հայտնեց նրա հրաշքների մասին, և թե հարությունից հետո շատերը հավատացին, թե նա Աստված է: Ուստի և ես ևս կամեցա անել այն, ինչ որ դու մտածել ես: Բայց որովհետև հռոմեացիների սովորությունն այնպես է, որ միայն թագավորի հրամանով Աստված չեն ընդունում, մինչև որ նա սինկղիտոսի կողմից չփորձվի, չքննվի, ուստի ես այս բանը սինկղիտոսին հայտնեցի, բայց սինկղիտոսն արհամարհեց, որովհետև առաջուց իր կողմից քննված չէր: Բայց մենք հրաման տվինք, որ այն ամենին, ում Հիսուսը հաճելի թվա, նրան Աստված համարեն, և մահ սպառնալիք նրանց, ովքեր քրիստոնյաների վրա կչարախոսեն: Իսկ հրեա ժողովրդի վերաբերմամբ, որոնք հանդգնեցին նրան խաչել, որի մասին լսում եմ, թե ոչ թե արժանի էր խաչվելու և մահվան, այլ պատվի և երկրպագության, նրանց գործը կքննեմ և արժանավոր պատիժը կհատուցանեմ, երբ ազատ ժամանակ գտնեմ իսպանիացիների պատերազմից, որոնք իմ դեմ ապստամբվել են»:

ԱԲԳԱՐԸ ԴԱՐՁՅԱԼ ԹՈՒՂԹ Է ԳՐՈՒՄ ՏԻԲԵՐԻՈՍԻՆ

«Հայոց Աբգար թագավորը իր տիրոջը՝ հռոմեացիների Տիբերիոս կայսրին ողջունում է:

Քո տերության վայել թուղթը տեսա և ուրախացա քո մտածած հրամանի վրա: Եթե վրաս չես նեղանա՝ սինկղիտոսի այդ գործը շատ մեղադրելի է, որովհետև դրանց մոտ աստվածություն արվում է մարդկանց քննությամբ, ուրեմն այսուհետև եթե Աստված մարդուն հաճելի չլինի, էլ չի կարող Աստված լինել, և սրանից հետևում է, թե մարդը պետք է Աստծուն թողություն տա: Բայց դու, տեր, բարեհաճիր ուրիշ մարդ ուղարկել Երուսաղեմ Պիղատոսի փոխարեն, որպեսզի նա անարգանքով հեռացվի այն իշխանությունից, որի վրա դու նշանակել ես նրան, որովհետև նա հրեաների կամքը կատարեց և Քրիստոսին անմեղ տեղը խաչեց առանց քո հրամանի»:

Աբգարն այս գրելով՝ թղթի պատճենը դրեց իր դիվանի մեջ, ինչպես և մյուսները: Նա գրեց նաև Ասորեստանի մանկահասակ Ներսեհ թագավորին Բաբելոն:

ԱԲԳԱՐԻ ԹՈՒՂԹԸ ՆԵՐՍԵՀԻՆ

«Հայոց Աբգար թագավորը իր որդի Ներսեհին ողջունում է:
Քո ողջույնի գիրը տեսա, Պերոզին կապանքներից ազատեցի և հանցանքը ներեցի, և եթե կամենաս, նշանակիր նրան Նինվեի վերակացու, ինչպես ուզում ես: Գալով քո ինձ գրածին, թե ինձ մոտ ուղարկիր այդ բժշկին, որ այդ հրաշքները գործում է և քարոզում է մի ուրիշ Աստված, որ հրից ու ջրից վեր է, որպեսզի տեսնեմ ու լսեմ նրան,- նա բժիշկ չէր մարդկային գիտությամբ, այլ աշակերտ էր հրի և ջրի Արարիչ Աստծու Որդու, և նա ուղարկվեց Հայաստանի կողմերը, ինչպես նրան վիճակ էր ընկել: Բայց նրա գլխավոր ընկերներից Սիմոն անունով մեկը ուղարկված է

այստեղ, Պարսկաստանի կողմերը, նրան փնտրիր, գտիր և նրանից կլսես, ինչպես քո Արտաշես հայրը: Նա բոլոր հիվանդությունները կբժշկի և կյանքի ճանապարհ ցույց կտա»: Նաև Պարսից Արտաշես թագավորին գրեց հետևյալ ձևով:

ԱԲԳԱՐԻ ԹՈՒՂԹԸ ԱՐՏԱՇԵՍԻՆ

«Հայոց Աբգար թագավորը իր եղբայր պարսից Արտաշես թագավորին ողջունում է:

Գիտեմ, որ դու արդեն լսած կլինես Հիսուս Քրիստոսի՝ Աստծու Որդու մասին, որին հրեաները խաչեցին և որ մեռած տեղից հարություն առավ և իր աշակերտներին ուղարկեց ամբողջ աշխարհը՝ ամեն տեղ ուսուցանելու: Նրա գլխավոր աշակերտներից Սիմոն անունով մեկը քո տերության կողմերում է: Արդ՝ փնտրիր, գտիր նրան, և նա կբժշկի ձեզ մոտ եղած բոլոր ախտերն ու հիվանդությունները և կյանքի ճանապարհ ցույց կտա: Դու հավատա նրա խոսքերին, դու և քո եղբայրները և բոլորը, որ կամովին հնազանդվում են քեզ: Որովհետև ինձ ախորժելի է, որ դուք մարմնով իմ ազգականներս, նաև հոգով իմ մտերիմ հարազատները լինեք»: Եվ դեռ այս թղթերի պատասխանը չստացած՝ Աբգարիոսը վախճանվում է երեսունութ տարի թագավորելուց հետո:

ՄԵՐ ԱՌԱՔՅԱԼՆԵՐԻ ՆԱՀԱՏԱԿՈՒԹՅԱՆ ՄԱՍԻՆ

Աբգարից հետո հայոց թագավորությունը երկու մասի է բաժանվում, որովհետև նրա Անանուն որդին թագադրվեց ու թագավորեց Եդեսիայում, իսկ նրա քեռորդին՝ Սանատրուկը թագավորեց Հայաստանում: Սրանց ժամանակ պատահած անցքերը նախապես գրված են ուրիշների կողմից, ինչպես Թադեոս առաքյալի Հայաստան գալը, Սանատրուկի հավատալը և հայոց նախարարների երկյուղից հավատը թողնելը, առաքյալի և նրա հետ եղողների վախճանը Շավարշան գավառում, որ այժմ Արտազ է կոչվում, ապառաժ քարի պատռվելը և առաքյալի մարմինն ընդունելով էլի իրար միանալը, հետո՝ աշակերտների նրա մարմինն այնտեղից առնելը և դաշտում թաղելը, և թագավորի Սանդուխտ դստեր նահատակվելը ճանապարհին մոտ և վերջերս երկուսի նշխարներն հայտնվելը և առապարը փոխադրվելը: Այս բոլորը, ինչպես ասացինք, մեզանից առաջ պատմված է ուրիշների կողմից, ուստի կարևոր չհամարեցինք մանրամասն կրկնել: Նույնպես մեզանից առաջ ուրիշների կողմից պատմված է առաքյալի աշակերտ Ադդեի վախճանը Եդեսիայում Աբգարի որդու ձեռքով:

Սա Աբգարի որդին հոր տեղը թագավորելով՝ հայրենի առաքինության հետևող չեղավ, այլ կուռքերի մեհյանները բացեց ու հեթանոսական պաշտամունքն ընդունեց: Եվ մարդ ուղարկեց Ադդեի մոտ, որ իրեն համար բեհեզից խույր կարե ոսկե բանվածքով, ինչպես առաջ անում էր իր հոր համար: Պատասխան ընդունեց, թե “Իմ ձեռքերը խույր չեն կարի անարժան գազաթի համար, որ չի երկրպագում Քրիստոսին՝ կենդանի Աստծուն: Թագավորն իսկույն հրամայեց իր զինակիցներից մեկին, որ նրա ոտները սրով կտրե: Նա գնալով տեսավ, որ նստած էր վարդապետության աթոռին, սրով խփեց, նրա սրունքները կտրեց դեն գցեց, և նա իսկույն հոգին ավանդեց: Այս էլ ծաղկաքաղ անելով համառոտ հիշատակեցինք, քանի որ նախապես ուրիշների կողմից պատմված է:

Բայց հայերին վիճակվեց նաև Բարդուղիմեոս առաքյալը, որ վախճանվեց մեզ մոտ Արեբանոս քաղաքում: Իսկ Սիմոնի մասին, որ պարսիկներին վիճակվեց, հաստատ չեմ կարող պատմել, թե ինչ գործեց և որտեղ վախճանվեց: Որովհետև ոմանք պատմում են, թե մի ոմն Սիմոն առաքյալ վախճանվեց Վերիոսփորայում. արդյոք իսկապես նա է, և ինչ պատճառով է գնացել նա այնտեղ՝ չգիտեմ, բայց միայն նշանակեցի, որպեսզի իմանաս, թե ես ոչ մի ջանք չեմ խնայում պատմել քեզ ամեն բան, ինչ որ հարմար է:

ՍԱՆԱՏՐՈՒԿԻ ԹԱԳԱՎՈՐԵԼԸ ԵՎ ԱԲԳԱՐԻ ԶԱՎԱԿՆԵՐԻՆ ՄՊԱՆԵԼԸ, ՀԵՂԻՆԵ ՏԻԿՆՈՋ ՄԱՍԻՆ

Սանատրուկը թագավորելով՝ զորք է հավաքում իր դայակների Բագրատունի և Արծրունի քաջերի ձեռքով, որպեսզի գնա պատերազմելու Աբգարի որդիների դեմ՝ ամբողջ թագավորությունը տիրելու նպատակով: Եվ մինչ նա այս բանով էր զբաղված, կարծես մի աստվածային ակնարկությամբ Աբգարի որդուց Աղդեի սպանության վրեժը լուծվեց: Որովհետև նա Եդեսիայում իր ապարանքի վերնատանը Այս Հեղինեն, որ իր ամուսնու՝ Աբգարի նման զինված էր հավատով, չհանդուրժեց կռապաշտների մեջ բնակվել, այլ գնաց Երուսաղեմ Կղավդիոսի օրոք, այն սովի ժամանակ, որը գուշակել էր Ագաբոսը: Եվ Եգիպտոսում իր բոլոր գանձերը տվեց մեծ քանակությամբ ցորեն գնեց և բաժանեց բոլոր կարոտյալներին, այս բանը հաստատում է և Հովսեպոսը: Նրա շիրիմը՝ հայտնի նշանով մինչև այսօր էլ կա Երուսաղեմում, դռան առաջ:

ՄԾԲԻՆ ՔԱՂԱՔԻ ՆՈՐՈԳՄԱՆ, ՍԱՆԱՏՐՈՒԿԻ ԱՆՎԱՆԱԿՈՉՈՒԹՅԱՆ ԵՎ ՆՐԱ ՄԱՀՎԱՆ ՄԱՍԻՆ

Սանատրուկի կատարած գործերի մեջ ոչ մի բան հիշատակելու արժանի չհամարեցինք, բացի Մծբին քաղաքի կառուցումից: Որովհետև քաղաքը երկրաշարժից խախտված լինելով՝ նա քանդեց ու նորից շինեց ավելի պայծառ և կրկնակի պարիսպներով ու պատվարով պարսպեց. քաղաքի մեջ կանգնեցրեց իր արձանը, ձեռքին մի դրամ բռնած, որ այս է նշանակում, թե այս քաղաքի շինության վրա բոլոր գանձերս ծախսվեցին և այս միայն մնաց:

Բայց թե ինչու նա Սանատրուկ կոչվեց, պետք է ասել: Աբգարի քույր Ավդեն ձմեռ ժամանակ դեպի Հայաստան ճանապարհորդելիսմարմարե սյուն էր կանգնեցնել տալիս և ինքը ներքևը կանգնած հրամայում էր, թե ինչպես պետք է անել, սյունը բռնողների ձեռքից պոկ գալով ընկավ նրա վրա, ոտները ջախջախեց և նրան սպանեց:

Իսկույն քաղաքի բնակիչների պաղգամավորը եկավ Սանատրուկի մոտ, խնդրելով պայման կապել, որ նա իրենց քրիստոնեական հավատքին չդիպչի, իսկ իրենք նրան կհանձնեն քաղաքն ու թագավորական գանձերը: Սանատրուկը կատարեց նրանց խնդիրը, բայց հետո դրժեց, նույնիսկ Աբգարի տան բոլոր զավակներին սրով կոտորեց, բացի աղջիկներից, որոնց քաղաքից հեռացրեց, որ գնան Հաշտյանքում ապրեն: Նույնպես և Աբգարի կանանցից գլխավորին, որի անունն էր Հեղինե, ուղարկեց, որ բնակվի իր քաղաքում, Խառանում, և նրան թողեց բոլոր Միջագետքի տիկնությունը իբրև փոխարեն այն բարիքների, որ ինքը գտել էր Աբգարից նրա միջոցով:

Այս Հեղինեն, որ իր ամուսնու՝ Աբգարի նման զինված էր հավատով, չհանդուրժեց կռապաշտների մեջ բնակվել, այլ գնաց Երուսաղեմ Կղավդիոսի օրոք, այն սովի ժամանակ, որը գուշակել էր Ագաբոսը: Եվ Եգիպտոսում իր բոլոր գանձերը տվեց մեծ քանակությամբ ցորեն գնեց և բաժանեց բոլոր կարոտյալներին, այս բանը հաստատում է և Հովսեպոսը: Նրա շիրիմը՝ հայտնի նշանով մինչև այսօր էլ կա Երուսաղեմում, դռան առաջ:

ՄԾԲԻՆ ՔԱՂԱՔԻ ՆՈՐՈԳՄԱՆ, ՍԱՆԱՏՐՈՒԿԻ ԱՆՎԱՆԱԿՈՉՈՒԹՅԱՆ ԵՎ ՆՐԱ ՄԱՀՎԱՆ ՄԱՍԻՆ

Սանատրուկի կատարած գործերի մեջ ոչ մի բան հիշատակելու արժանի չհամարեցինք, բացի Մծբին քաղաքի կառուցումից: Որովհետև քաղաքը երկրաշարժից խախտված լինելով՝ նա քանդեց ու նորից շինեց ավելի պայծառ և կրկնակի պարիսպներով ու պատվարով պարսպեց. քաղաքի մեջ կանգնեցրեց իր արձանը, ձեռքին մի դրամ բռնած, որ այս է նշանակում, թե այս քաղաքի շինության վրա բոլոր գանձերս ծախսվեցին և այս միայն մնաց:

Բայց թե ինչու նա Սանատրուկ կոչվեց, պետք է ասել: Աբգարի քույր Ավդեն ձմեռ ժամանակ դեպի Հայաստան ճանապարհորդելիս բքարգել է լինում Կորդվաց լեռներում, մրրիկը բոլորին ցրեց, այնպես որ ոչ մեկը չգիտեր, թե ընկերն ուր քշվեց: Իսկ նրա դայակ Սանոտը, Բագրատ Բագրատունու քույրը, Խորեն Արծրունու կինը, երեխային, որ դեռ շատ փոքր էր, ստինքների մեջ առնելով՝ երեք օր և երեք գիշեր մնաց ձյան տակ: Սրա մասին առասպելաբանում են, թե մի ինչ – որ նորահրաշ սպիտակ կենդանի աստվածներից ուղարկվեց և նա պահպանում էր երեխային: Բայց որքան մենք վերահասու եղանք, բանն այսպես է եղել. որոնող մարդկանց հետ եղել է և մի սպիտակ շուն, որ պատահել է երեխային և դայակին: Այս պատճառով էլ նա կոչվեց Սանատրուկ, անունը դայակից ստանալով, իբրև թե Սանոտի տված:

Սա պարսից Արտաշես թագավորի տասներկուերորդ տարում թագավոր դառնալով, երեսուն տարի ապրեց և որսի մեջ մեռավ, մեկի նետը դիպավ փորին, կարծես սուրբ դստեր չարչարանքների վրեժը հատուցեց:

Ափշադար դպրի որդի Ղերուբնան գրեց այն բոլոր գործերը, որ կատարվել էին Աբգարի և Սանատրուկի ժամանակ և դրեց Եդեսիայի դիվանում:

ԵՐՎԱՆԴԻ ԹԱԳԱՎՈՐԵԼԸ, ՍԱՆԱՏՐՈՒԿԻ ՈՐԴԻՆԵՐԻՆ ԿՈՏՈՐԵԼԸ ԵՎ ԱՐՏԱՇԵՍԻ ԱԶԱՏՎԵԼԸ ՓԱԽՉԵԼՈՎ

Սանատրուկ թագավորի մահից հետո թագավորության մեջ ինչ որ խառնաշփոթություն է ընկնում: Որովհետև մի ոմն Երվանդ, Արշակունյաց ցեղից մի կնոջ որդի, թագավորում է վերջին Դարեհի ութերորդ տարում:

Նրա մասին զրույցներն այսպես են պատմում: Արշակունյաց ցեղից հսկա ու խոշորատես մի վավաշոտ կին, որին ոչ ոք սիրտ չարավ կին առնելու, երկու մանուկ է ծնում ապօրինի կենակցությամբ, ինչպես Պասիփան ծնեց Մինոտավրոսին: Երբ երեխաները մեծացան նրանց անունները դրին Երվանդ և Երվազ:

Երվանդը հասակն առնելով դառնում է մի սրտոտ և հաղթանդամ մարդ: Նա շատ գործերի վրա Սանատրուկից նշանակվելով վերակացու և առաջնորդ, նշանավոր դարձավ, այնպես որ բոլոր հայ նախարարների մեջ առաջինն եղավ և իր խոնարհությամբ ու առատաձեռնությամբ բոլորին իր կողմը գրավեց: Եվ երբ Սանատրուկը մեռավ, բոլորը միաբանելով նրան թագավորեցրին, բայց առանց Բագրատունիների ցեղի թագադիրի:

Բայց Երվանդը թագավոր դառնալուց հետո Սանատրուկի որդիներից կասկած ունենալով՝ բոլորին կոտորում է: Թվում է, թե Աբգարի որդիների կոտորածի վրեժը լուծվեց: Բայց Արտաշես անունով մի փոքրիկ տղայի ծծմայրն առավ փախցրեց Հեր գավառի կողմերը, Մաղխազանի հովվական կայանները և լուր ուղարկեց Սպեր գավառի Սմբատավան գյուղը նրա դայակ Սմբատին՝ Բյուրատ Բագրատունու որդուն: Արդ, երբ Բյուրատի որդի Սմբատը լսում է Սանատրուկի մահվան և նրա որդիների կոտորածի գույժը, առնում է իր երկու դուստրերին՝ Սմբատանույշին ու Սմբատուհուն, տանում նստեցնում է Բայբերդում, քաջ մարդիկ ամրոցին պահապան դնելով, իսկ ինքը իր մի կնոջ և սակավաթիվ մարդկանց հետ գնում է մանուկ Արտաշեսին որոնելու:

Երվանդ թագավորը այս բանը լսելով՝ հետախույզներ է ուղարկում նրանց բռնելու: Այս պատճառով Սմբատը երկար ժամանակ կերպարանքը փոխած և հետիոտն թափառում է լեռներում ու դաշտերում երեխայի հետ և նրան սնուցանում է հովվական կայաններում և նախրապանների մոտ, մինչև որ հարմար ժամ գտնելով անցնում գնում է պարսից Դարեհ թագավորի մոտ: Եվ որովհետև Սմբատը քաջ մարդ էր և նախապես հայտնի, ուստի մեծ պատվի է արժանանում պարսից զորագլուխների հետ, նույնպես և երեխան ապրում է թագավորի որդիների հետ, որոնք բնակության տեղեր էին ստացել Բատ և Ողոմն գավառները:

ԱՅՆ ՄԱՍԻՆ, ԹԵ ԻՆՉ ՋԱՆՔԵՐ ԳՈՐԾԱԴՐԵՑ ԵՐՎԱՆԴԸ՝ ԱՐՏԱՇԵՍԻՆ ՁԵՌՔ ԳՑԵԼՈՒ ՀԱՄԱՐ ԵՎ ՄԻՋԱԳԵՏՔԸ ԹՈՂՆԵԼԸ

Բայց Երվանդը շարունակ մտածում էր, թե ինչպիսի չարիք է սնվում նրա թագավորության համար Մարսում, նրա սիրտը լիքն էր կասակծներով և քունը քաղցր չէր թվում: Արթուն ժամանակ միշտ այս մասին հոգալով՝ քնի մեջ էլ սարսափելի երազներ էր տեսնում այդ առթիվ: Ուստի պատգամավորների ձեռքով, նվերների միջոցով, աշխատում էր հաճեցնել պարսից թագավորին, որ նա մանուկ Արտաշեսին իր ձեռքը տա: Նա ասում էր. "Իմ արյունակից, իմ հարազատ, ինչու ես այդ Մար Արտաշեսին սնուցանում ինձ և իմ թագավորության հակառակ՝ ականջ դնելով ավազակ Սմբատի խոսքերին, որ ասում է, թե Արտաշեսը Սանատրուկի որդին է, և հովիվների և նախրապանների որդուն ջանում է Արշակունի դարձնել, լուր տարածելով, թե նա քո արյունակիցն ու հարազատն է: Նա Սանատրուկի որդին չէ, բայց Սմբատը խաբված լինելով՝ մի մար տղա է գտել և ցնդաբանում է: Շատ անգամ Սմբատին էլ մարդ էր ուղարկում, թե "Ինչու այդքան զուր նեղություններ ես կրում, ծծմորից խաբվելով այդ մարի տղային սնուցանում ես ինձ հակառակ": Նա պատասխաններ է լսում ոչ հաճելի: Այն ժամանակ Երվանդը մարդիկ է ուղարկում և կոտորել է տալիս Բայբերդում պահապան դրված քաջերին, իսկ Սմբատի դուստրերին գերի բռնելով պահում է Անի ամրոցում ոչ վատ պայմաններում:

Բայց Երվանդը Վեսպասիանոսի և Տիտոսի թագավորության ժամանակ Միջագետքը Հռոմեացիներին թողնելով՝ նրանց իրեն թիկունք դարձրեց և այս կողմից այլևս վտանգ չէր զգում: Այս ժամանակից սկսած Միջագետքի վրայից վերացավ հայոց իշխանությունը, և Հայաստանից էլ ավելի մեծ հարկեր էր վճարում Երվանդը: Իսկ հռոմեացիների գործակալները Եդեսիա քաղաքն ամեն կերպ սարքավորելով՝ այնտեղ հաստատում են գանձարաններ այն հարկերի համար, որ ժողովվում էին Հայաստանից, Միջագետքից և Ասորեստանից: Այնտեղ են ժողովում նաև բոլոր դիվանները, և հիմնում են երկու դպրոց, մեկը բուն տեղական ասորական և մյուսը հունական: Այնտեղ են փոխադրում հարկերի դիվանը, նաև մեհենական դիվանը, որ գտնվում էր պոնտացիների Սինոպ քաղաքում:

ԵՐՎԱՆԴԱՇԱՏ ՔԱՂԱՔԻ ՇԻՆՈՒԹՅԱՆ ՄԱՍԻՆ

Սրա ժամանակ արքունիքը Արմավիր կոչված բլրից փոխադրվում է, որովհետև Արաքս գետը նրանից հեռացել էր, և ձմեռն երկարելիս, երբ հյուսիսային ցուրտ քամիներ էին փչում, վտակը սառչում էր բոլորովին, և թագավորական վայրի համար խմելու բավական ջուր չէր ճարվում: Սրանից Երվանդը նեղվելով, մանավանդ մի ավելի ամուր տեղ փնտրելով՝ արքունիքը տեղափոխում է դեպի արևմտյան կողմը, միակտուր ապառաժ բլուրի վրա, որը շրջանցում է Արաքսը, իսկ դիմացից էլ հոսում է Ախուրյան գետը: Երվանդը բլուրը պարսպում է, իսկ պարսպից ներս շատ տեղերում քարերը կտրել տալով իջեցնում է մինչև բլուրի հատակը, գետի մակերևույթին հավասար, այնպես որ գետից ջրերը հոսեն այդ փորված տեղը, խմելու ջուր մատակարարելով: Միջնաբերդն ամրացնում է բարձր պարիսպներով, պարիսպների մեջ պղնձե դռներ է դնում և երկաթե սանդուղքներ ներքևից մինչև վեր, մինչև դուռը, սանդուղքի վրա, աստիճանների միջև, թաքնված որոգայթներ է շինում, որպեսզի եթե մեկը կամենա գաղտնի բարձրանալ թագավորին դավելու նպատակով, բռնվի: Սանդուղքը, ասում են, երկու տեսակ էր սարքված, մեկը ցերեկվա ճանապարհի արքունիքի սպասավորների և ընդհանրապես ելումուտի համար, իսկ մյուսը գիշերային էր և դավադիրների համար:

ԹԵ ԻՆՉՊԵՍ ՇԻՆԵՑ ԿՈՒՌՔԵՐԻ ՔԱՂԱՔ ԲԱԳԱՐԱՆԸ

Բայց Երվանդն իր քաղաքը շինելով՝ Արմավիրից այնտեղ փոխադրեց ամեն ինչ բացի կուռքերից, որովհետև իրեն համար օգտակար չհամարեց նրանց էլ իր քաղաքը փոխադրել, որ մի գուցե երբ ժողովուրդը զոհաբերության համար այնտեղ գա, քաղաքն զգուշությամբ չպահվի։ Ուստի նրանից հյուսիս, մոտ քառասուն ասպարեզ հեռու, Ախուրյան գետի վրա, շինեց մի փոքր քաղաք նման իր քաղաքին և կոչեց Բագարան, այսինքն թե բագիններն այնտեղ են տեղավորված, և այնտեղ փոխադրեց Արմավիրում եղած բոլոր կուռքերը։ Շինեց նաև մեհյաններ և իր Երվազ եղբորը քրմապետ նշանակեց։

ԾՆՆԴՈՑ ԿՈՉՎԱԾ ԱՆՏԱՌԸ ՏՆԿԵԼՈՒ ՄԱՍԻՆ

Տնկում է նաև մի մեծ անտառ գետի հյուսիսային կողմում, պարիսպներով ամրացնում է և ներսում արգելափակում է արագավազ այծյամներ, եղնիկների և եղջերուների ցեղեր, ցիռեր, վարազներ, որոնք աճելով ու բազմանալով անտառը լցրին, և նրանցով թագավորն ուրախանում էր որսի օրերին։ Անտառը նա կոչում է Ծննդոց անտառ։

ԵՐՎԱՆԴԱԿԵՐՏ ԿՈՉՎԱԾ ՁԵՌԱԿԵՐՏԻ ՄԱՍԻՆ

Ինձ քաղցր է պատմել նաև գեղեցիկ Երվանդակերտ դաստակերտի մասին, որ նույն Երվանդը շինեց գեղեցիկ և չքնաղ հորինվածքով։ Որովհետև մեծ հովիտի միջին մասը լցնում է բնակչությամբ և պայծառ շինություններով, լուսավոր, ինչպես աչքի բիբը, իսկ բնակության շուրջը կազմում է ծաղկոցներ և բուրաստաններ, ինչպես բբի շուրջը աչքի մյուս բոլորակը: Իսկ այգիների բազմությունը նմանվում էր խիտ արտևանունքի գեղեցիկ գծին, որի հյուսիսային կողմի կամարաձև դիրքը իսկապես համեմատվում էր գեղեցիկ կույսերի հոնքերին: Իսկ հարավային կողմից հարթ դաշտերը հիշեցնում էին ծնոտների գեղեցիկ ողորկությունը: Իսկ գետն իր երկու ափերի բարձրություններով պատկերացնում էր մի բերան, իր երկու շրթունքներով: Եվ այս գեղեցիկ դիրքը կարծես անթարթ հայացքն ուղղել է թագավորանիստ բարձրավանդակի վրա: Արդարև բերրի և թագավորական դաստակերտ:

Երվանդի այս բոլոր շինածները Տրդատ Մեծը պարգևում է Կամսարականների ցեղի մարդկանց, իբրև իր մտերիմներին և Արշակունյաց ցեղի արյունակիցներին, այդ իր տեղում կպատմենք:

Բայց ասում են Երվանդի մասին, թե հմայքով չար աչք ուներ, որի պատճառով արքունի սպասավորները սովորություն են ունեցել առավոտն արշալույսը բացվելիս որձաքար վեմեր բռնել Երվանդի առաջ, որի հայացքի չարությունից այդ որձաքարերը, ասում են պայթելիս են եղել: Սակայն այս բանը կամ սուտ է և առասպել, կամ թե ինչ – որ դիվական զորություն է ունեցել, որպեսզի այսպիսի հայացքի զորությամբ վնասի նրան, ում որ կամենա:

ԹԵ ԻՆՉՊԵՍ ՍՄԲԱՏԸ ՊԱՐՍԻՑ ՆԱԽԱՐԱՐՆԵՐԻՆ ՕԳՆԱԿԱՆ ԴԱՐՁՆԵԼՈՎ, ԽՆԴՐՈՒՄ ԷՐ ԱՐՏԱՇԵՍԻՆ ԹԱԳԱՎՈՐԵՑՆԵԼ

Իսկ երբ մանուկ Արտաշեսը մեծացավ և նրա դայակ Սմբատը քաջության և արիության շատ գործեր ցույց տվեց, արյաց նախարարները նրան համակրելով բարեխոսում են թագավորին, որ նրան պարգև տա, ինչ որ նա խնդրի: Թագավորը համաձայնելով ասում է նախարարներին. «Իմացեք, ինչ է ցանկանում այդ քաջ մարդը»: Նրանք ասում են. «Անմահ բարերար տեր, Սմբատն ուրիշ բան չի ցանկանում, այլ միայն, որ քո արյունակից և հարազատ Արտաշեսին՝ Սանատրուկի որդուն, որ զրկված է իր թագավորությունից, հաստատես իր թագավորության մեջ»: Արքայից արքան համաձայնելով՝ Սմբատի ձեռքն է տալիս մի մասը Ասորեստանի զորքերից և Ատրպատականի զորքերը, որպեսզի Արտաշեսին տանեն ու հայրենական գահի վրա հաստատեն:

ԹԵ ԻՆՉՊԵՍ ԵՐՎԱՆԴԸ ԼՍՈՒՄ Է ԱՐՏԱՇԵՍԻ ԳԱԼԸ ԵՎ ԶՈՐՔ Է ԳՈՒՄԱՐՈՒՄ ՊԱՏԵՐԱԶՄԻ ՊԱՏՐԱՍՏՎԵԼՈՒ

Երվանդին Ոստեցոց գավառում լուր է հասնում, թե պարսից թագավորը մեծ զորք գումարեց Սմբատի ձեռքի տակ, որպեսզի քեզ վրա գա և մանուկ Արտաշեսին իր թագավորությունը բերի: Երվանդն այս լսելով՝ այդ տեղում կողմնապահներ է թողնում նախարարներից շատերին և ինքը շտապով գալիս է իր քաղաքը, որպեսզի իր մոտ հավաքի հայոց, վրաց և Կեսարիայի կողմերի զորքերը, նաև Միջագետքինը, խնդրելով և վարձ վճարելով: Գարնանային օրեր էին, ուստի բոլոր զորքերը շուտով գումարվեցին նրա մոտ, բազմաթիվ հետևակ զորքերով եկավ նաև Արգամը՝ Մուրացյան ցեղի տանուտերը, որ Աժդահակի սերնդից էր: Որովհետև Երվանդը նրան վերադարձրել էր երկրորդական գահը, որ Տիգրանը խլել էր նրանից և տվել էր իր քրոջ ամուսին Միհրդատին, իսկ Միհրդատի մահից հետո ոչ ոքի չէր տրված, մինչև Երվանդը վերադարձրեց Արգամին: Եվ ոչ միայն նրան, այլև բոլոր նախարարներին պարգևներ և պատիվներ էր տալիս, և բոլոր զորքերին առատապես պարգևատրում էր:

ԹԵ ԻՆՉՊԵՍ ԱՐՏԱՇԵՍԸ ԻՐ ԵՐԿԻՐԸ ՄՏՆԵԼՈՒՆ ՊԵՍ ԳՈՐԾԸ ՀԱՋՈՂՎԵՑ

Իսկ Սմբատը մանուկ Արտաշեսի հետ շտապում էր հասնել Ուտեացոց սահմանները: Այնտեղ նրան ընդառաջ եկան այն կողմի զորքերը, նաև այն նախարարները, որանց Երվանդը թողել էր այնտեղ: Այս լսելով ՝ հայոց մյուս նախարարներն էլ լքվում , քայքայվում և մտածում են Երվանդից բաժանվել, մանավանդ երբ տեսան, որ հռոմեացիների զորքերը նրան օգնության չեկան: Իսկ Երվանդն ավելի առատացնում էր պարգևները և ամեն մեկին բաժանում էր գանձերը, և որքան շատ էր տալիս, այնքան ավելի ատելի էր դառնում, որովհետև բոլորն էլ գիտեին, թե առատաձեռնությունից չէ որ տալիս է, այլ երկյուղից է վատնում: Եվ այնքան սիրելի չէր դարձնում նրանց, որոնց շատ էր տալիս: Որքան թշնամի էր դարձնում նրանց, որոնց այնքան առատ չէր տալիս:

ԵՐՎԱՆԴԻ ՊԱՏԵՐԱԶՄՆ ԱՐՏԱՇԵՍԻ ԴԵՄ ԵՎ ՓԱԽՈՒՍՏԸ, ՆՐԱ ՔԱՂԱՔԻ ԳՐԱՎՈՒՄԸ ԵՎ ՄԱՀԸ

Բայց Սմբատը մանուկ Արտաշեսի հետ բարձրանում է Գեղամա ծովի ափը, Արագած կոչված լեռան թիկունքում, նրանք շտապում էին հասնել Երվանդի բանակին: Նրա զորքերի բազմությանը նշանակություն չէին տալիս, միայն Մուրացյան Արգամից էին ակնածում, որովհետև քաջ մարդ էր և իր իշխանության տակ ուներ բազմաթիվ տիգավորներ: Եվ Երվանդի բանակը ավելի քան երեք հարյուր ասպարեզ դեպի հյուսիս հեռու էր իր քաղաքից և գտնվում էր Ախուրյան գետի վրա: Երվանդը երբ լսեց Սմբատի մոտենալը, նրա դեմ հանեց իր զորքերի բազմությունը և ճակատեց իր բանակից ոչ հեռու: Իսկ Արտաշեսը Մուրացյան նահապետին պատգամ ուղարկեց հաստատուն երդումներով, որ նրան կթողնի, ինչ որ նա ստացել է Երվանդից, և էլի ուրիշ բաներ կավելացնի, միայն թե նա Երվանդին թողնի, մի կողմ քաշվի:

Երբ Արտաշեսի դրոշակները Երվանդի զորքի ճակատի առաջ երևացին, Արգամը հետևակների բազմությունն առավ ու մի կողմ քաշվեց: Իսկ Սմբատը հրամայեց պղնձե փողերը հնչեցնել և իր զորքի ճակատն առաջ շարժելով սլացավ, ինչպես արծիվը կաքավների երամի մեջ: Իսկ հայոց նախարարները, որոնք Երվանդի ճակատի աջ և ձախ թևերն էին կազմում, խառնվում միանում են նրա հետ: Վրաց զորքերը թեպետ իրենց Փարսման թագավորի հետ հանդուգն հարձակում գործելով ընդհարվեցին, բայց շուտով ետ փախան: Այդտեղ պետք էր տեսնել Երվանդի գնդի և Միջագետքի զորքերի սարսափելի կոտորածը: Երկու ճակատների իրար խառնվելիս Արտաշեսի դեմ են գալիս Տավրոսցի քաջ մարդիկ, որոնք մահն աչքերն առած՝ Երվանդին խոստացել էին, թե Արտաշեսին կսպանեն: Սրանց հետիոտն պատահում է Գիսակը՝ Արտաշեսի ծծմոր որդին, և մեջ մտնելով նրանց սպանում է և հաղթություն է տանում, որի ժամանակ նրա երեսի կեսն էլ սրով կտրում են և նա մեռնում է այս գործի վրա: Մնացած զորքերը փախուստի են դիմում:

Իսկ Երվանդը ձիով շատ ասպարեզներ անցնելով և իր բանակից մինչև քաղաքը շինված իջևանները նորանոր ձիեր հեծնելով փախչում են իջևանից իջևան: Սմբատն էլ նրան հետամուտ լինելով՝ սաստկապես հալածում է գիշերով մինչև քաղաքադուռը: Իսկ մարաց զորքերը Երվանդի գնդի կողմն անցնելով՝ մթության մեջ բանակ են դնում դիակների վրա: Արտաշեսն էլ հասնելով Երվանդի վրանը, որի շուրջը նա կաշու և կտավի առագաստներով պարիսպ էր քաշել, իջավ և գիշերը նրա վրանում մնաց: Իսկ երբ լուսացավ, նա տիրաբար կարգադրելով հրամայեց սպանվածներին թաղել: Այն հովիտը որտեղ մարաց զորքերը դիակների վրա բանակ դրին, կոչեց Մարաց մարգ, իսկ ճակատամարտի տեղը կոչեց Երվանդավան, իբրև թե այստեղ վանեց Երվանդին, այսպես էլ կոչվում է մինչև այսօրվա օրս: Ապա չվեց գնաց Երվանդի քաղաքը, կեսօրից առաջ Երվանդի դաստակերտը հասնելով՝ զորքին հրամայեց, որ միասին բարձր աղաղակեն «Մար ամատ», որ թարգմանվում է մարը եկավ, սրանով հիշեցնելով այն վիրավորանքը, որ նրա մասին ուղարկում էր Երվանդը պարսից թագավորին և Սմբատին, նրան մար կոչելով: Հենց այս ձայնով էլ այն դաստակերտը Մարմետ կոչվեց, հավանորեն Արտաշեսի կամքով, որպեսզի Երվանդի անունը նրա վրայից վերանա: Այս է պատճառը այդ դաստակերտի անվանակոչության:

Բայց Սմբատը գիշերով Երվանդի հետևից ընկնելով փոքրաթիվ վաշտով՝ քաղաքի դուռը պահպանում էր, մինչև որ Արտաշեսը և բոլոր զորքերը եկան: Եվ երբ քաջերը սկսեցին ամրոցի դեմ կռվել՝ ամրոցի մարդիկ անձնատուր եղան և քաղաքի դուռը բացին: Զինվորներից մեկը մտնելով՝ վաղրով Երվանդի գլխին խփեց և ուղեղը տան հատակի վրա ցրեց, այսպես ջախջախվելով վախճանվեց քսան տարի թագավորելուց հետո: Բայց Արտաշեսը հիշելով, թե Երվանդը Արշակունյաց ցեղի խառնուրդ էր, հրամայում է թաղել և մահարձան դնել:

ԱՐՏԱՇԵՍԻ ԹԱԳԱՎՈՐԵԼԸ ԵՎ ԻՐ ԵՐԱԽՏԱՎՈՐՆԵՐԻՆ ԲԱՐԻՔՆԵՐ ԱՆԵԼԸ

Երվանդի մահից հետո Սմբատը մտնելով խուզարկում է արքունական գանձերը, Սանատրուկ թագավորի թագը գտնելով, դնում է Արտաշեսի գլուխը և թագավորեցնում է ամբողջ Հայաստանի վրա պարսից Դարեհ թագավորի քսանիներորդ տարում: Արտաշեսը թագավորությունն առնելով՝ պարգևներ է տալիս մարաց և պարսից զորքերին և արձակում է, որ գնան իրենց երկիրը: Նույնպես տալիս է քաջ և պատվավոր Արգամին նրան խոստացած երկրորդական գահը, նաև հակինթներով զարդարված պսակ, երկու ականջներին գինդեր, մի ոտքին կարմիր ագանելիք, իրավունք ունենալ գործածելու ոսկե գդալ և պատառաքաղ և ոսկեղեն գավաթներով գինի խմելու: Եվ այս պատիվներից ոչ պակաս տալիս է իր դայակ Սմբատին, բացի երկու գինդերից և կարմիր կոշիկից: Եվ բացի նրա հայրենական թագակապ ասպետությունից և արևմտյան զորքի իշխանությունից՝ նրան է վստահում հայոց բոլոր զորքերը, մեր բոլոր երկրի գործակալները և ամբողջ արքունական տունը: Իսկ Ներսեհին, իր ծծմոր Գիսակ որդու որդուն նախարարական ցեղ դարձնելով՝ այդ ցեղը կոչում է Դիմաքսյան՝ նրա հոր քաջագործությունների անունով, որովհետև ինչպես ասացինք, նրա դեմքի կեսը սրով վեր բերին, երբ նա Արտաշեսի համար կռվում էր:

Պատմվում է, թե Արտաշեսը նույն օրերում նախարարական ցեղի է վերածել տասնհինգ պատանի, Տուրի որդիներին, կոչելով ցեղը նրանց հոր անունով Տրունի, ոչ թե որևէ քաջագործության համար, այլ նրանց հոր լրտեսության համար, որ կատարում էր Երվանդ թագավորի տնից Սմբատին տեղեկություններ ուղարկելով, որովհետև Երվանդին մտերիմ էր , որ և նրանից սպանվեց այս պատճառով:

ԵՐՎԱԶԻՆ ՍՊԱՆԵԼԸ ԵՎ ՄՑՈՒՍ ԲԱԳԱՐԱՆԸ ՇԻՆԵԼԸ, ԵՎ ԱՐՏԱՇԵՍԻ ՀԱՐԿԱՏՈՒ ԴԱՌՆԱԼԸ ՀՌՈՄԵԱՑԻՆԵՐԻՆ

Սրանից հետո Արտաշեսը հրամայում է Սմբատին գնալ Բագարան ամրոցը, որ Ախուրյան գետի վրա էր, Երվանդի քաղաքին մոտ, և սպանել Երվանդի եղբորը՝ Երվազին: Սմբատը նրան բռնելով՝ հրամայում է նրա շլնքից մի երկանաքար կապել և նետել գետի մի պտույտի մեջ: Նրա տեղ բագինների վրա նշանակում է մի երազահան մոգի աշակերտի, որ մտերիմ էր Արտաշեսին, որին այդ պատճառով Մոգպաշտե էին ասում: Հետո ավար է առնում Երվազի գանձերը և հինգ հարյուր հոգի ծառաներ, նաև մեհյանների գանձերից ընտիրները և բերում է Արտաշեսին: Արտաշեսը Սմբատին է պարգևում Երվազի ծառաները, իսկ գանձերը հրամայում է տանել պարսից Դարեհ թագավորին, իր գանձերից էլ վրան ավելացնելով, շնորհակալության և պատվի համար, իբրև իր հոր և օգնականի:

Այն ժամանակ Սմբատը Երվազի ծառաներին, որ գերել էր Բագարանից, տանում բնակեցնում է Մասիսի թիկունքում իր ձեռակերտում, որը միևնույն անունով կոչեց Բագարան: Հետո անցնում գնում է Պարսկաստան, ընծաները Դարեհին տանելով, հռոմեացիների տերության նկատմամբ անփույթ լինելով: Իսկ երբ Սմբատը գնում է Պարսկաստան, հայոց սահմաններն են գալիս կայսեր հարկահանները ծանր զորքով: Արտաշեսը հարկերը կրկին վճարելով և աղաչելով հաշտեցնում է: Այս բանը մեզ հաստատապես պատմում է Հանիի Ողյումպ քուրմը, որ գրել է մեհենական պատմություններ և ուրիշ շատ գործեր, որ մենք պատմելու ենք, որին վկայում են նաև պարսից մատյանները և հայոց վիպասանների երգերը:

ԱՐՏԱՇԱՏ ՔԱՂԱՔԻ ՇԻՆՈՒԹՅԱՆ ՄԱՍԻՆ

Արտաշես վերջինի գործերից շատ բան հայտնի են քեզ այն վիպասաններից, որ պատմում են Գողթնում, ինչպես քաղաքը շինելը, խնամիությունն Ալանների հետ, նրա սերունդների ծնունդը և Սաթենիկի իբր թե սիրահարությունը առասպելական վիշապազուններին, այսինքն Աժդահակի սերունդներին, որ գրաված ունեն Մասիսի ամբողջ ստորոտը, կռիվը նրանց հետ, նրանց իշխանության քայքայումը, նրանց սպանությունը և շինվածքների հրկիզումը, և Արտաշեսի որդիների նախանձը և իրար դեմ գրգռվելը կանանց միջոցով: Այս բոլորը, ինչպես ասացինք, քեզ հայտնի են վիպասանների երգերից, բայց մենք ևս կարճառոտ կհիշատակենք և այլաբանությունը կճշմարտենք:

Արտաշեսը գնում է այն տեղը, որտեղ Արաքսը և Մեծամորը խառնվում են, և այնտեղ բլուրին հավանելով, քաղաք է շինում և իր անունով կոչում է Արտաշատ: Արաքսն էլ օգնում է նրան անտառի փայտով: Ուստի առանց դժվարության և արագ շինելով՝ այնտեղ մեհյան է կանգնացնում և Բագարանից այնտեղ է փոխադրում Արտեմիսի արձանը և բոլոր հայրենական կուռքերը: Բայց Ապոլոնի արձանը կանգնեցնում է քաղաքից դուրս՝

ճանապարհին մոտ: Երվանդի քաղաքից դուրս է բերում հրեա գերիներին, որ այնտեղ տարված էին Արմավիրից, և բերում նստեցնում է Արտաշատում: Նաև Երվանդի քաղաքի ամբողջ վայելչությունները, ինչ որ նա փոխադրել էր Արմավիրից, և ինչ որ հենց ինքն էր շինել՝ բերում է Արտաշատ, և ավելի շատ բան էլ իր կողմից շինելով՝ այդ քաղաքը սարքավորում է իբրև արքայանիստ քաղաք:

ԱԼԱՆՆԵՐԻ ՀԱՐՁԱԿՈՒՄԸ ՄԵԶ ՎՐԱ ԵՎ ՊԱՐՏՈՒԹՅՈՒՆԸ, ԱՐՏԱՇԵՍԻ ԽՆԱՄԻԱՆԱԼԸ ՆՐԱՆՑ ՀԵՏ

Այս ժամանակներն ալանները բոլոր լեռնականների հետ միաբանելով, Վրաստանի կեսն էլ իրենց կողմը քաշելով՝ մեծ բազմությամբ գալիս սփռվում են մեր երկրում: Արտաշեսն էլ ժողովում է իր զորքերի բազմությունը և տեղի է ունենում պատերազմ երկու քաջ և աղեղնավոր ազգերի միջև: Ալանների ազգը փոքր ինչ ետ է նահանջում և մեծ Կուր գետն անցնելով՝ հյուսիսային կողմից բանակ է դնում գետի ափին: Արտաշեսն էլ գալով բանակում է գետի հարավային կողմում, գետը բաժանում է նրանց:

Բայց որովհետև հայոց զորքերն ալանների թագավորի որդուն բռնելով Արտաշեսի մոտ են բերում, ալանների թագավորը հաշտություն է խնդրում, խոստանալով տալ Արտաշեսին՝ ինչ որ ուզի, առաջարկում է նաև երդումով դաշինք կնքել, որ ալանների երիտասարդներն այնուհետև չասպատակեն Հայաստանը: Երբ Արտաշեսը չի համաձայնում պատանուն հետ տալ, պատանու քույրը գալիս է գետի ափը մի մեծ բարձրավանդակ տեղ և թարգմանների միջոցով ձայն է տալիս Արտաշեսի բանակը.

«Քեզ եմ ասում, քաջ տղամարդ Արտաշես,
Որ հաղթեցիր ալանների քաջ ազգին,
Եկ համաձայնիր իմ՝ ալանների գեղաչյա դստեր խոսքերին
Եվ տուր պատանին:

Որովհետև օրենք չէ՝ որ մի քենի համար դյուցազները
Այլ դյուցազների ժառանգների կենդանությունը վերացնեն
Կամ իբրև ծառա ստրուկների կարգում պահեն,
Եվ երկու քաջ ազգերի մեջ
Մշտնջենավոր թշնամություն հաստատեն»:

Արտաշեսն այս իմաստուն խոսքերը լսելով գնաց գետի ափը, և տեսնելով գեղեցիկ կույսին ու լսելով նրանից իմաստուն խոսքեր, նրան ցանկացավ:

Կանչում է իր դայակ Սմբատին, բաց է անում իր սրտի փափագը՝ կին առնել ալանների օրիորդին, դաշինք և ուխտ դնել քաջերի ազգի հետ և պատանուն խաղաղությամբ արձակել: Սմբատը հավանություն է տալիս և մարդ է ուղարկում ալանների թագավորի մոտ, որ ալլանների արքայադուստր օրիորդ Սաթենիկին կնության տա Արտաշեսին: Ալանների թագավորն ասում է.

«Եվ որտեղից քաջ Արտաշեսը պիտի տա
Հազար հազարներ ու բյուր բյուրեր
Քաջերի սերունդ այս կույսի՝ Ալանների
արքայազն օրիորդի համար»:

Վիպասաններն երգելիս այս տեղն առասպելաբանում են ասելով.

«Հեծավ արի Արտաշես արքան իր գեղեցիկ սև ձին,
Եվ հանելով ոսկեօղ շիկափոկ պարանը,
Եվ անցնելով գետն իբրև սրաթև արծիվ,
Եվ նետելով ոսկեօղ շիկափոկ պարանը,
Գցեց մեջքը ալանաց օրիորդի,
Եվ շատ ցավեցրեց փափուկ օրիորդի մեջքը,
Արագաբար իր բանակը հասցնելով»:

Իրապես այսպես է եղել: Որովհետև ալանների մոտ հարգի է կարմիր մորթը, Արտաշեսը բավական լայքա և շատ ոսկի է տալիս վարձանք և առնում է տիրուհի օրիորդ Սաթենիկին: Այս է, որ ասում են ոսկեօղ շիկափոկ պարան: Նույնպես հարսանիքի մասին երգում են առասպելաբանելով.

«Ոսկի անձրև էր տեղում
Արտաշեսի փեսայության ժամանակ,
Մարգարիտ էր տեղում
Սաթենիկի հարսնության ժամանակ»:

Որովհետև մեր թագավորները սովորություն ունեին՝ իբրև փեսա՝ դահլիճի դուռը հասնելիս դրամներ շաղ տալ հռոմեացիների հյուպատոսների նման, նույնպես և թագուհիները առագաստի սենյակում մարգարիտ: Երգի իսկական իմաստն այս է:

Սա Արտաշեսի կանանց մեջ առաջինը դառնալով՝ ծնում է Արտավազդին և ուրիշ շատ զավակներ, որոնց այստեղ թվել կարևոր չհամարեցինք, այլ կհիշենք հետո, երբ մի գործի կհասնենք:

ԱՐԳԱՄԻ ԵՎ ՆՐԱ ՈՐԴԻՆԵՐԻ ՍՊԱՆՈՒԹՅՈՒՆԸ

Արտաշեսի որդի Արտավազդը, չափահաս դառնալով, դարձավ մի քաջ, ինքնահավան և հպարտ մարդ: Նա ծերունի Արգամին նախանձելով՝ իր հոր զայրույթը շարժեց Արգամի դեմ, իբրև թե նա մտածում է բոլորի վրա թագավորել: Այս կերպ նրան պատվից զցելով՝ ինքն է առնում երկրորդական գահը: Սրանից հետո, երբ Արտաշեսը ճաշի է գնում Արգամի մոտ, ինչ – որ կասկած է ծագում, իբր թե դիտավորություն ունեն թագավորին դավելու, ուստի թագավորի որդիները աղմուկ են բարձրացնում և հենց ճաշի ժամանակ քաշում են Արգամի ալևոր մազերը: Արտաշեսը սաստիկ շփոթված վերադառնում է Արտաշատ և իր Մաժան որդուն մեծ գնդով ուղարկում է, հրամայելով Մուրացյան ցեղից շատերին սպանել, Արգամի ապարանքն այրել և նրա հարճին, որ չքնաղ գեղեցկություն ուներ ու շնորհալի քայլվածք և կոչվում էր Մանդու, բերել իրեն իբրև հարճ: Երկու տարի հետո Արգամին նորից հնազանդություն բերելով՝ հրամայում է նրա գույքը վերադարձնել, բացի հարճից:

Իսկ Արտավազդը չբավականանալով նրանով, որ երկրորդության պատիվն առել էր նրանից, խլում է նաև Նախճավանը և բոլոր գյուղերը Արաքսից դեպի հյուսիս, և նրանց մեջ եղած ապարանքներն ու բերդերը իրեն ժառանգություն է դարձնում: Արգամի որդիներն այս բանը չհանդուրժելով՝ նրան դիմադրում են, բայց արքայորդին հաղթելով, կոտորում է Արգամի բոլոր զավակներին իրենց հոր հետ, ինչպես և բոլոր երևելի մարդկանց Մուրացյան ցեղից, և գրավում է նրանց ամբողջ իշխանությունը: Նրանցից ոչ ոք չփրկվեց, բացի մի քանի աննշան ու կրտսեր մարդկանցից, որոնք փախան Արտաշեսի մոտ և նրա արքունիքում փրկվեցին: Այս Արգամն է, որ առասպելի մեջ կոչվում է Արգավան և այս է Արտավազդի հետ պատերազմի պատճառը:

ԹԵ ԻՆՉՊԻՍԻ ՄԱՐԴ ԷՐ ՍՄԲԱՏԸ ԵՎ ԻՆՉ ԳՈՐԾ ԿԱՏԱՐԵՑ ԱԼԱՆՆԵՐԻ ԵՐԿՐՈՒՄ, ԵՎ ԱՐՏԱԶՈՒՄ ԲՆԱԿՈՒԹՅՈՒՆ ՀԱՍՏԱՏՎԵԼԸ

Ինձ սիրելի է խոսել նաև քաջ Սմբատի մասին, որովհետև նա, համաձայն առասպելին, որ շատ հեռու չէ ճշմարտությունից, ուներ իր քաջության համեմատ հասակ և անդամներ, իր առաքինությամբ որսում էր հոգիներ, վայելչացած էր գեղեցիկ ալևոր մազերով, աչքերի մեջ արյունի փոքրիկ նշանով, որ փայլում էր, ինչպես դրակոնտիկոն ակնը՝ ոսկու և մարգարիտի մեջ ագուցված, արագաշարժ և փութկոտ անձի ու մարմնի հետ նա միաժամանակ զգույշ էր ամեն բանում, և բոլոր մարդկանցից ավելի հաջողության շնորհք ուներ պատերազմների մեջ:

Այնքան քաջագործություններից հետո նա Արտաշեսի հրամանով զորքով գնում է ալանների աշխարհը՝ Սաթենիկի եղբորը օգնության: Որովհետև Սաթենիկի հայրը մեռնելով՝ մի կողմնակի մարդ բռնությամբ թագավորել էր Ալանների աշխարհի վրա և հալածում էր Սաթենիկի եղբորը: Սմբատը նրան հալածեց հեռացրեց, Սաթենիկի եղբորը տեր դարձրեց իր ազգին և հակառակորդների երկիրն ավերեց, որտեղից բոլորին գերի վերցնելով, մեծ բազմությամբ բերեց Արտաշատ: Արտաշեսը հրամայում է նրանց բնակեցնել Մասիսի հարավ - արևելյան կողմում, որ կոչվում էր Շավարշական գավառ, այս անվան հետ պահպանելով նաև բնիկ Արտազ անունը, որովհետև մինչև այսօր էլ Արտազ է կոչվում այն երկիրը, որտեղ նրանք գերվեցին:

ԿԱՍԲԵՐԻ ԵՐԿՐԻ ԱՎԵՐՈՒՄԸ, ԱՐՏԱՇԵՍԻ ՋԱՎԱԿՆԵՐԻ ԳՐԳՌՈՒԹՅՈՒՆԸ ՍՄԲԱՏԻ ԵՎ ԻՐԱՐ ԴԵՄ

Պարսից Արշակ վերջին թագավորի մահից հետո մեր Արտաշեսը Պարսկաստանի վրա թագավորեցնում է իրեն համանուն Արտաշեսին, նրա որդուն: Բայց նրան չկամեցան հնազանդվել այն լեռան բնակիչները, որ իրենց լեզվով կոչվում է Պատիժահար գավառ, որ Գեղումների լեռն է, նույնպես և ծովեզերքի բնակիչները և դեռ ավելի այս կողմը ապրողները: Այս առիթով նաև Կասբից երկիրն ապստամբվում է մեր թագավորից: Ուստի Արտաշեսը նրանց վրա է ուղարկում Սմբատին հայոց բոլոր զորքերով, ինքն էլ յոթ օր հետը գնում է՝ նրան ճանապարհ դնելու համար: Սմբատը գնալով բոլորին հնազանդեցնում է, բայց Կասբից երկիրն ավերելով՝ Սմբատն Արտազի գերիներից ավելի շատ գերի է բերում Հայաստան, որոնց հետ նաև նրանց Զարդմանոս անունով թագավորին: Ուստի Արտաշեսը նրա ծառայություններն արժանապես գնահատելով, նրան է պարգևում Գողթնի գյուղերում եղած արքունական հողերը և Ուղտի ակունքները, և բացի սրանից, նրան է թողնում ամբողջ ավարը: Արտավազդն այս բանին նախանձելով՝ կամեցավ Սմբատին սպանել, բայց նրա դիտավորությունը բացվեց և այս բանը մեծ վիշտ պատճառեց նրա հորը: Իսկ Սմբատը տեղի տալով՝ գնաց Ասորեստանի կողմերը, իր կամքով թողնելով հայոց զորքի իշխանությունը, որի վրա աչք էր տնկել Արտավազդը: Սմբատը Արտաշեսի հրամանով բնակություն է հաստատում Տմորիքում, որ այժմ կոչվում է Կորդրիք, և բազմաթիվ գերիներին նստեցնում է Ալկիում: Որովհետև նա ծերության հասակում կին էր առել այդ կողմերի աստեստանցիներից և նրան շատ սիրում էր, այս պատճառով այդ կողմերում բնակվեց:

Իսկ Արտավազդը Սմբատի գնալուց հետո հորից ստանում է բոլոր զորքերի իշխանությունը, որին փափագում էր: Սրա վրա նրա եղբայրներն իրենց կանանցից գրգռվելով սկսեցին նախանձել, ուստի Արտաշեսը Վրույրին, որ իմաստուն և բանաստեղծ մարդ էր, նշանակում է հազարապետ և նրան է վստահում արքունական տան բոլոր գործերը, իսկ Մաժանին նշանակում է Անիում Արամազդի կուռքի քրմապետ: Զորքի իշխանությունն էլ չորս մասի է բաժանում, արևելյան կողմի զորքը թողնում է Արտավազդին, արևմտյանը տալիս է Տիրանին, հարավայինը վստահում է Սմբատին, իսկ հյուսիսայինը՝ Զարեհին: Զարեհը գոռոզ մարդ էր, երեների որսի մեջ խիզախ, բայց պատերազմների մեջ երկչոտ և դանդաղկոտ: Այս բանը փորձով գիտենալով Վրաց թագավոր, մի ոմն Քարձամ, ապստամբեցնում է այդ երկիրը և Զարեհին բռնելով բանտարկում է Կովկասում: Բայց Արտավազդն ու Տիրանը նրա հետ պատերազմելով՝ իրենց եղբորը ետ են դարձնում, մեծ տղմից հանելով:

ՊԱՏԵՐԱԶՄ ԲԱՍՅԱՆՈՒՄ ԴՈՄԵՏԻԱՆՈՍԻ ԶՈՐՔԵՐԻ ՀԵՏ

Արևմուտքում ինչ – որ հուզմունքներ են ծագում, սրա վրա վստահանալով՝ Արտաշեսն ապստամբվում է հռոմեացիների տերության դեմ և հարկ չի վճարում: Դոմետիանոս կայսրը սրա վրա զայրանալով զորք է ուղարկում Արտաշեսի վրա: Նրանք գալիս հասնում են Կեսարիայի կողմերը, Տիրանին արևմտյան զորքերի հետ առաջ խառնում քշում բերում են մինչև Բասենի մեծ և ընդարձակ հովիտը մեծ տագնապով: Այստեղ Արտավազդը արևելյան և հյուսիսային զորքերով թագավորի բոլոր որդիների հետ միասին նրանց դեմ է դուրս գալիս, բայց պատերազմի ժամանակ շատ նեղն են ընկնում: Պատերազմի վերջերին վրա է հասնում Սմբատը հարավային զորքերով և մեջ մտնելով վտանգից ազատում է թագավորի որդիներին, հաղթություն է տանում և վերջ դնում պատերազմին: Որովհետև նա չնայելով իր ծերության, երիտասարդի պես կազմակերպեց և ճակատամարտը մղեց, և հռոմեացիների զորքին հետամուտ լինելով հալածեց մինչև Կեսարիայի սահմանները: Առասպելներում այս բանը երգել կամենալով՝ ասում են, թե եկած է եղել մի ոմն Դոմետ, որ ինքը Դոմետիանոս կայսրն է, բայց ոչ թե ինքն է եկել այս կողմերը, այլ նրա հրամանն ու զորքերը այլաբանելով առասպելները նրա անունով են կոչել:

Բայց ի բախտավորություն Արտաշեսի՝ այդ ժամանակ Դոմետիանոսը մեռնում է Հռոմում, նրանից հետո Ներվասը թագավորում է ոչ ավելի քան մեկ տարի: Այս բանից հպարտացած՝ հայոց և պարսից զորքերը նույնիսկ ասպատակություն կատարեցին դեպի Հունաստան: Սրանց օրինակով եգիպտացիները և պաղեստինացիների կողմերը նույնպես դադարեցին հարկ տալը:

ՏՐԱՅԱՆՈՍԻ ԵՎ ՆՐԱ ԳՈՐԾԵՐԻ ՄԱՍԻՆ, ՄԱԺԱՆԻ ՄԱՀԸ ԵՂԲԱՅՐՆԵՐԻ ՁԵՌՔՈՎ

Այս ժամանակները հռոմեացիների վրա թագավորում է Տրայանոսը: Նա ամբողջ արևմուտքը խաղաղեցնելուց հետո դիմում է եգիպտացիների և պաղեստինացիների վրա, նրանց նվաճում է իր ձեռքի տակ և շարժվում է պարսիկների վրա: Արտաշեսն աճապարելով՝ մեծ ընծաներով նրա առաջն է ելում, հանձն է առնում հանցանքը, անցած տարիների հարկն էլ նրա առաջն է դնում և նրանից ներումն ստանալով վերադառնում է Հայաստան: Իսկ Տրայանոսը Պարսկաստան անցնելով և բոլոր իր ցանկացածը կատարելով՝ ետ է դառնում Ասորիքով:Նրա առաջն է գալիս Մաժանը և եղբայրների վրա մատնություն է անում. «Գիտցիր ասում է, ով թագավոր, եթե Արտավազդին և Տիրանին երկրից դուրս չքշես և հայոց զորքերը Զարեհին չվստահես՝ հարկերն առանց դժվարության չեն հասնի քեզ»: Մաժանն այս արեց, քեն պահած լինելով Սմբատի համար, որովհետև իրեն էլ նա էր սնուցել, միևնույն ժամանակ նա կամենում էր Տիրանին էլ հեռացնել, որպեսզի ինքը միաժամանակ թե քրմապետ լինի և թե արևմտյան զորքի սպարապետ: Տրայանոսն ուշադրություն չդարձնելով՝ նրան ձեռնունայն ետ է դարձնում: Իսկ Արտավազդն ու Տիրանը նրա այս դավը լսելով՝ որսի ժամանակ դարան սարքեցին և սպանեցին Մաժանին, և տարան թաղեցին Բագնաց ավանում՝ Բագավանում իբրև քրմապետի: Իսկ Արտաշեսն այդ ժամանակից սկսած անխափան հարկ վճարեց Տրայանոսին և նրանից հետո Ադրիանոս կայսեր՝ մինչև իր կյանքի վերջը:

ԹԵ ԻՆՉՊԵՍ ԱՐՏԱՇԵՍԸ ՄԵՐ ԵՐԿԻՐԸ ԲԱԶՄԱՄԱՐԴԱՑՐԵՑ ԵՎ ՍԱՀՄԱՆՆԵՐ ՀԱՍՏԱՏԵՑ

Բոլոր առաքինություններից և ճշմարիտ գործերից հետո Արտաշեսը հրամայում է գյուղերի և ագարակների սահմանները որոշել, որովհետև նա մեր երկիրը բազմամարդացրեց շատ ազգեր ուրիշ երկրներից բերելով, որոնց բնակեցրեց լեռներում, հովիտներում ու դաշտերում: Սահմանների համար նա նշաններ սահմանեց այսպես, հրամայեց տաշել քառակուսի ձևով քարեր, մեջերը պնակի նման փոսցնել և թաղել հողի մեջ, իսկ նրանց վրա կանգնեցնել քառակուսի կոթողներ՝ գետնից քիչ բարձր: Սրա վրա նախանձելով՝ սասանորդի Արտաշիրը հրամայում է Պարսկաստանումն էլ նույնանման անել և իր անունով կոչել, որպեսզի Արտաշեսի անունը չհիշվի: Բայց ասում են, թե Արտաշեսի ժամանակ մեր Հայաստանում անմշակ հող չմնաց, ոչ լեռնային և ոչ դաշտային, այնքան շենացել էր երկիրը:

ԱՄԱՏՈՒՆԻՆԵՐԻ ՆԱԽԱՐԱՐՈՒԹՅԱՆ ՄԱՍԻՆ

Ասում են, թե սրա ժամանակ են եկել Ամատունիների ցեղը արյաց երկրի արևելյան կողմերից: Բայց սրանք բնիկ հրեաներ են, մի ոմն Մանուից, որ մի ուժեղ և մեծահասակ որդի ուներ Սամսոն անունով, ինչպես հրեաների մեջ սովորություն կա՝ նախնիների անունը դնել ըստ հույսի: Բայց այս ճշմարիտ է, ինչպես այժմս էլ նկատվում է Ամատունիների սերնդի մեջ, որ նրանք հաղթանդամ, վայելչակազմ և ուժեղ մարդիկ են, ամեն բանում պատշաճ: Սրանք տարված են եղել Արշակի ձեռքով, որ պարթևական ցեղից առաջինը թագավոր դարձավ, և առաջադիմելով՝ Պարսկաստանումն էլ պատվի հասան Ահմատանի կողմերը: Իսկ թե ինչ պատճառով նրանք մեր երկիրը եկան՝ չգիտեմ, միայն թե Արտաշեսից պատիվներ են գտնում գյուղերով ու դաստակերտներով և կոչվում են Ամատունիներ, այսինքն եկվորներ: Իսկ պարսիկների մի մասը նրանց Մանույան են կոչում, նրանց նախնիի անունով:

ԱՌԱՎԵՂՅԱՆՆԵՐԻ ՏՈՀՄԻ ՄԱՍԻՆ ԹԵ ՈՐՏԵՂԻՑ Է ԱՅԴ ՑԵՂԸ ՍԵՐՎԵԼ

Սրա օրերում առաջ եկան Առավեղյաններն ևս, ալանների ազգից, որոնք Սաթենիկի մերձավորներն էին և նրա հետ գալով՝ մեր երկրի նախարարությունների շարքը դասվեցին ցեղով, իբրև մեծ թագուհու հարազատներ: Տրդատի հոր՝ Խոսրովի ժամանակ նրանք խնամիացան Բասիլների գաղթականներից մի քաջի հետ:

ԱՐՀԵՍՏՆԵՐԸ ԵՎ ԳԻՏՈՒԹՅՈՒՆԸ ԱՐՏԱՇԵՍԻ ԺԱՄԱՆԱԿ

Որովհետև Արտաշեսի ժամանակ շատ գործեր կատարվեցին, ուստի մենք շատ գլուխների բաժանեցինք, որպեսզի խոսքի երկայնությունը ձանձրալի չդառնա ընթերցողներին, այս վերջին գլուխն էլ նրա համար է, որ հիշատակենք Արտաշեսի ժամանակ կատարված մյուս գործերն էլ: Որովհետև թեպետ մեր նախորդ գլուխներում հիշատակված կարգերն ու գեղեցիկ սովորությունները սահմանվեցին Վաղարշակից և ուրիշ հին թագավորներից, բայց նրանք մեծամեծ արհեստներից ու գիտություններից զուրկ էին մնացել, ավելի կողոպուտների և ասպատակությունների էին հետևում, իսկ այնպիսի գիտությունների կամ անփույթ էին, կամ ձեռնահաս չէին, ինչպես շաբաթներ, ամիսներ, տարվա շրջաններ սահմանելը, նրանք այսպիսի բաներ չգիտեին, գործ էին ածում ուրիշ ազգերինը: Նույնպես և չկար նավագնացություն մեր երկրի ծովակների վրա, ոչ էլ ճանապարհորդություն գետերով, ոչ ձկնորսության գործիքներ, նույնիսկ երկրագործությունն ամեն տեղ տարածված չէր, այլ քիչ տեղերում, նրանք հյուսիսային ազգերի նման ապրում էին հում մսով և սրա նման բաներով: Այս բոլորը սահմանվեցին Արտաշեսի ժամանակ:

ԱՐՏԱՇԵՍԻ ՄԱՀՎԱՆ ՄԱՍԻՆ

Գեղեցիկ է պատմում և Արիստոն Փեղղացին Արտաշեսի մահվան մասին: Որովհետև հրեաներն ապստամբվել էին հռոմեացիների Ադրիանոս թագավորից և պատերազմեցին Ռուփոս եպարքոսի դեմ առաջնորդությամբ մի ավազակ մարդու, որ կոչվում էր Բարքոբա, այսինքն աստղի որդի, նա մի չարագործ և սպանող մարդ էր, բայց մեծ – մեծ ջարդում էր պարծենալով, թե ինքը երկնքից ծագել է նրանց փրկիչ, նեղված ու գերված ազգականներին: Նա պատերազմն այնքան սաստկացրեց, որ նրան նայելով նաև Ասորիքը, Միջագետքը և ամբողջ Պարսկաստանը հռոմեացիներին հարկ տալուց հրաժարվեցին, մանավանդ որ լսել էին, թե Ադրիանոսը վարակվել է ուրկության ախտով: Բայց մեր Արտաշեսը հավատարիմ մնաց նրան:

Ահա այս ժամանակներն էր, որ Ադրիանոսն եկավ Պաղեստին, ապստամբներին կոտորեց՝ Երուսաղեմի մոտ նրանց մի փոքր քաղաքում պաշարելով: Նա հրամայեց, որ բոլոր հրեա ազգը քշեն հեռացնեն հայրենի աշխարհից, այնպես որ շատ հեռվից էլ չկարողանան Երուսաղեմը տեսնել: Իսկ ինքը վերստին շինեց Երուսաղեմը, որ ավերել էին Վեսպասիանոսը, Տիտոսը և ինքը իր անունով կոչեց Հեղիա, այսինքն արեգակ, ինչպես կոչում էր ինքը Ադրիանոսը: Այնտեղ նա բնակեցրեց հեթանոսներ և քրիստոնյաներ, որոնց եպիսկոպոսն էր մի ոմն Մարկոս: Այս ժամանակները նա մեծ զորք ուղարկեց Ասորեստանի կողմերը, մեր Արտաշեսին էլ հրամայեց իր գլխավոր մարդկանցով գնալ Պարսկաստան: Նրա հետ էր գտնվում իբրև քարտուղար այս մարդը Արիստոնը, որ այս պատմությունը մեզ տվեց: Նա Արտաշեսին հանդիպեց Մարսքում, Սոհուղ կոչված տեղում:

Արտաշեսը հիվանդացավ Մարանդում, Բակուրակերտ ավանում: Նա Աբեղյանների տոհմի նահապետ ոմն Աբեղոյի, որ մի ճարպիկ, շողոքորթ և հաճոյախոս մարդ էր, հենց նրա խնդրով, ուղարկեց Եկեղյաց գավառը՝ Երիզա, Արտեմիսի մեհյանը, որպեսզի կուռքերից բժշկություն և երկար կյանք խնդրի թագավորի համար, նա դեռ ետ չդարձած՝ Արտաշեսի մահը վրա է հասնում: Եվ Արիստոնը գրում է, թե որքան բազմություն մեռավ Արտաշեսի մահվան ժամանակ – նրա սիրելի կանայք, հարճերը և մտերիմ ծառաները, և ինչպես բազմատեսակ շքեղ պատիվներ մատուցին դիակին, քաղաքակիրթ ազգերի կարգով, և ոչ թե բարբարոսների նման: Նրա դագաղը, ասում է, ոսկեղեն էր, գահը և անկողինը բեհեզից և մարմինը պատող պատմուճանը ոսկեթել, գլուխը թագ դրած, ոսկյա զենքն առջևը: Գահը շրջապատում էին որդիներն ու ազգականների բազմությունը, և սրանց մոտ զինվորական պաշտոնյաները, նահապետները, նախարարական գնդերը և ընդհանրապես զորականների վաշտերը, ամենքը զինված, որպես թե պատրաստվում են պատերազմի, առջևից պղնձե փողեր էին հնչում, իսկ հետևից սևազգեստ ձայնարկու կույսեր և լալկան կանայք, բոլորից վերջը՝ ռամիկների բազմությունը: Եվ այսպես տանելով թաղեցին: Նրա գերեզմանի վրա կամավոր մահեր էին լինում, ինչպես վերն ասացինք: Սա թագավորեց քառասուն և մեկ տարի, այսպես սիրելի լինելով մեր երկրին:

ԱՐՏԱՎԱԶԴԻ ԹԱԳԱՎՈՐԵԼԸ, ԻՐ ԵՂԲԱՅՐՆԵՐԻՆ ՈՒ ՔՈՒՅՐԵՐԻՆ ՀԱԼԱԾԵԼԸ ԵՎ ՆՐԱ ՄԱՀԸ՝ ԱՅԼԱԲԱՆՈՒԹՅԱՄԲ ՀԱՆԴԵՐՁ

Արտաշեսից հետո թագավորում է նրա Արտավազդ որդին և Այրարատից բոլոր եղբայրներին հալածում է Աղիովիտ և Առբերանի գավառները, որպեսզի Այրարատում՝ թագավորի կալվածում չապրեն, միայն Տիրանին պահում է իրեն փոխանորդ, որովհետև ինքը որդի չուներ: Նա քիչ օրեր թագավորելուց հետո մի անգամ անցնում է Արտաշատ քաղաքի կամուրջով՝ Գինա ակունքների մոտ կինճեր և վայրի էշեր որսալու, հանկարծ ինչ – որ ցնորքից շփոթվում խելագարվում է, ձիուց վայր է ընկնում մի խոր փոսի մեջ և այնտեղ խորասուզվում, անհետանում է:

Նրա մասին Գողթնի երգիչներն այսպես են առասպելաբանում: Արտաշեսի մահվան ժամանակ հեթանոսական սովորությամբ շատ կոտորածներ էին լինում, սրա վրա, ասում են, Արտավազդը նեղանում է և ասում է հորը.

«Երբ դու գնացիր,
 Ու ամբողջ երկիրը քեզ հետ տարար,
 Ես այս ավերակների վրա
 Ում թագավորեմ»:

Սրա համար Արտաշեսը նրան անիծելով այսպես է ասում.

«Թե դու հեծնես որսի գնաս
 Ազատն ի վեր դեպի Մասիս,
 Քաջքերը քեզ բռնեն տանեն

127

Ազատն ի վեր դեպի Մասիս.
Այնտեղ մնաս, լույս չտեսնես»:

Պառավները սրա մասին զրուցում են, թե արգելված մնում է մի քարանձավի մեջ երկաթե շղթաներով կապված, երկու շուն միշտ կրծում են նրա շղթաները, և նա ջանք է անում դուրս գալ և աշխարհին վերջ տալ, բայց ասում են, դարբինների կռանահարության ձայնից կապանքներն ամրանում են: Ուստի դեռ մինչև այժմ էլ դարբիններից շատերը, առասպելին հետևելով, կիրակի օրը երեք կամ չորս անգամ կռանով խփում են սալին, որպեսզի, ասում են, Արտավազդի շղթաներն ամրանան: Բայց իսկական իրողությունն այնպես է, ինչպես վերն ասացինք:

Բայց ոմանք ասում են, թե սրա ծնվելու ժամանակ մի պատահարք է հանդիպել, և կարծում են, թե Աժդահակի սերունդից կանայք նրան կախարդել են, որի պատճառով Արտաշեսը նրանց շատ չարչարեց: Այս մասին նույն երգիչներն առասպելի մեջ այսպես են ասում.

«Վիշապազունքը մանուկ Արտավազդին գողացան,
Եվ նրա տեղը դրին դև»:

Բայց ինձ ճշմարիտ է թվում այն լուրը, թե նա ծննդից ի վեր խելագար է եղել, մինչև որ նույն հիվանդությամբ մեռել է: Թագավորությունն առնում է նրա Տիրան եղբայրը:

ԱՅՆ, ԻՆՉ ՈՐ ՏԻՐԱՆԻ ՄԱՍԻՆ Է

Հայոց վրա թագավորում է Արտաշեսի որդի Տիրանը, պարսից Պիրոզ առաջինի երրորդ տարում: Սրա մասին ոչ մի մեծագործություն չի պատմվում, այլ միայն որ հավատարմությամբ հպատակ մնաց հռոմեացիներին և ինչպես ասում են, խաղաղ ապրեց, անձնատուր եղավ որսի և զբոսանքների: Նա երկու ձի է ունեցել, Պեգասոսից ավելի թեթևաշարժ և անչափ արագագնաց, այնպես որ համարում էին, թե նրանք ոչ թե գետնի վրայով են գնում, այլ օդագնաց են: Բզնունյաց մի ոմն իշխան Դատաքե, որ պարծենում էր, թե թագավորից ավելի հարուստ է, խնդրեց այդ ձիերը հեծնել:

Սրա մոտ եկան Արշակունյաց ցեղից իր հին ազգակիցները, որոնք ապրում էին Հաշտյանքի կողմերում և ասում են, «Ընդարձակիր մեր ժառանգության հողերը, որովհետև մենք շատ բազմացանք և մեզ նեղ է գալիս եղածը»: Նա էլ հրամայում է, որ նրանցից մի քանիսը գնան ապրելու Աղիովիտ և Առբերանի գավառներում: Սրանք ավելի սաստիկ բողոք բարձրացրին, թե մեր տեղն ավելի նեղ է, բայց Տիրան ուշադրություն չդարձրեց, այլ հաստատապես վճռեց ոչ մի նոր հող չտալ նրանց ժառանգություն, այլ որ նրանք ինչ որ ունեն, հավասար իրենց մեջ բաժանեն: Հողը մարդաթվով բաժանելիս դուրս եկավ, որ Հաշտյանքում բնակվողների ժառանգությունը պակաս է, ուստի նրանցից շատերն եկան Աղիովիտ և Առբերանի գավառը:

Ասում են սրա ժամանակ եղել է Անձևացյաց ցեղից մի պատանի Երախնավու անունով, ամեն բանում սեգ, նա կին է առել Արտավազդի կանանցից վերջինին, որ բերել էր տվել Հունաստանից: Եվ որովհետև Արտավազդը զավակներ չունեցավ, ուստի թագավորը Երախնավուին թողեց Արտավազդի ամբողջ տունը: Նա ասում էին, ընտիր մարդ է եղել, ամեն բանում համեստ և մարմնական ցանկության կողմից էլ օրինավոր: Թագավորը նրան սիրելով՝ նրան է տալիս երկրորդական գահը, որ գրավում էր Արտավազդը, նույնպես նրան է վստահում արևելյան զորքի հոգատարությունը և նրա մոտ է թողնում Դրվասպ անունով մի պարսիկ, որ իր մտերիմն էր և խնամիացած էր Վասպուրականի նախարարների հետ, թագավորը նրան էր տվել Տայոնք ավանը ագարակներով հանդերձ և այն միակ այգին, որի մեջ էր մտնում Գայլատվա ծովից հանած մեծ առուն: Իսկ ինքը թագավորը գնաց Եկեղյաց կողմերը և արքունիքը հաստատեց Չրմես ավանում: Նա խաղաղությամբ վարեց իր թագավորությունը քսան և մի տարի, և մեռավ ճանապարհին՝ ձյան հյուսի տակ մնալով:

ՏՐԴԱՏ ԲԱԳՐԱՏՈՒՆՈՒ ՄԱՍԻՆ,ԵՎ ՆՐԱ ՑԵՂԻ ՀԻՆ ԱՆՈՒՆՆԵՐԸ

Բագրատունյաց ցեղից կար մի ոմն Տրդատ, քաջ Սմբատի Սմբատունիի դստեր որդին, մի սրտոտ և ուժեղ մարդ, կարճ հասակով և տգեղ կերպարանքով: Նրան Տիրան թագավորը իրեն փեսայացրեց՝ իր Երանյակ դստերը նրան կնության տալով: Կինը չսիրեց իր ամուսին Տրդատին, քամահարում էր նրան, հոնքերը կիտում, շարունակ իրեն վայ էր տալիս, որ իր նման չքնաղ ու ազնվազարմ կինն ստիպված է մի տգեղ և հասարակ ծագումով մարդու հետ ապրել: Սրա վրա զայրանալով Տրդատը մի օր սաստիկ ծեծում է նրան, կտրում է նրա շեկ մազերը, փետտում է խոպոպիքները և հրամայում է քաշեքաշ նրան սենյակից դուրս գցել: Իսկ ինքը ապստամբելով գնաց Մարաստանի ամուր կողմերը: Երբ նա հասավ Սյունիք, այնտեղ նրան հասավ Տիրանի մահվան լուրը, ուստի այդտեղ էլ մնաց:

Մի օր Սյունաց Բակուր նահապետը նրան ընթրիքի հրավիրեց: Երբ գինով ուրախություն էին անում, Տրդատը տեսավ մի կին, որ շատ գեղեցիկ էր և նվագում էր ձեռներով, անունը Նազինիկ: Տրդատը նրան ցանկացավ և ասաց Բակուրին. «Այդ վարձակն (հարճ) ինձ տուր»: Նա պատասխանում է. «Չեմ տա, որովհետև իմ հարճն է»: Իսկ Տրդատը բռնեց այդ կնոջը՝ իր մոտ քաշելով սեղանակիցների առաջ զգվում համբուրում էր նրան սիրահարված անզուսպ երիտասարդի նման: Բակուրը խանդոտելով վեր կացավ, որ կինը նրա ձեռքից խլի: Բայց Տրդատը ոտքի ելնելով ծաղկամանն ինչպես զենք գործածեց, սեղանակիցներին էլ սեղանից վանեց: Կարծես մի նոր Ոդիսևս էր առաջ եկել, որ կոտորում էր Պենելոպեի սիրեկաններին, կամ ղապիթաների և հուշկապարիկների կռիվ էր տեղի ունենում Պերիթոսի հարսանիքում: Այսպես իր կացարանը հասնելով, իսկույն ձի հեծավ և հարճի հետ միասին Սպեր գնաց: Բայց իսկապես ավելորդ էր պատմել այդ ցանկասեր մարդու քաջագործությունը:

Բայց գիտցիր որ Բագրատունյաց ցեղի մարդիկ իրենց հայրենի կրոնը թողնելիս սկզբում օտարոտի անուններ սկսեցին կրել, ինչպես Բյուրատ, Տրդատ և այլ այսպիսի անուններ, զրկվելով իրենց նախնական անուններից, որ կրում էին ուրանալուց առաջ, ինչպես Բագադիա, Տուբիա, Մենեքիա, Ասուդ, Սափատիա, Վազարիա, Ենանոս: Եվ ինձ թվում է, թե Բագրատունիների այժմ գործածած անուններից Բագրատը՝ Բագադիա է, Ասուդը՝ Աշոտ, նույնպես և Վաղարիան դարձել է Վարազ, Շամբատը՝ Սմբատ:

ԹԵ ԻՆՉՊԵՍ ԷՐ ՏԻԳՐԱՆ ՎԵՐՋԻՆԸ ԵՎ ԻՆՉ ԳՈՐԾԵՐ Է ԱՐԵԼ

Տիրանին հաջորդում է նրա եղբայր Տիգրան վերջինը, որ հայոց վրա թագավորեց պարսից Պերոզ թագավորի չորրորդ տարում: Նա երկար ապրեց, քառասուներկու տարի, բայց ոչ մի արիության գործ ցույց չտվեց, որ արժանի լիներ հիշատակելու, բայց մի հույն աղջկանից կալանավորվեց այն ժամանակ, երբ վախճանվեց հռոմեացիների Տիտոս երկրորդ թագավորը, որ կոչվեց Անտոնինոս Ավգուստոս, և պարսից Պերոզ թագավորն արշավեց հռոմեացիների իշխանության վրա, որի պատճառով և Պերոզ կոչումն ստացավ, որ նշանակում է հաղթող, որովհետև նա առաջ հունարեն լեզվով կոչվում էր Վաղեգեսոս, իսկ թե պարսկերեն ինչպես էին կոչում՝ չգիտեմ:

Արդ՝ երբ Պերոզն Ասորիքի վրայով ասպատակում էր պաղեստինացիների կողմերը, նրա պատճառով և նրա հրամանով մեր Տիգրանն էլ ասպատակեց Միջերկրայքը, որտեղ և կալանավորվեց մի աղջկանից, որ իշխում էր այդ կողմերում, մինչև Ղուկիանոս կեսարը Աթենքում շինում էր մեհյանը: Սա Պերոզի մեռնելուց հետո մեծ զորքով Միջերկրայք գալով նվաճեց Հայաստանը և արձակեց Տիգրանին: Նա Տիգրանին կին տվեց իր ազգական Ռոփի կույսը, որին Տիգրանը Հայաստան դառնալիս արձակեց իր մոտից, իսկ նրանից ծնված չորս պատանիներին նախարարական ցեղի վերածեց, նրանց մոր Ռոփիի անունով Ռոփսյան կոչելով, որպեսզի Արշակունի չկոչվեն, իսկ նրանցից առաջինին այդ նախարարության նահապետ նշանակեց:

Իսկ կրտսեր նախարարական ցեղեր թե այստեղ մեզ մոտ, և թե Կորճեքում հաստատում է այս Տիգրանը այն մարդկանցից, որոնք հեծելազորով աննշան էին, բայց անձամբ երևելի, և նրան փրկելու համար հույների հետ պատերազմեցին, ոմանք Կորճեից և ոմանք մեր կողմից: Խոսքս վերաբերվում է Վճեններին մերձավոր հին ցեղերին, հայկազանց սերունդներից, ինչպես և մի քանի եկվորներին: Մենք անուն առ անուն չենք պատմի նրանց մասին, մասամբ՝ որովհետև մեզ հայտնի չեն, և մասամբ խույս տալով դժվար աշխատանքից, և երրորդ՝ որ շատերի անհաստատ լինելը կթելադրեր բոլորն էլ հետազոտել: Այս պատճառով էլ մենք ոչինչ չենք գրի Տիգրան վերջինից հաստատված ցեղերի մասին, թեկուզ շատ անգամ էլ սրա համար աղաչես, այլ կգրենք միայն հետո հաստատվածները, որոնց մասին հավաստի գիտենք: Որովհետև մենք, որքան հնար էր, խուսափեցինք ավելորդ ու պաճուճված խոսքերից և ինչ որ անհավաստի գործ կամ կարծիք կար, միայն հետևելով արդարն և ճշմարիտը գրելու, ուրիշներից օգտվելով կամ մեզանից՝ որքան կարողություն ունեինք: Այստեղ էլ նույնպես վարվելով՝ խոսքիս ընթացքը կանգնեցնում եմ, երբ անպատշաճություն եմ նկատում կամ հավաստիության կողմից կասկածելի մի բան: Եվ քեզ էլ, ինչպես շատ անգամ, այժմ ևս աղաչում եմ, մեզ մի հարկադրիր ավելորդ բաներ գրելու, մի գուցե այդպիսի քիչ կամ շատ պատմություններով մեր այս մեծ և հավաստի ամբողջ աշխատությունն անպետք ու ավելորդ մի գործ դառնա, որ հավասարապես վտանգ է և ինձ, և քեզ:

ՎԱՂԱՐՇԻ ԹԱԳԱՎՈՐԵԼՈՒ ՄԱՍԻՆ, ԲԱՍԵՆԻ ԱՎԱՆԸ ՇՆԵԼԸ, ՆՈՐ ՔԱՂԱՔԸ ՊԱՐՍՊՈՎ ՊԱՏԵԼԸ, ԽԱԶԻՐՆԵՐԻ ՀԵՏ ՊԱՏԵՐԱԶՄԸ ԵՎ ՆՐԱ ՄԱՀԸ

Տիգրանի մահից հետո թագավորում է նրա որդին, Վաղարշը իր համանուն Վաղարշի՝ պարսից թագավորի երեսուներկուերորդ տարում: Սա ավան է շինում այն տեղը, ուր նա ճանապարհին ծնվեց, երբ նրա մայրն Այրարատ ձմեռանոցից գնալու ժամանակ հանկարծ երկունքը բռնեց և նրան ճանապարհի վրա ծնեց, Բասեն գավառում Մուրաց և Արաքս գետերի խառնուրդի մոտ: Այս ավանը շինելով՝ իր անունով կոչեց Վաղարշավան: Սա պարսպով պատեց նաև Վարդգեսի հզոր ավանը, որ գտնվում է Քասախ գետի վրա և որի մասին առասպելներն ասում են.

«Գաղթական գնաց Վարդգես մանուկը
Տուհաց գավառից, Քասախ գետի մոտ,
Եկավ ու նստավ Շրեշ բլրի մոտ,
Արտիմեդ քաղաքի, Քասախ գետի մոտ,
Երվանդ արքայի դուռը թակելու»:

Այս Երվանդն առաջինն է, Սակավակյացը, հայկազուններից, որի քրոջը Վարդգեսը կին առնելով՝ այս ավանը շինեց, որտեղ և Արշակունի Տիգրան Միջինը նստեցրեց հրեա գերիների կեսը, որ և վաճառաշատ քաղաքագյուղ դարձավ: Այժմ Վաղարշը պատեց նրան պարսպով և ամուր պատվարով և կոչեց Վաղարշապատ, որ կոչվում է նաև նոր քաղաք:

Սա քսան տարի թագավորելով մեռավ: Ուրիշները լոկ ապրել են , բայց ես ասում եմ, որ սա մահից հետո էլ ապրում է իր բարի անունով քան շատերը թույլ թագավորներից: Որովհետև սրա ժամանակ հյուսիսային ազգերի բազմությունը, այսինքն՝ Խազիրները և Բասիլները, Ճորա դռնից դուրս են գալիս, իրենց առաջնորդ և թագավոր ունենալով մի ոմն Վնասեպ Սուրհապի, և գալիս անցնում են Կուր գետի այս կողմը: Նրանց դեմ է դուրս գալիս Վաղարշը մեծ բազմությամբ և քաջամարտիկ մարդկանցով, նրանց բազմությունը կոտորելով՝ դիակները սփռում են դաշտի երեսին, և երկար տեղ նրանց հալածելով անցնում է Ճորա կապանով: Այստեղ թշնամիները նորից ճակատամարտ կազմեցին. թեպետ հայոց քաջերը նրանց փախուստի դարձրին, բայց Վաղարշը մեռավ կորովի աղեղնավորների ձեռքից:

Թագավորությունն առնում է նրա Խոսրով որդին պարսից Արտավան թագավորի երրորդ տարում: Նա իսկույն հայոց զորքերը միացնելով անցնում է մեծ լեռը, իր հոր մահվան վրեժն առնելու, նա սրով և գեղարդով վանում է այդ հզոր ազգերին, բոլոր պիտանի մարդկանցից հարյուրից մեկը պատանդ է վերցնում և իբրև իր տերության նշան մի արձան է կանգնեցնում հունարեն գրով, որպեսզի հայտնի լինի, թե ինքը հնազանդվում է հռոմեացիներին:

ԹԵ ՈՐՏԵՂԻՑ Է ՊԱՏՄՈՒՄ ԱՅՍ ԲԱՆԵՐԸ

Մեզ այս բաները պատմում է Բարդածանը, որ Եդեսիայից էր: Որովհետև նա վերջին Անտոնինոսի ժամանակ պատմագիր հանդիսացավ: Նա առաջ հետևում էր Վաղենտիանոսի աղանդին, որը նա հետո անարգեց, ստությունը երևան հանելով, սակայն ինքը ճշմարտության չհանգեց, այլ միայն նրանից զատվելով՝ իրենից նոր աղանդ հնարեց: Բայց պատմության մեջ չստեց, որովհետև հզոր էր խոսքով. նա նույնիսկ համաձայնեց թուղթ գրել Անտոնինոսին, շատ բան գրեց մարկիոնացոց աղանդի և ճակատագրի դեմ և մեր երկրի կուռքերի պաշտամունքի մասին:

Որովհետև նա մեր կողմերն եկավ, հուսալով թե կկարողանա հետևողներ գտնել վայրենի հեթանոսներիս մեջ, բայց երբ ընդունելություն չգտավ, մտավ նա Անի ամրոցը, կարդաց մեհենական պատմությունը, որի մեջ նաև թագավորների գործերը, նա իր կողմից ավելացրեց իր ժամանակի անցքերը, բոլորը փոխադրեց ասորի լեզվի և ապա նրանից հունարենի: Իր մատյանում՝ մեհենական պաշտամունքի վերաբերմամբ պատմում է, թե հայոց թագավոր Տիգրան Վերջինը պատվել է իր եղբոր՝ Մաժան քրմապետի գերեզմանը Բագավանում, Բագրևանդ գավառում, գերեզմանի վրա բագին շինելով, որպեսզի այդտեղի զոհերից վայելեն բոլոր անցորդները և հյուրեր ընդունվեն գիշերելու համար: Հետո Վաղարշն այդ տեղում ժողովրդական տոն սահմանեց նոր տարվա սկզբին, Նավասարդի ամսագլխին: Մենք այս պատմությունից առանք ու գրեցինք քեզ Արտավազդի թագավորությունից մինչև Խոսրովի արձան կանգնեցնելը:

ԹԵ ԻՆՉՊԵՍ ԱԳԱԹԱՆԳԵՂՈՍ ՀԱՄԱՌՈՏ ՊԱՏՄԵՑ

Ինչպես ասացինք, Վաղարշից թագավորությունն առնում է նրա որդի Խոսրովը՝ սուրբ Տրդատ Մեծի հայրը: Նրա և նրա տոհմակիցների մասին փոքր ինչ համառոտ պատմում է Տրդատի ճարտար քարտուղար Ագաթանգեղոսը, փոքր ի շատե հիշատակելով պարսից Արտավան թագավորի մահը, պարթևների տերության վերջանալը Սասանի որդի Արտաշիրի ձեռքով, պարսիկների նվաճելը նրա ձեռքի տակ, Տրդատի հոր՝ Խոսրովի վրեժխնդիր լինելը և ապստամբությամբ պարսից և ասորեստանցիների երկիրն ավերելը: Որից հետո ասում է, թե Խոսրովը պատգամ ուղարկեց իր բնիկ երկիրը, քուշանների կողմը, որպեսզի իր տոհմացիներն իրեն օգնության գան և Արտաշիրին դիմադրեն: Բայց նրանք, ասում է, չլսեցին Խոսրովին, որովհետև ավելի հաճ ու հավան էին Արտաշիրի տերությանը, քան իրենց ազգատոհմի և եղբայրական տերությանը, և որ Խոսրովը վրեժխնդիր է լինում առանց նրանց:

Սրա վրա Ագաթանգեղոսը ավելացնում է, թե Խոսրովը տասը տարի այսպես հաճախակի ավարելով նրանց ամբողջ երկիրն ամայացնում էր: Սրանից հետո պատմում է Անակի նենգավոր գալուստը, որ հրապուրվեց Արտաշիրի խոստումից, որ նա ասաց, թե «Ձեր բնիկ սեփական Պահլավը նորից ձեզ կդարձնեմ և քեզ թագով կփառավորեմ»: Ուստի Անակը հանձն է առնում և սպանում է Խոսրովին:

Արդ՝ թեպետ Ագաթանգեղոսը համառոտ պատմեց այս անցքերը, բայց ես կամենում եմ երկար ու մանրամասն գրել այս ժամանակի պատմությունը բուն սկզբից, լի և խիտ ճշմարիտ տեղեկություններով:

ԱՅՆ ԹԱԳԱՎՈՐԱԿԱՆ ԱԶԳԵՐԻ ՄԱՍԻՆ, ՈՐՈՆՑԻՑ ՋՈԿՆՎԵՑԻՆ ՊԱՐԹԵՎԱԿԱՆ ՑԵՂԵՐԸ

Սուրբ գիրքը մեզ ավանդում է, որ Ադամից սկսած քանմեկերորդ նահապետն էր Աբրահամը, որից առաջ է եկել պարթևների ցեղը: Որովհետև Սուրբ Գիրքն ասում է, թե Սառայի մեռնելուց հետո Աբրահամը կին առավ Քետուրային, որից ծնվեցին Եմրանը և նրա եղբայրները, որոնց Աբրահամն իր կենդանության ժամանակ բաժանեց Իսահակից, ուղարկելով նրանց արևելյան երկիրը: Նրանցից սերվեց պարթևների ցեղը: Սրանցից էր Արշակ քաջը, որ մակեդոնացիներից ապստամբվելով թագավորեց քուշանաց երկրում երեսունմեկ տարի. նրանից հետո նրա Արտաշես որդին քանվեց տարի, ապա նրա Արշակ որդին, որ կոչվեց Մեծ, որ Անտիոքոսին սպանեց և իր եղբայր Վաղարշակին հայոց վրա թագավոր դրեց՝ իր երկրորդը դարձնելով: Իսկ ինքը չվելով Բահլ, այստեղ հաստատեց իր թագավորությունը հիսուներեք տարի, այս պատճառով նրա սերունդները պահլավ կոչվեցին, ինչպես և նրա եղբայր Վաղարշակի սերունդները նախնիի անունով կոչվեցին Արշակունի:

Եվ սրանք են պահլավիկ թագավորները: Արշակ Մեծից հետո նրա թագավորությունն առնում է Արշակը հայոց Վաղարշակ թագավորի տասներեքերորդ տարում՝ և թագավորում է երեսուն տարի, ապա Արշակը՝ երեսունմեկ տարի, նրանից հետո Արշեզը՝ քան տարի, ապա Արշավիրը՝ քառասունվեց տարի, սա ունենում է երեք որդի և մի դուստր, ինչպես ավելի առաջ ասացի, նրանցից անդրանիկի անունն էր Արտաշես, երկրորդինը՝ Կարեն, երրորդինը՝ Սուրեն, իսկ դուստրը կոչվում էր Կոշմ:

Արդ՝ Արտաշեսը հոր մահից հետո կամեցավ իր ցեղով թագավորել եղբայրների վրա, եղբայրներն այս բանը հանձն առան ոչ այնքան աղաչական և համոզիչ խոսքերից ելնելով, որքան նա սպառնալիքով նվաճեց: Եվ Աբգարը նրանց մեջ երդումով պայման և դաշինք հաստատեց, որ թագավորի Արտաշեսը իր զավակներով, իսկ եթե նրա զարմն սպառվի, ապա եղբայրներն ստանան թագավորությունն իրենց ավագության կարգով: Եվ

Արտաշեսը նրանցից այս համաձայնությունն ստանալով՝ զավառներ է նրանց պարգևում և նրանցից յուրաքանչյուր մեկի անունով ստեղծում է նախարարական ցեղեր՝ բոլոր նախարարություններից բարձր դասելով նրանց և նրանց ազգի նախնական անունը նրանց վրա պահելով, որպեսզի կոչվեն այսպես՝ Կարենի Պահլավ, Սուրենի Պահլավ, իսկ քույրը Ասպահապետի Պահլավ, որովհետև նրա ամուսինը զորքերի վրա էր նշանակված: Եվ այս կարգով նրանք երկար տարիներ մնացին, մինչև որ նրանց տերությունը վերջացավ: Բայց դու այստեղ մեզ չքամբասես իբրև ավելորդաբանի, որ մեր մի անգամ արդեն պատմածը նորից ասացինք: Բայց գիտցիր, որ մենք ցանկանալով որ ընթերցողները լավ ծանոթություն ունենան մեր Լուսավորչի ազգականների մասին, կրկնագրեցինք երկրորդելով:

ԹԵ ԻՆՉՊԵՍ ԷՐ ՊԱՐՍԻՑ ԱՐՏԱՇԵՍ ԹԱԳԱՎՈՐԻ ՑԵՂԸ ՄԻՆՉԵՎ ՎԵՐՋԸ

Արդ՝ այսուհետև անցնենք թվարկելու Արտաշեսի ցեղի թագավորներին մինչև նրանց տերության վերջանալը: Ինչպես ասացինք, Արշավիրից հետո թագավորում է Արտաշեսը երեսունչորս տարի: Ապա Դարեհը՝ երեսուն տարի, Արշակը՝ տասնինը տարի, Արտաշեսը՝ քսան տարի, Արտավանը՝ երեսունմեկ տարի: Սրան սպանեց Սասանի որդին՝ ստահրացի Արտաշիրը պարթևների թագավորությունը վերջացնելով և նրանց ժառանգության երկիրը գրավելով: Այս ժամանակի վերաբերյալ պատմիչներ շատ կան պարսից և ասորաց, նաև հույների մեջ: Որովհետև պարթևներն իրենց թագավորության սկզբից մինչև նրա դադարումը գործ ունեցան հռոմեացիների հետ, երբեմն հնազանդությամբ, երբեմն պատերազմով, որը պատմում են Պաղեփատոսը, Պորփյուրը, Փիլեմոնը և ուրիշ շատերը: Բայց մենք կպատմենք Բարսումայի գրքից, որ բերեց Խոռոհբուտը:

ԹԵ ԻՆՉ ԱՌԱՍՊԵԼՆԵՐ ԿԱՆ ՊԱՀԼԱՎԻԿՆԵՐԻ ՄԱՍԻՆ

Այս Խոռոիբուտը պարսից Շապուհ թագավորի քարտուղարն է եղել և ընկել է հույների ձեռքը, երբ Հուլիանոսը, որի անունն էր նաև Պառաբատոս, զորքով Տիզբոնի վրա գնաց, իսկ նրա այնտեղ մեռնելուց հետո Հոբիանոսի հետ Հունաստան եկավ արքունական սպասավորների հետ միասին, մեր հավատն ընդունելով կոչվեց Եղիազար և հունարեն սովորելով գրեց Շապուհի և Հուլիանոսի գործերի պատմությունը: Սրա հետ միասին նա թարգմանեց հին թագավորների պատմությունը պարունակող մի մատյան, որ գրել էր իր գերեկից մի ոմն Բարսումա, որ պարսիկները կոչում են Ռաստոհուն, որտեղից առնելով մենք այս գրքում կրկնում ենք, դեն գցելով նրանց առասպելների ցնդաբանությունը: Որովհետև մենք անտեղի ենք համարում այստեղ կրկնել առասպելները.- Փափագի երազը, Սասանից մանվածապատ հուր դուրս գալը, հոտը պատելը, լուսնակը, կախարդների, այսինքն՝ քավդյաների նախագուշակությունը և սրանից հետո պատահածները, Արտաշիրի պոռնկական խորհուրդը սպանությամբ հանդերձ, մոգի աղջկա անմիտ հանճարաբանությունը նոխազի մասին և բոլոր մնացածը, նաև այծի ծիծ տալը երեխային արծվի հովանու ներքո, ագռավի գուշակությունը, գերապանծ առյուծի պահպանությունը գայլի սպասավորությամբ, և քաջ մենամարտությունը, և ինչ որ այլաբանության կարգին է պատկանում: Մենք միայն ստույգը կգրենք, ճշմարտության վայել պատմությունը:

ԽՈՍՐՈՎԻ ԱՌԱՋԻՆ ԱՐՇԱՎԱՆՔԸ ԴԵՊԻ ԱՍՈՐԵՍՏԱՆ, ՈՐՈՎ ՄՏԱԴԻՐ ԷՐ ՕԳՆԵԼ ԱՐՏԱՎԱՆԻՆ

Երբ Սասանի որդի Արտաշեսը Արտավանին սպանեց և ինքը թագավորեց, պահլավյան երկու ցեղերը, որոնք կոչվում են Ասպահապետի և Սուրենի պահլավ, նախանձ պահած լինելով իրենց հարազատ ազգից թագավորած ցեղի դեմ, որ Արտաշեսինն էր, հոժարությամբ ընդունեցին Սասանի որդի Արտաշիրի թագավորությունը: Բայց Կարեն Պահլավի տունը հավատարմություն պահպանելով դեպի իրենց եղբայրական ազգականությունը, պատերազմով դիմադրեցին Սասանի որդի Արտաշիրին: Բայց դեռ ավելի առաջ Հայոց Խոսրով թագավորը, հենց որ լսեց ծագած խռովության մասին, աճապարեց օգնության գալու Արտավանին, եթե հնար լինի՝ շտապել ազատելու գոնե միայն Արտավանին:

Բայց երբ նա Ասորեստան մտավ, այստեղ լսեց Արտավանի մահվան բոթը, բոլոր պարսից զորքերի և նախարարների միաբանությունը Արտաշիրի հետ, ինչպես և իր ազգի՝ պարթևների և պահլավիկների, բացի Կարենյան ցեղից: Ուստի Խոսրովը սրա մոտ պատգամավորներ ուղարկելով՝ մեծ տրտմությամբ ու վշտով վերադառնում է մեր երկիրը: Եվ իսկույն շտապով ծանուցանում է հռոմեացիների Փիլիպպոս կայսրին, նրանից օգնություն խնդրելով:

ԽՈՍՐՈՎԸ ՓԻԼԻՊՊՈՍԻՑ ՕԳՆՈՒԹՅՈՒՆ ՍՏԱՆԱԼՈՎ ՊԱՏԵՐԱԶՄՈՎ ԴԻՄՈՒՄ Է ԱՐՏԱՇԻՐԻ ՎՐԱ

Փիլիպպոսը՝ իր թագավորության մեջ խռովություն ծագած լինելով, չկարողացավ հռոմեացիների գնդերը զբաղեցնել Խոսրովին օժանդակելու համար, բայց նրան օգնեց, գրությամբ հրամայելով, որ բոլոր կողմերից նրան օգնեն: Այսպիսի հրաման ստանալով՝ նրան օգնության են հասնում Եգիպտոսից և անապատից սկսած մինչև Պոնտոսի ծովեզրյա կողմերը: Խոսրովը այսքան բազմություն ձեռք բերելով՝ դիմում է Արտաշիրի վրա, ճակատամարտ տալով նրան ստիպում է փախչել և խլում է նրանից Ասորեստանը և մյուս արքայանիստ երկրները:

Դարձյալ պատգամավորներ է ուղարկում իր տոհմային պարթև և պահլավիկ ազգերին և քուշանաց երկրները բոլոր զորքերին, որ գան իր մոտ Արտաշիրից վրեժ առնելու, և հետո ինքը նրանցից արժանավորին կթագավորեցնէ, որպեսզի տերությունը նրանց ձեռքից դուրս չգա: Իսկ նրանք վերը հիշատակված Ասպահապետի և Սուրենի պահլավները չհամաձայնեցին, որի պատճառով Խոսրովը մեր երկիրը վերադարձավ, ոչ այնչափ ուրախանալով տարած հաղթության վրա, որքան ցավելով իր ազգականների հրաժարվելու համար: Այս ժամանակ նրա մոտ են հասնում մի քանիսն այն պատգամավորներից, որոնք գնացել էին ամենապատվավոր ազգի մոտ, աշխարհի խորքերը, բուն Բահլը, և նրան լուր բերին, թե քո ազգական Վեհսաճանը իր Կարենյան Պահլավ ցեղով, Արտաշիրին չհնազանդվեց, այլ քո կոչին անսալով, գալիս է քեզ մոտ:

ԽՈՍՐՈՎԻ ԿՐԿԻՆ ՀԱՐՁԱԿՎԵԼԸ ԱՐՏԱՇԻՐԻ ՎՐԱ՝ ԱՌԱՆՑ ՀՌՈՄԵԱՑԻՆԵՐԻ ՕԳՆՈՒԹՅԱՆ

Խոսրովը թեպետ շատ ուրախացավ, լսելով իր ազգականների գալստյան լուրը, բայց այս ուրախությունը երկար չտևեց, որովհետև շուտով հասավ բոթը, թե Արտաշիրն անձամբ միաբանված զորքերով հետամուտ է եղել և կոտորել է Կարենյան Պահլավի ցեղը, բոլոր արուներին ոչնչացնելով, երիտասարդներից սկսած մինչև կաթնակերները, բացի մի երեխայից, որին ազատեց նրանց տանը հավատարիմ մեկը Բուրզ անունով և փախցրեց քուշանաց երկիրը և հանձնեց նրա մի քանի հզոր ազգականներին: Արտաշիրը շատ ջանաց ու խնդրեց, որ այդ երեխան իր ձեռքը տան, բայց չհաջողվեց, որովհետև ազգականները միաբան մերժեցին, այնպես որ Արտաշիրն ակամայից երդվեց, որ երեխային վտանգ չի հասնի: Այս առթիվ պարսիկները բյուր առասպելներ շինեցին նրա մասին, որ անբան անասուններն սպասավորելիս են եղել երեխային: Սա Պերոզամատն է, Կամսարականների ցեղի նախնին, որի մասին իր տեղում կպատմենք:

Բայց մենք դառնանք այն անցքերին, որ տեղի ունեցան Կարենյան Պահլավի ցեղի կոտորածից հետո, որի վրեժը պահանջեց Խոսրով թագավորը ոչ թույլ չափով: Թեպետև Փիլիպպոսը վախճանվել էր և հռոմեացիների թագավորությունը շփոթության մեջ էր ընկել և մեկը մյուսի ձեռքից խլում էին տերությունը կարճ ժամանակով, ինչպես էին Դեկիոս, Գալլոս և Վաղերիանոս կայսրները, որոնք Խոսրովին չօգնեցին, բայց նա իր զորքերով և նրան հարած ուրիշ սիրելիներով և հյուսիսային ազգերի օգնությամբ Արտաշիրին հաղթեց և հալածելով քշեց մինչև Հնդկաստան:

ԱՆԱԿԻ ԳԱԼՍՏՅԱՆ ՄԱՍԻՆ ԵՎ Ս.ԳՐԻԳՈՐԻ ՀՂԱՑՈՒՄԸ

Այսպես Արտաշիրը Խոսրովից մինչև Հնդկաստան փախչելով և շատ նեղվելով՝ մեծամեծ խոստումներ էր անում նախարարնեին, եթե մեկն իրեն ազատի նրանից կամ դեղերի միջոցով, կամ գաղտնապես սրով սպանելով, զանազան տեսակ պատիվներ էր խոստանում: «Մանավանդ ձեզ, պարթևազուններիդ, ասում է նա, կարծես ավելի հեշտ կլինի նրա դեմ դավ սարքել սիրո պատրվակով, ազգականության պատճառով նա ձեզ կվստահանա և կպատրվի»: Նրանց խոստանում էր վերադարձնել բուն պարթևական տունը, որ կոչվում էր պահլավ, արքայանիստ Բահլ քաղաքը և ամբողջ քուշանաց երկիրը: Նաև խոստանում էր թագավորական ձև և պատիվներ, արյաց աշխարհի կեսը և իր երկրորդը լինել իր ձեռքի տակ: Այս խոստումներից հրապուրվելով Անակը, որ Սուրենյան պահլավի ցեղից էր, հանձն է առնում Խոսրովին սպանել: Եվ կեղծելով թե գաղթում է, փախչում է Արտաշիրից, նրան ձևի համար հետամուտ են լինում պարսից զորքերը և իբրև թե փախցնելով քշում են Ասորեստանով, բերում հանում են Ատրպատականի սահմանների մոտ Կորդուքի միջով: Մեծն Խոսրովը ուտեացոց գավառում այս բանը լսելով՝ կարծում է, թե Կարենյաններն են եկողները և մի գունդ է ուղարկում Անակին օգնության: Սրանք Անակին պատահելով՝ թագավորի հրամանով նրան տանում են Արտազ կոչված գավառը, մի դաշտավայր տեղ, որտեղ հայտնվեցին մեր Մեծ և Սուրբ Թադեոս առաքյալի նշխարները:

Այստեղ ես հիշում եմ սքանչելի ծերի զրույցը, որ ասում է. «Նախնիքներից սովորություն ունեմ այս զրույցները հիշատակել սերունդից սերունդ առնելով, ինչպես Օլիմպիոդորի զրույցները Տարոնի և Սիմ լեռան մասին»: Արդ՝ երբ Անակը բնակվում էր Արտազի դաշտում, նրա գիշերելու տեղը խորանի ներսի դին, պատահեց Սուրբ առաքյալի գերեզմանի մոտ անկողինը, և ասում են, այստեղ է հղություն առել մեր Սուրբ և Մեծ Լուսավորիչը: Ուստի և նույն առաքյալի շնորհն ստացավ նա, որ նրա հանգստարանի մոտ գոյություն գտավ և նրա հոգևոր մշակության պակասը լրացրեց:

Անակի Հայաստան գալուց երկու տարի անցած՝ երրորդում նա սպանում է Խոսրովին, որ թագավորեց քառասունութ տարի: Ինքը Անակը և բոլոր յուրայինները մեռնում են: Աստծու նախախնամությունը պահում է միայն սրան, որ կարելի է ասել Աստծու կամքով և առաքյալի շնորհիվ ստեղծվեց կամ լուսավորվեց մոր արգանդումը, որին և տվեց նա իր առաքելական շնորհը: Իսկ այս զրույցներից մնացածները քեզ կպատմի Ագաթանգեղոսը:

ԿԱՊԱԴՈՎԿՅԱՆ ԿԵՍԱՐԻԱՅԻ ԵՊԻՍԿՈՊՈՍ ՓԵՐՄԵԼԻԱՆՈՍԻ ԵՎ ՆՐԱ ՊԱՏՄՈՒԹՅԱՆ ՄԱՍԻՆ

Կապադովկյան Կեսարիայի Փերմելիանոս եպիսկոպոսը սքանչելի էր ուսումնասեր լինելով, որ և երեխա հասակում Որդինեսի մոտ գնաց ուսանելու: Նա շատ գրվածքներ գրեց, որոնցից մեկն է պատմությունը եկեղեցու հալածանքների, որ նախ ծագեց Մաքսիմիանոսի և Դեկոսի ժամանակ և վերջը՝ Դիոկղետիանոսի օրերում, կցելով նաև թագավորների գործերը: Այս գրքում նա ասում է, թե ալեքսանդրացիների տասնվեցերորդ եպիսկոպոսն եղավ Պետրոսը, որ նահատակվեց հալածանքի իններորդ տարում: Նույնպես գրում է, թե երկրումն էլ շատերը նահատակվեցին Խոսրովի ձեռքով, նույնպես և նրանից հետո ուրիշները ուրիշներից: Բայց որովհետև հավաստի և կարգին չի պատմում, ոչ անուններն է նշում և ոչ էլ նահատակության տեղերը, ուստի մենք էլ կարևոր չհամարեցինք կրկնել: Նույնպես գրում է, թե Սևերոսի որդի Անտոնիոսը պատերազմել է Միջագետքում պարսից Վաղարշ թագավորի հետ և մեռել է Եդեսիայի և Խառանի միջև, իսկ մեր Խոսրովը ոչ մեկի կողմը չի անցել: Իսկ ինչ որ նա պատմում է Խոսրովի մահից հետո մինչև Տրդատի թագավորելը, անիշխանության տարիների մասին, մենք ստույգ համարելով կրկնում ենք քեզ համար համառոտ խոսքերով: Իսկ ինչ որ կատարվել է Տրդատի թագավորության ժամանակ և նրանից հետո մենք ոչ անփութությամբ և անզգուշությամբ վրիպելով ոչ կամավոր սխալով նրա մեջ պատմություններ սարքելով, այլ հետևելով հունաց դիվանների մատենագիրների հիշատակություններին, և սրանց նմանությամբ իմաստուն և հնախոս բանասեր մարդկանց հաղորդումներին, ստույգ տեղեկացանք և արդարապես քեզ պատմեցինք:

ԱՐՏԱՇԻՐԻ ՄԵՋ ՎՐԱ ԳԱԼԸ ԵՎ ՏԱԿԻՏՈՍԻՆ ՀԱՂԹԵԼԸ

Նույն մարդն ասում է, թե Խոսրովի սրախողխող լինելուց հետո հայոց նախարարները միաբանելով՝ իրենց օգնության են կանչում Փռյուգիայում գտնվող հունաց զորքերը՝ պարսիկներին դիմադրելու և Հայաստանը պաշտպանելու համար: Եվ իսկույն իմաց տվին Վաղերիանոս կայսրին: Բայց որովհետև գոթերը Դանուբ գետն անցնելով շատ գավառներ գերեցին և Կյուկղադի կղզիները կողոպտեցին, ուստի Վաղերիանոսը չի կարողանում մեր երկիրը հովանավորել, նաև նրա կյանքն էլ կարճ է տևում, և նրանից թագավորությունն առնում է Կղավդիոսը և նրանից հետո Ավրեղիանոսը, արագ - արագ իրար հաջորդելով, նույնիսկ ամիսներով թագավորեցին Կյունտոս և Տակիտոս և Փղոռիանոս եղբայրները:

Այս պատճառով Արտաշիրը համարձակաբար արշավեց մեր երկիրը, հունաց զորքերը փախցրեց և մեր երկրի մեծագույն մասը գերելով ավերակ դարձրեց: Հայոց նախարարները Արշակունյաց ցեղի հետ նրանից խուսափելով գաղթում ապավինում էին հույներին, որոնցից մեկն էր և Արտավազդ Մանդակունին, որ Խոսրովի Տրդատ որդուն առնելով հասցնում է կայսեր դուռը: Ուստի Տակիտոսը հարկադրված գալիս է Արտաշիրի վրա Պոնտոսի կողմերը, իսկ իր եղբոր՝ Փլորիանոսին ուրիշ գնդով ուղարկում է դեպի Կիլիկիա: Իսկ Արտաշիրը Տակիտոսին հասնելով՝ նրան փախցնում է, որ և յուրայիններից սպանվում է պոնտացիների Ճանյուքում, այսինքն Խաղտիքում, այսպես և նրա Փլորիանոս եղբայրն սպանվում է Տարսոնում ութսուննութ օր հետո:

ՊԱՐՍԻԿՆԵՐԻ ԵՎ ՀՈՒՅՆԵՐԻ ՄԵՋ ԽԱՂԱՂՈՒԹՅՈՒՆ ՀԱՍՏԱՏՎԵԼԸ ԵՎ ԱՐՏԱՇԻՐԻ՝ ՀԱՅԱՍՏԱՆԸ ԲԱՐԵԿԱՐԳ ՊԱՀԵԼԸ ԱՆԻՇԽԱՆՈՒԹՅԱՆ ՏԱՐԻՆԵՐՈՒՄ

Բայց հույների վրա թագավորեց Պրոբոսը և Արտաշիրի հետ խաղաղություն կնքելով՝ մեր երկիրը բաժանում է, սահմանացույց փոսեր կտրելով: Արտաշիրը նվաճեց նախարարական ցեղերը, գաղթածներին ետ դարձրեց, ամուր տեղերը ապավինվածներին ներքև իջեցրեց, բացի Ամատունյաց ցեղի Օտա անունով մի նախարարից, որ Սլկունյաց ցեղի փեսա էր և սնուցանում էր Խոսրովի դուստր Խոսրովիդուխտին Անի ամրոցում, իբրև մի որջում հանդարտ թաքնվելով:

Իսկ Արտաշիրը գեղեցիկ կարգավորում է Հայաստանը, վերականգնում է նախկին կարգերը: Նաև այն Արշակունիներին, որոնք հրաժարեցրած էին թագից և Այրարատում բնակվելու իրավունքից, նա նույն տեղերում հաստատում է՝ եկամուտներով և ռոճիկով, ինչպես որ առաջ էին: Մեհյանների պաշտամունքն էլ ավելի զարգացնում է, այլև հրամայում է անշեջ պահել որմզդական հուրը Բագավանի բագինի վրա: Բայց այն արձանները, որ Վաղարշակ շինել տվեց իր նախնիքների պատկերներով, ինչպես և արեգակի և լուսնի պատկերներն Արմավիրում, որոնք Արմավիրից փոխադրվեցին Բագարան և նորից Արտաշատ՝ Արտաշիրը հրամայում է փշրել: Մեր երկիրը նա հարկատու է դարձնում և ամեն բանում իր անունն է հաստատում:

Նաև Արտաշեսի հաստատած սահմանները, գետնի մեջ քարեր կանգնեցնելով, նա նորոգեց և իր անունով կոչեց Արտաշիրական: Նա մեր երկիրը կառավարեց պարսիկ գործակալների ձեռքով, ինչպես իր երկրներից մեկը, քանվեց տարի և նրանից հետո նրա որդին, որ կոչվեց Շապուհ, այսինքն՝ արքայի որդի, թագավորեց մեկ տարի, մինչև Տրդատի թագավորելը:

ՄԱՆԴԱԿՈՒՆԻՆԵՐԻ ՑԵՂԻ ԿՈՏՈՐՈՒՄԸ ԱՐՏԱՇԻՐԻ ՁԵՌՔՈՎ

Բայց Արտաշիրը լսել էր, թե հայոց նախարարներից մեկը Խոսրովի որդիներից մեկին առնելով փախցրել ազատել է՝ կայսեր դուռը հասցնելով: Եվ քննելով, թե ով է այդ մարդը, իմացավ, որ Արտավազդն է Մանդակունիների ցեղից, ուստի հրամայեց նրա բոլոր ցեղը կոտորել ոչնչացնել: Որովհետև երբ հայերը Արտաշիրից խուսափելով զաղթեցին, Մանդակունիներն ևս մյուս նախարարական ցեղերի հետ զաղթեցին, իսկ երբ Արտաշիրը մյուսներին նվաճեց, նրանք էլ ետ դարձան և բոլորը սրով կոտորվեցին: Բայց Տաճատ անունով մեկը, որ Աշոցան ցեղից էր՝ հայկազն Գուշարի զարմից, գողացավ մի գեղեցկադեմ կույս՝ Արտավազդի քույրերից և Կեսարիա քաղաք փախցնելով, ազատեց կոտորածից և հետո ամուսնացավ նրա չքնաղ կերպարանքի պատճառով:

ՏՐԴԱՏԻ ՔԱՋԱԳՈՐԾՈՒԹՅՈՒՆՆԵՐԸ ՀԱՅԱՍՏԱՆԻ ԱՆԻՇԽԱՆՈՒԹՅԱՆ ՄԻՋՈՑԻՆ

Փերմելիանոսը պատմում է Տրդատի քաջագործությունների մասին: Մանկության հասակում սիրում էր ձի հեծնել, կորովի ձիավարում էր, հաջողակ էր զինաշարժության մեջ, սովորել էր պատերազմական արվեստը: Հետո պեղոպոնեսացոց Հիփիտեի հրամանի համաձայն՝ կրկեսի մրցության մեջ գերազանցեց Հոռղացի Կղիտոստրադոսին, որ միայն վզից բռնելով հաղթում էր, նաև արգիացի Կերասոսին, որովհետև սա եզան կճղակը պոկեց, իսկ Տրդատը երկու վայրենի ցուլերի եղջյուրը մի ձեռքով բռնելով պոկեց և վիզը ոլորելով ջախջախեց: Եվ մեծ կրկեսում ձիարշավի ժամանակ կամենալով կառքը քշել, հակառակորդի ճարպկությունից վեր ընկավ, նա իսկույն կառքից բռնեց, կանգնեցրեց, որի վրա բոլորը զարմացան: Եվ երբ Պրոբոսը պատերազմում էր Գոթերի հետ, սաստիկ սով եղավ, և մթերքների պակասության պատճառով զորքերը նրա դեմ ելան և սպանեցին, նույնպես դիմեցին բոլոր իշխանավորների վրա: Իսկ Տրդատը մենակ դիմադրելով ոչ ոքի թույլ չտվեց մտնել Լիկիանոսի ապարանքը, որի մոտ ինքը ծառայում էր:

Բայց Կարոսը իր Կարինոս և Նոմերիանոս որդիների հետ թագավորելով՝ զորք ժողովեց և պատերազմեց պարսից թագավորի դեմ, որին հաղթելով Հռոմ դարձավ: Ուստի Արտաշիրը շատ ազգեր օգնական դարձնելով և Արաբական մեծ անապատը իրեն թիկունք շինելով՝ նորից ճակատեց հռոմեացիների զորքերի դեմ երկու տեղ, Եփրատի այս ու այն կողմում: Այս պատերազմում Կարոսը սպանվեց Հռինոնում: Նույնպես և Կարինոսը, որի հետ էր և Տրդատը, գնաց անապատը Կոռնակի դեմ և սպանվեց ինքը զորքի հետ միասին, մնացածներն էլ փախուստի դիմեցին: Իսկ Տրդատի ձին վիրավորված լինելով, չկարողացավ փախստականների հետ գնալ, այլ առնելով իր զենքերն ու ձիու սարքը, լողալով անցավ լայնատարած ու խոր Եփրատ գետը և հասավ իրենց բուն զորքերի մոտ, որտեղ գտնվում էր Լիկիանոսը: Նույն օրերում սպանվում է նաև Նոմերիանոսը Թրակիայում և թագավորությունն ստանում է Դիոկղետիանոսը: Իսկ ինչ գործեր որ սրա ժամանակ կատարել է Տրդատը, քեզ ավանդում է Ագաթանգեղոսը:

ՀԱՄԱՌՈՏ ՏԵՂԵԿՈՒԹՅՈՒՆ Ս.ԳՐԻԳՈՐԻ ԵՎ ՆՐԱ ՈՐԴԻՆԵՐԻ ՄՆՎԵԼՈՒ ԵՎ ՎԱՐՔԻ ՄԱՍԻՆ՝ ՔԱՂՎԱԾ ԱՐՏԻԹԵՍ ԵՊԻՍԿՈՊՈՍԻ ԹՂԹԻՑ, ՈՐ ԳՐԵԼ ԷՐ ԻԲՐԵՎ ՊԱՏԱՍԽԱՆ ՀԱՆԳՌՈՃԱՆԻ ՄԻԱՅՆԱՎՈՐ ՄԱՐԿՈՍԻ ՀԱՐՑՄՈՒՆՔԻՆ

Պարսկաստանցի Բուրգար անունով մեկը, ոչ փոքր և աննշան մարդ, Պարսկաստանից դուրս գալով եկավ Գամիրքի կողմերը և պանդխտեց Կեսարիայում: Հավատացյալներից նա Սոփի անունով մի կին առավ, որ Եվթաղիոս անունով մի հարուստի քույրն էր, ևետ դարձավ՝ նորից Պարսկաստան գնալու իր կնոջ հետ: Եվթաղիոսը նրա հետևից գնալով՝ համոզեց և արգելեց որ չգնա: Սոփին մեր Լուսավորչի ծնունդին պատահելով՝ ծծմայրի պաշտոն է ընդունում, իսկ երբ աղետը պատահեց, Եվթաղն առավ իր քրոջը, նրա մարդու և երեխայի հետ և դարձավ Կապադովկիա: Բայց այս բոլոր գործում է Աստծու նախատեսությունը, ինչպես ես ուզում եմ մտածել, մեր փրկության ճանապարհը պատրաստելու համար, ապա թե ոչ, ինչ հույսով պահլավիկ երեխային հռոմեացիների իշխանության մեջ էին սնուցանում և քրիստոնեական հավատի մեջ կրթում:

Երբ մանուկը չափահաս դարձավ, Դավիթ անունով մի հավատացյալ մարդ նրան փեսայացրեց, կին տալով իր Մարիամ անունով աղջիկը: Իսկ երեք տարի հետո, երբ երկու որդի ունեցան, փոխադարձ համաձայնությամբ իրարից բաժանվեցին ու հեռացան: Մարիամը կրտսեր երեխայի հետ կանանց վանքը մտնելով կրոնավոր դարձավ, և այս երեխան չափահաս դառնալով հետևորդ եղավ Նիկոմաքոս անունով մի միայնակեցի, որ նրան անապատ ուղարկեց: Իսկ անդրանիկը մնաց դայակների մոտ, որ հետո աշխարհիկ կարգ մտավ՝ ամուսնացավ: Իսկ նրանց հայրը՝ Գրիգորը անցավ գնաց Տրդատի մոտ՝ հոր պարտքը հատուցանելու, կամ իսկապես ասելով՝ վարժվելու և պատրաստվելու մեր երկրի առաքելության և քահանայապետության, ինչպես և մարտիրոսության վիճակին:

Բայց հիրավի սքանչելի հոր ավելի զարմանալի որդիներ եղան, որովհետև ոչ նա իր որդիներին փնտրեց, երբ Տրդատի հետ վերադարձավ, ոչ նրանք նրա մոտ եկան, ոչ միայն հալածանքի երկյուղից, այլև ոչ՝ երբ նրանց հայրը քահայանացավ ու փառավորվեց, նրանք երևան եկան ու փայլեցին: Ուստի նա էլ երկար չմնաց Կեսարիայում, այլ շուտով Սեբաստիա դառնալով, այնտեղ մնում էր՝ վարդապետության համար նյութ հավաքելու: Բայց նույնիսկ եթե երկար մնալու լիներ Կեսարիայում՝ չէին անի ոչինչ, ինչ որ կարող էր մտքով անցնել, այլ միայն դիտում էին անսպառն ու անանցականը, նրանք պատվի հետևից չէին ընկնում, այլ պատիվն էր նրանց հետևից գնում, ինչպես քեզ ասում է Ագաթանգեղոսը:

ԹԵ ՈՐՏԵՂԻՑ ԵՎ ԻՆՉՊԵՍ Է ԾԱԳԵԼ ՄԱՄԻԿՈՆՅԱՆՆԵՐԻ ՑԵՂԸ

Սասանի որդի Արտաշիրը վախճանվելով, պարսից թագավորությունը թողնում է իր Շապուհ որդուն: Ասում են, որ սրա ժամանակ է Հայաստան եկել Մամիկոնյանների ցեղի նախնին, արևելյան հյուսիսային քաջատոհմիկ և գլխավոր աշխարհից, Ճենաստանից, որ ես բոլոր հյուսիսային ազգերի մեջ առաջինն եմ համարում: Նրանց մասին այսպիսի զրույց կա: Արտաշիրի կյանքի վերջին տարիներում եղել է Արբոկ անունով մի Ճեն-բակուր, նրանց լեզվով այսպես է կոչվում թագավորական տիտղոսը: Սա ունեցել է երկու դայակորդի, Բզդոխ և Մանգուն անունով, որոնք եղել են մեծ նախարարներ: Բզդոխը Մանգունի մասին չարախոսում է, և Ճենաց Արբոկ թագավորը հրամայում է Մանգունին սպանել: Մանգունն այս լսելով՝ թագավորի կոչին չի գալիս , այլ իր աղխով փախչում ապավինում է պարսից Արտաշիր թագավորին: Արբոկը պատգամավորներ է ուղարկում նրան պահանջելու, և որովհետև Արտաշիրը չի համաձայնում տալ, Ճենաց թագավորը պատրաստվում է նրա դեմ պատերազմի: Արտաշիրը շատ շուտով մեռնում է, և թագավորում է Շապուհը:

Արդ՝ թեպետ Շապուհը Մանգունին չի հանձնում նրա տիրոջ ձեռքը, բայց և այնպես չի թողնում Պարսկաստանում, այլ բոլոր աղխովն իբրև աքսորական ուղարկում է Հայաստան իր գործակալների մոտ: Եվ պատգամ է ուղարկում Ճենաց թագավորին, ասելով. «Մի վիրավորվիր, որ ես Մանգունին չկարողացա քո ձեռքը տալ, որովհետև հայրս նրան երդվել էր արեգակի լույսով , այլ որպեսզի քեզ հանգստացնեմ, ես նրան իմ երկրից հալածեցի արևմտյան կողմը, աշխարհի ծայրը, որ նրա համար մահի հավասար է, ուրեմն թող իմ և քո մեջ պատերազմ չլինի»: Եվ որովհետև, ինչպես ասում են, աշխարհիս երեսին ապրող բոլոր ազգերից ամենախաղաղասերը Ճենաց ազգն է, թագավորը հաշտվում է: Սրանից էլ պարզ երևում է, որ Ճենաց ազգը իիրավի խաղաղասեր է և կենսասեր:

Նրանց երկիրը սքանչելի է ամեն տեսակ պտուղների առատությամբ, զարդարված է գեղեցիկ բույսերով, ունի շատ սիրամարգ, արտադրում է առատ քրքում և մետաքս, անչափ շատ կան այնտեղ համուրներ, հրեշներ և իշայծյամ կոչվածներ: Այնտեղ ասում են ընդհանուրի կերակուր են կազմում փասյանը, պորը և նմանները, որոնք մեզ մոտ պատվական և քչերին մատչելի կերակուրներ են: Իսկ ակնեղենների և մարգարիտների հաշիվը, ասում են չգիտեն: Եվ այն զգեստները, որ մեզ մոտ պատվական են և քչերին մատչելի, նրանց մոտ սովորական զգեստ է: Այսքանը Ճենաց երկրի մասին:

Իսկ Մանգունը ոչ իր կամքով Հայաստան գալով՝ պատահեց Տրդատի գալստյանը, և պարսից զորքերի հետ Պարսկաստան չդարձավ, այլ իր բոլոր աղխով Տրդատին ընդառաջ գնաց մեծ ընծաներով: Տրդատը նրան ընդունեց, բայց հետը պատերազմի չտարավ Պարսկաստան, այլ բնակության տեղ տվեց նրա աղխի համար և ապրուստի միջոց, բավական երկար տարիներ տեղից տեղ փոխելով:

ՏՐԴԱՏԻ ՔԱՋԱԳՈՐԾՈՒԹՅՈՒՆՆԵՐԸ ԹԱԳԱՎՈՐ ԵՂԱԾ ԺԱՄԱՆԱԿ, ՆԱԽՔԱՆ ՀԱՎԱՏԱԼԸ

Որովհետև պատմությունն առանց ժամանակագրության ստույգ չէ, ուստի մանրամասն հետազոտությամբ գտանք, որ

Տրդատը թագավորել է Դիոկղետիանոսի երրորդ տարում, և այս կողմերն է եկել մեծ զորքով: Երբ նա Կեսարիա հասավ, նախարարներից շատերը նրան ընդառաջ գնացին: Եվ երբ հասավ մեր երկիրը, տեսավ, որ Օտան սնուցել է իր Խոսրովիդուխտ քրոջը և պահպանել է գանձերն ու ամրոցը մեծ համբերությամբ. և իսկապես էլ նա համբերող էր, ժուժկալ և շատ խելացի, որովհետև նա թեպետ Աստծու մասին ճշմարտությունը չգիտցավ, բայց կուռքերի ստությունը հասկացավ: Նրա պես էր և նրա սան Խոսրովիդուխտը, որ մի օրինավոր համեստ կույս էր և ուրիշ կանանց նման չուներ բոլորովին անդուռ բերան:

Տրդատը Հայաստանի հազարապետ է նշանակում Օտային և շնորհակալությամբ պատվում է նրան, մանավանդ պատվում է իր դայեկորդի Արտավազդ Մանդակունուն, որ պատճառ եղավ իր փրկության և հայրենական փառքին հասնելուն. ուստի նրան է հանձնում հայոց զորքերի սպարապետությունը: Նույն պատճառով նրա քրոջ ամուսին Տաճատին Աշոցք գավառի տեր է դարձնում: Սա էր, որ վերջերը հայտնեց իր աներ Արտավազդին, և սա թագավորին, նախ՝ որ Գրիգորն Անակի որդին է, և հետո՝ Գրիգորի որդիների մասին, այս բաները նա իմացել էր Կեսարիայում ապրած լինելով:

Իսկ քաջ Տրդատը արագ - արագ բազմաթիվ ճակատամարտեր տալով նախ Հայաստանում և ապա Պարսկաստանում՝ ինքն անձամբ տանում էր հաղթությունը: Մի անգամ նա ավելի մեծ քաջություն ցույց տվեց քան հնումը Եղիանանը և իր նիզակը կանգնեցրեց նույնքան թվով վիրավորների օգնական: Մի երկրորդ անգամ՝ պարսից կորովի զորականները փորձով գիտենալով հսկայի սաստիկ ուժը և կուռ զրահների ամրությունը, բազմաթիվ նետեր արձակելով ու ձին վիրավորելով սատկեցրին, որ գետին փռվելով թագավորին վար գցեց: Իսկ նա ոտքի կանգնելով և հետիոտն հարձակվելով, թշնամիներից շատերին գետին գլորեց և մեկի ձին բռնելով արիաբար հեծավ: Մի երկրորդ անգամ նա կամավորապես ձիուց իջավ և հետիոտն հարձակվելով՝ սրով ցրեց փղերի երմակները: Այսպիսի քաջագործություններով բավական երկար մնաց Պարսկաստանում և Ասորեստանում, և Տիզբոնից էլ այն կողմ անցավ:

ԱՅՆ ՄԱՍԻՆ, ՈՐ ՏՐԴԱՏԸ ԿԻՆ Է ԱՌՆՈՒՄ ԱՇԽԵՆԻՆ, ԵՎ ԿՈՍՏԱՆԴԻՆԸ ՄԱՔՍԻՄԻՆԱՅԻՆ, ԵՎ ԹԵ ԻՆՉՊԵՍ ԿՈՍՏԱՆԴԻՆԸ ՀԱՎԱՏՔԻ ԵԿԱՎ

Տրդատը մեր երկիրը վերադառնալով՝ Բագրատի հայր Սմբատ ասպետին ուղարկում է՝ իրեն կին բերելու Աշխադարի դուստր Աշխեն կույսին, որ հասակով թագավորից պակաս չէր: Հրամայում էնրան գրել Արշակունի, ծիրանիներ հագցնել և թագ կապել, որպեսզի թագավորին հարսնանա: Նրանից ծնվեց Խոսրով որդին, որ իր ծնողների հասակին համապատասխան չէր:

Նույն օրերում պատահում է նաև Մաքսիմինայի - Դիոկղետիանոսի դստեր հարսանիքը Նիկոմիդիայում, որին փեսայում է Կոստանդիանոս կեսարը՝ Հռոմի Կոստոս թագավորի որդին, որ ծնված էր ոչ թե Մաքսիմիանոսի դուստրից, այլ պոռնիկ Հեղինեից: Այս Կոստանդիանոսը հարսանիքի ժամանակ բարեկամացել էր մեր Տրդատ թագավորի հետ: Քիչ տարիներ հետո Կոստանդը մեռնում է, և Դիոկղետիանոսը նրա տեղ ուղարկում է նրա որդի և իրեն որդիացած Կոստանդիանոսին:

Սա թագավորելուց առաջ, քանի որ դեռ կեսար էր, կռվի մեջ պարտություն կրեց և մեծ տրտմությամբ ննջելով, քնի մեջ նրան երևաց երկնքից՝ աստղերից բաղկացած խաչ, շուրջը գրված՝ «Սրանով հաղթիր»: Այս խաչը նա պատերազմական նշան շինելով և զորքի առջևից տանելով՝ պատերազմներում հաղթեց: Բայց հետո հրապուրվելով իր Մաքսիմիանա կնոջից, Դիոկղետիանոսի դուստրից, եկեղեցու դեմ հալածանք սկսեց և շատերին նահատակեց, և այս հանդգնության պատճառով ինքն էլ ամբողջ մարմնով ապականվեց էլեփանդական բորոտությամբ: Արիոդական կախարդները և մարսիկյան բժիշկները չկարողացան բժշկել, ուստի Տրդատին խնդրեց՝ Պարսկաստանից և Հնդկաստանից հմայողներ ուղարկել, բայց նրանք էլ օգուտ չբերին: Այս ժամանակ մի քանի քրմեր, դևերից խրատվելով, հրամայեցին, որ բազմաթիվ փոքր երեխաներ մորթել տա ավազանի մեջ և նրանց տաք արյունի մեջ լողանա, որով կառողջանա: Կոստանդինոսը երբ լսեց երեխաների լացը, նրանց մայրերի ողբը, մարդասիրությամբ գթաց, նրանց փրկությունն ավելի լավ համարելով, քան իրենը: Սրա փոխարենը նա ընդունում է Աստծուց.- երազի մեջ առաքյալներից հրաման ստացավ, որ բորոտությունից կմաքրվի՝ կենսատու ավազանում լվացվելով Հռոմի Սեղբեստրոս եպիսկոպոսի ձեռքով, որ նրա հալածանքից փախել ապրում էր Սերապտիոն լեռնում: Նրանից նա սովորեց և հավատաց, և Աստված բոլոր բռնավորներին նրա առաջ ոչնչացրեց, ինչպես համառոտ պատմում է քեզ Ագաթանգեղոսը:

ՍԼԿՈՒՆԻՆԵՐԻ ԲՆԱՋՆՋՈՒՄԸ ՃԵՆԱՑՆ ՄԱՄԳՈՒՆԻ ՁԵՌՔՈՎ

Երբ պարսից Շապուհ թագավորը պատերազմներից հանգստացավ, Տրդատի՝ Հռոմ Կոստանդիանոսի մոտ գնալիս, Շապուհի միտքն այլևս զբաղված չլինելով՝ չարիքներ է նյութում մեր երկրի դեմ: Նա բոլոր հյուսիսային ազգերին գրգռեց, որ արշավեն Հայաստան, ժամադիր լինելով, որ ինքն ևս մյուս կողմից կգա այրաց զորքերով: Նրա խոսքերից հրապուրվելով՝ Սլկունյաց ցեղի Սղուկ նահապետն սպանեց իր փեսային՝ ծերացած Օտային, որ Ամատունյանց ցեղից Տրդատի քույր Խոսրովիդուխտի սնուցանողն էր: Տրդատը շատ շուտով արևմուտքից վերադառնալով այս բոլորը լսեց, և գիտնալով, որ Շապուհը չեկավ ինչպես ժամադրվել էր, շարժվեց դիմել հյուսիսականների վրա: Իսկ Սլկունյաց ցեղի նահապետն ամրացել էր Ողական կոչված ամրոցում, ապավեն ունենալով Սիմ կոչված լեռան բնակիչներին: Նա թագավորին ընդդիմանալով վրդովում էր երկիրը և լեռան մոտերքը ոչ ոքի չէր թողնում որևէ գործով զբաղվել: Տրդատ թագավորը դիմեց Հայաստանի բոլոր նախարարներին, ասելով. «Ով որ ինձ մոտ բերի Սլկունյաց ցեղի նահապետին, հավիտենական իշխանությամբ նրան կտամ Սլկունյաց ցեղի բոլոր գյուղերը, դաստակերտները և նրանց բոլոր իշխանությունը»: Այս բանը հանձն առավ Ճենազնյա Մանգունը:

Երբ թագավորը դիմեց Աղվանքի կողմերը հյուսիսականների վրա, Մանգունն էլ իր բոլոր աղխով գնաց Տարոնի կողմերը, իբրև թե թագավորից ապստամբվել է: Ճանապարհ ընկնելիս նա գաղտնի հետևակներ է ուղարկում և իմաց է տալիս Սլկունյաց ցեղի նահապետին, թե թագավորը գնաց Աղվանքի կողմերը: «Թագավորը, ասում է, մեծ վտանգի մեջ է, ուստի նա Աղվանքի կողմերը գնաց՝ լեռան ստորոտներում ապրող բոլոր ազգերի հետ պատերազմելու, ուստի մեզ համար նպաստավոր ժամանակ է մտածելու և գործելու, ինչ որ կամենանք, որովհետև մտադիր եմ քեզ հետ դաշնակցել՝ թագավորից իմ կրած արհամարհանքի պատճառով»: Սլկունյաց ցեղի նահապետը շատ ուրախանալով նրան ընդունում է ուխտի երդումով, բայց ամրոցը չի թողնում մտնել, մինչև տեսնի, թե որքան հավատարիմ է նա երդումին ու դաշինքին: Իսկ հիշյալ Մանգունը ամեն կերպ ջանում է հավատարմություն ցույց տալ ապստամբին, մինչև որ գրավեց նրա վստահությունը իբրև իսկապես հավատարիմ գործակից, այնպես որ նրան իրավունք տվեց համարձակ ամրոցը մտնել և ելնել:

Շատ բաներով Սլկունյաց ցեղի նահապետին վստահացնելուց հետո օրերից մեկում նրան համոզում է ամրոցից դուրս գալ և երեներ որսալ: Երբ որսին միջամուխ են լինում, նա աղեղով խփում է նրան թիկունքի մեջ և գետին է կործանում ապստամբին: Եվ իսկույն իր մարդկանցով ամրոցի դուռը հասնելով բերդը գրավում է, բոլոր ներսը եղողներին կապում: Նա կամեցավ Սլկունյաց ամբողջ ցեղը ոչնչացնել և բոլորին կոտորեց, միայն երկուսը փախան ընկան Ծոփաց աշխարհը: Իսկ Մանգունը շուտով տեղեկություն է հաղորդում թագավորին: Տրդատն ուրախանալով հրովարտակ է գրում, որով նրան իշխանություն է տալիս այն ամենի վրա, ինչ որ խոստացել էր. նրան նշանակում է նախարար ապստամբի փոխարեն և նրա անունով կոչում է Մանգունյան: Բայց հրամայում է մնացած Սլկունիներին չվնասել:

ՏՐԴԱՏԻ ՔԱՋԱԳՈՐԾՈՒԹՅՈՒՆՆԵՐՆ ԱՂՎԱՆՔՈՒՄ ՏԵՂԻ ՈՒՆԵՑԱԾ ՊԱՏԵՐԱԶՄՈՒՄ, ՈՒՐ ՄԵՋՔԻՑ ԿԵՍ ԱՐԵՑ ԲԱՍԻԼՆԵՐԻ ԹԱԳԱՎՈՐԻՆ

Իսկ Տրդատ թագավորը Հայաստանի բոլոր զորքերով Գարգարացիների դաշտն իջնելով՝ հանդիպում է հյուսիսականներին և ճակատամարտ է տալիս: Երբ երկու կողմերը իրար են խառնվում, նա հսկայի նման հարձակվելով թշնամիների բազմությունը երկուսի է ճեղքում: Չեմ կարող նկարագրել նրա ձեռքի արագությունը, թե ինչպես անհամար մարդիկ նրանից զարկվում, թավալվում, գետին էին ընկնում, ինչպես հմուտ ձկնորսի ձկներով լիքը ցանցից ձկները գետին են թափվում ու վխտում հողի երեսին: Բասիլների թագավորն այս տեսնելով՝ մոտ է գալիս հայոց թագավորին, հանում է ձիու վրայից ջլերից հյուսված կաշեպատ պարանը և հետևի կողմից ուժեղապես նետելով, հաջողությամբ զցում է նրա ձախ ուսից մինչև աջ կողմի անութը, որովհետև այդ միջոցին Տրդատը ձեռքը բարձրացրած էր՝ սրով մեկին խփելու համար, նա կրում էր զրահ պինդ պահպանակներով, որի վրա նետերը նույնիսկ գիծ չէին թողնում: Բասիլների թագավորը չկարողանալով հսկային տեղից շարժել ձեռքով քաշելով՝ պարանը իր ձիու լանջին զցեց, բայց չկարողացավ այնքան շուտ մտրակել ձին, որքան որ շուտ հսկան աճապարելով ձախ ձեռքով բռնեց պարանը և սաստիկ ուժով ցնցելով դեպի ինքը քաշեց և երկսայրի սրի հաջող հարվածով կտրեց կես արավ մարդուն և նրա հետ ձիու պարանոցն ու գլուխը:

Իսկ բոլոր զորքերը տեսնելով, թե ինչպես իրենց թագավորն ու զորավոր կռվողը միջակտուր եղավ այնպիսի ահավոր բազուկից, փախուստի դիմեցին: Տրդատը նրանց հետամուտ լինելով հալածեց մինչը Հոների երկիրը: Եվ թեպետ իր զորքին էլ փոքր հարված չհասավ և շատ մեծամեծ մարդիկ ընկան և մեռավ Արտավազդ Մանդակունին՝ ամբողջ հայոց սպարապետը, բայց Տրդատը հայրենական կարգի համաձայն նրանցից պատանդներ առավ ու ետ դարձավ: Այս կերպով ամբողջ հյուսիսը միաբանելով՝ շատ զորք այնտեղից հանելով բանակ է կազմում և դիմում է Պարսկաստան Արտաշիրի որդի Շապուհի վրա, իր մարդկանցից չորս զորավար նշանակելով վրաց առաջնորդ

Միհրանին, նրան վստահանալով քրիստոնեական հավատի պատճառով, Բագրատ ասպետին, Ռշտունյաց Մանաճիհր նախապետին և Ամատունյաց Վահան նախապետին: Բայց Միհրանի և Վրաստանի հավատալու մասին մենք դեռ պատմելու ենք:

ԵՐԱՆԵԼԻ ՆՈՒՆԵԻ ՄԱՍԻՆ, ԹԵ ԻՆՉՊԵՍ ՊԱՏՃԱՌ ԴԱՐՁԱՎ ՎՐԱՑԻՆԵՐԻ ՔՐԻՍՏՈՆՅԱ ԴԱՌՆԱԼՈՒՆ

Նունե անունով մի կին, որ Սուրբ հռիփսիմյանների ցրված ընկերներից էր, փախչում հասնում է Վրաստան՝ Մծխիթա, որ նրանց նախազահի քաղաքն է: Խիստ ճգնություններով նա բժշկության շնորհք ստացավ, որով շատ ախտավորներ բժշկեց, մինչև իսկ վրաց առաջնորդ Միհրանի կնոջը: Այս առիթով Միհրանը նրան հարցրեց, թե ինչ զորությամբ ես այդ սքանչելիքները գործում, և նրանից լսեց Քրիստոսի ավետարանի քարոզությունը, և լսածին ախորժելով, գովասանությանբ պատմեց իր նախարարներին: Շուտով նրան լուր հասավ այն հրաշքների մասին, որ Հայաստանում կատարվեցին թագավորի և նախարարների վրա, ինչպես և երանելի Նունեի ընկերների մասին: Այս բաների վրա հիացած՝ նա պատմեց երանելի Նունեին, որից և ավելի ստույգ կերպով ու մանրամասն տեղեկացավ բոլոր բաներին:

Այդ օրերում դեպք եղավ,որ Միհրանը որսի գնաց և մոլորվեց լեռների դժվարակոխ տեղերում, օդի, բայց ոչ աչքերի խավարելուց, ինչպես որ գրված է. «խոսքով մեգ է բերում» կամ՝ «ցերեկը մթնեցնում գիշեր է դարձնում»: Այսպիսի մի խավար պատեց Միհրանին, որ առիթ դարձավ նրա մշտնջենավոր լուսով լուսավորելուն: Որովհետև նա զարհուրեց, հիշելով Տրդատի մասին լսածը, թե երբ ճանապարհ ընկավ, կամենալով որսի գնալ՝ Աստծուց հարվածներ հասան նրան, նա կարծեց թե իրեն էլ այդպիսի բան պիտի պատահի: Մեծ երկյուղից պաշարված՝ նա խնդրեց աղոթքով, որ օդը լուսավորվի և ինքը խաղաղ տուն վերադառնա, խոստանալով պաշտել Նունեի Աստծուն: Խնդրածը գտնելով՝ ասածը կատարեց:

Իսկ երանելի Նունեն հավատարիմ մարդիկ խնդրելով՝ ուղարկեց Ս. Գրիգորի մոտ, թե ինչ կիրամայի այնուհետև անել, որովհետև վրացիները հոժարությամբ ընդունեցին ավետարանի քարոզությունը: Նա հրաման ստացավ՝ կուռքերը կործանել, ինչպես արել էր և ինքը, և կանգնեցնել պատվական խաչի նշանը, մինչև որ Աստված հովիվ տա նրանց առաջնորդելու: Նունեն իսկույն կործանեց ամպրոպային Արամազդի արձանը, որ քաղաքից հեռու էր դրված, և մեծ գետն անցնում էր երկուսի միջով: Այդ արձանին սովոր էին երկրպագել առավոտներն յուրաքանչյուրն իր տան կտուրից, որովհետև երևում էր նրանց դիմացը, իսկ ով որ կամենար զոհել, անցնում էր գետը և զոհում էր մեհյանի առաջ:

Նրա վրա հարձակվեցին քաղաքի նախարարները, թե ում պիտի երկրպագենք կուռքերի փոխարեն, Նունեն ասաց, թե Քրիստոսի խաչի նշանին: Խաչ շինեցին, կանգնեցրին վայելուչ բլուրի վրա, քաղաքի արևելյան կողմը, որ նույնպես բաժանված էր ավելի փոքր գետով: Առավոտը ամբողջ բազմությունը նրան երկրպագեց, դարձյալ ամեն մեկն իր տան տանիքից: Բայց երբ բլուրը բարձրացան ու տեսան, որ մի տաշած փայտ է, ոչ ճարտար ձեռքի գործ, շատ շատերն արհամարհեցին՝ ասելով, թե այդպիսի փայտ նրանց անտառը լիքն է, և թողին հեռացան:

Բայց բարերար Աստված նրանց գայթակղվելը տեսնելով երկնքից ամպի սյուն իջեցրեց, լեռը լցվեց անուշահոտ բուրմունքով, և լսելի եղավ բազմաթիվ սաղմոսերգուների քաղցր ձայն, և լույս ծագեց խաչի նման, փայտյա խաչի ձևով ու չափով, որ կանգնեց նրա վրա՝ տասներկու աստղով: Ապա բոլորը հավատացին ու այդ խաչին երկրպագեցին, և այնուհետև նրանից բժշկական զորություններ էին կատարվում: Իսկ երանելի Նունեն այնտեղից գնաց, որ Վրաստանի մյուս գավառներին էլ քարոզի իր անապական լեզվով, շատ հասարակ կերպով շրջելով, առանց որևէ ավելորդի, աշխարհից և աշխարհային ամեն բանից հրաժարված, ավելի ճիշտ խոսելով՝ խաչվելով, կյանքը դարձնելով մահվան վարժեցնելու միջոց, Աստծու խոսքին, բանին խոսքով վկա դառնալով և իր հոժարությամբ պսակվելով՝ ինչպես արյունով: Համարձակվում եմ ասել, որ նա առաքելուհի դարձած քարոզեց Կղարջքից սկսած, ալանաց և Կասբից դռների մոտով մինչև մասքութների սահմանները, ինչպես քեզ պատմում է Ագաթանգեղոսը:

ՇԱՊՈՒՀԻ ԿՐԱԾ ՊԱՐՏՈՒԹՅՈՒՆԸ ԵՎ ԱԿԱՄԱՅԻՑ ՀՆԱԶԱՆԴՎԵԼԸ ԿՈՍՏԱՆԴԻԱՆՈՍ ՄԵԾԻՆ, ՏՐԴԱՏԻ՝ ԵԿԲԱՏԱՆԸ ԳՐԱՎԵԼԸ ԵՎ ԱԶԳԱԿԱՆՆԵՐԻ ԳԱԼԸ, ԵՎ ԹԵ ԱՅՍ ԺԱՄԱՆԱԿ ՏԵՂԻ ՈՒՆԵՑԱՎ ՓՐԿԱԿԱՆ ԽԱՉԻ ԳՑՈՒՏԸ

Բայց Տրդատը թեպետ հաղթություն էր տարել, միայն թե իր զորքի կոտորվելու և շատ նախարարների սպանվելու պատճառով չվստահացավ մենակ իր ուժերով Շապուհի դեմ կռվելու, մինչև որ հասավ հռոմեացիների զորքերի բազմությունը, որոնք Ասորեստանի վրայով հարձակվեցին, Շապուհին փախստական դարձրին և ավարեցին ամբողջ երկիրը: Այն ժամանակ Տրդատն իր բոլոր յուրայիններով և իր ձեռքի տակ եղած զորքերով արշավեց պարսից իշխանության հյուսիսային կողմերը կարևոր ասպատակությանբ: Այն ժամանակ նրա մոտ է գալիս Կամսարը, նրա ազգականն ու հարազատը, Պերոզամատի առաջին որդին: Այս Պերոզմատն այն տղան է, որին Բուրզը փախցնելով փրկեց՝ մինչև Արտաշիրը կոտորում էր Կարենյան Պահլավի ցեղը: Երբ նա երիտասարդ դարձավ Արտաշիրը նրան հաստատեց իր պատվի մեջ և նշանակեց զորքին զորագլուխ՝ խուժադուժ ազգերի դեմ կռվելու համար, նենգությամբ մտածելով, որ այս կերպով նրան բարբարոսների ձեռքը կմատնի: Բայց նա քաջ մարդ լինելով սքանչելի կերպով վարեց պատերազմները, և երբ նա հաղթեց Վզրիկին, որ խաքան էր կոչվում, սա նվաճելով նրան կնության տվեց իր դուստրը: Նա ուրիշ կանայք էլ առավ Արտաշիրի մերձավորներից, բազմաթիվ որդիներ ունեցավ և զորանալով բռնաբար տիրում էր այն կողմերին: Թեպետ նա Արտաշիրի հպատակների հաշվումն էր, բայց նրան չտեսավ, և նրա մեռնելուց հետո չհնազանդվեց նրա Շապուհ որդուն, կռվեց նրա հետ, շատ պատերազմներում հաղթեց, բայց Շապուհի մտերիմներից թունավորվելով մեռավ:

Այս ժամանակները մի ուրիշ Վզըրկ խաքան նստեց, որ թշնամությամբ էր վարվում նրա որդու՝ Կամսարի հետ: Իսկ Կամսարը դժվար համարելով երկու հզոր թշնամի թագավորների մեջ ապրել, մանավանդ որ եղբայրները նրա հետ չմիաբանեցին, վեր կացավ ամբողջ ընտանիքով ու աղխով եկավ մեր Տրդատ թագավորի մոտ, այնինչ նրա եղբայրները գնացին Շապուհի մոտ: Այս Կամսարը հոր կենդանության ժամանակ քաջաբար նախամարտիկ էր լինում պատերազմների մեջ, և կռվի մեջ մեկը սակրով խփում է նրա գլխին և սկավառակի մի մասը կտրում է, հետո նա դեղերով բժշկվում է, բայց գագաթի բոլորակությունը պակաս է մնում, այս պատճառով էլ կոչվել է Կամ – սար:

Բայց Տրդատը յոթնպարսպյան Եկբատանին տիրելով՝ թողնում է այնտեղ իր երկրորդին և վերակացուներ և վերադառնում է Հայաստան, իր հետ բերելով Կամսարին՝ բոլոր նրա ունեցածով: Իսկ Շապուհը հաղթող Կոստանդիանոսին աղաչեց հաշտություն կնքել և խաղաղություն հաստատել: Կոստանդիանոսն այս կատարեց և այնուհետև իր մորը՝ Հեղինեին ուղարկեց Երուսաղեմ՝ պատվական խաչը որոնելու, որ և գտավ փրկական փայտը հինգ բևեռների հետ միասին Հուդա անունով մի հրեայի ձեռքով, որ հետո Երուսաղեմի եպիսկոպոս դարձավ:

ԼԻԿԻԱՆՈՍԻ ԿԱՊՎԵԼԸ, ԱՐՔՈՒՆԻՔԻ ՀՌՈՄԻՑ ՓՈԽԱԴՐՎԵԼԸ ԵՎ ԿՈՍՏԱՆԴՆՈՒՊՈԼՍԻ ՇԻՆՈՒԹՅՈՒՆԸ

Երբ Աստված բոլոր բռնավորներին ոչնչացրեց Կոստանդիանոսի առաջ, սա շատ մեծ պատիվներով մեծացրեց Լուկիանոսին, նրան կնության տվեց մոր կողմից խորթ իր քրոջը, նրան զարդարեց ծիրանիներով և կայսերական պսակով, և երկրորդական գահի պատվին հասցնելով՝ ամբողջ Արևելքի թագավոր նշանակեց: Բայց ինչ որ աստվածային խոսքն ասում է եբրայեցիների մասին, թե չարին անկարելի է փոխվել, նույնը պատահում է և այստեղ, ինչպես որ անկարելի է ինձին իր խայտուցը փոխել և եթովպացուն իր թխությունը, այնպես էլ անկարելի է ամբարիշտ մարդուն իր բարքը փոխել:

Որովհետև նա դուրս եկավ նախ իր հավատին դրժող և ապա՝ իր բարերարի դեմ ապստամբ: Նա եկեղեցու դեմ հալածանք հանեց և գաղտնի նենգություն լարեց Կոստանդիանոսի դեմ և առհասարակ բազմատեսակ չարիքներ հասցրեց իր իշխանության տակ եղողներին, այս ցանկասեր և գարշելի ալևորը, որ ներկում էր մազերը և իր կնոջը մեծ նեղության ենթարկեց, սիրահարվելով երանելի Գլփյուռային, որի պատճառով սպանեց Սուրբ Բասիլիոսին՝ պոնտական Ամասիայի եպիսկոպոսին:

Երբ նրա դավը բացվեց, և նա իմացավ, թե Կոստանդիանոսը լուռ չի մնա, զորք ժողովեց՝ պատերազմով նրան ընդիմանալու: Նա սառեց դեպի մեր Տրդատ թագավորը և նրանից վախենում էր ինչպես իսկական թշնամուց, որովհետև գիտեր, թե արդար մարդուն ատելի է որևէ ամբարիշտ: Իսկ երբ հաղթող Կոստանդիանոսն եկավ, Աստված նրա ձեռքը մատնեց Լիկիանոսին, նա նրա կյանքը խնայեց, ինչպես ծերունու և իր քրոջ ամուսնու, հրամայեց երկաթե կապանքներով տանել Գաղիա, հանքերի մեջ պահելու, որ Աստծուն աղոթի, գուցե նա ներողամիտ գտնվի: Իսկ ինքն իր որդիներով հայտարարելով, թե հռոմեացիների թագավորությունը մեկ հատ է, իր քսանամյակը կատարեց Նիկոմիդացիների քաղաքում, որովհետև նա սկսեց թագավորել հալածանքների չորրորդ տարում մինչև խաղաղության տասներեքերորդ տարին: Այս տոնը այսօր էլ տոնում է աշխարհը:

Եվ հարկ չհամարելով Հռոմ դառնալ, արքունիքը հաստատում է Բյուզանդիոնում, ինչպես նրան հրամայվեց նախատեսությամբ տեսիլքի միջոցով: Նա մեծապայծառ շինություններ կառուցելով՝ քաղաքը հնգապատիկ մեծացրեց: Որովհետև ոչ մի մեծ թագավոր այնտեղ այսպիսի ձեռնարկություններ չէր ունեցել, բացի մի քանի բաներից, ինչպես տիեզերակալ Ալեքսանդր Մակեդոնացու շինածները, երբ նա այստեղ սպառազինվում էր Դարեհի դեմ գնալու, ուստի և իր հիշատակի համար շինեց Ստրատիգիոն կոչվածը, որովհետև այնտեղ նա կատարեց իր պատերազմական պատրաստությունը: Հետո հռոմեացիների Սևերիուս կայսրը նրան նորոգեց և իր կողմից շինեց բաղնիք այն սյունի տեղում, որի տակ գրված էր Արեգակ բառը, թրակացիների լեզվով՝ Զեքսիպոն, և այս անունով էլ կոչվեց բաղնիքը: Նա շինեց նաև թատրոն, զգանամարտության և խաղերի կրկես և ձիարշավի տեղ, բայց չավարտվեց: Իսկ Կոստանդիանոսը ամեն կերպ այն բարեկարգեց և կոչեց նոր Հռոմ, բայց աշխարհը նրան կոչեց Կոստանդիանոսի քաղաք՝ Կոստանդնուպոլիս: Այս էլ են ասում, թե Հռոմից գաղտնի հանեց և բերեց Պալադիոն կոչված քանդակը և դրեց Փորոնում սյունի տակ, որը ինքը կանգնեցրեց: Բայց այս մեզ անհավատալի է թվում, ուրիշներն ինչպես կամենան:

ԱՐԻՈՍ ՀԵՐԵՏԻԿՈՍԻ ԵՎ ՆՐԱ ՊԱՏՃԱՌՈՎ ՆԻԿԻԱՅՈՒՄ ԳՈՒՄԱՐՎԱԾ ԺՈՂՈՎԻ ՄԱՍԻՆ, ԵՎ ԳՐԻԳՈՐԻՈՍԻ ՎՐԱ ԵՐԵՎԱՑԱԾ ՀՐԱՇՔԻ ՄԱՍԻՆ

Այս ժամանակներն հայտնվեց Արիոս Աղեքսանդրացին, որ ուսուցանում էր չարաչար ամբարշտություն, թե որդին հորը հավասար չէ և ոչ էլ հոր բնությունից և էությունից է և չի ծնված հորից նախ քան որևէ ժամանակ, այլ օտար ոմն է, և արարած, և կրտսեր և ժամանակի ընթացքում գոյացած: Այս ամբարիշտ Արիոսը արտաքնոցումն էլ սատկեց, ինչպես իրեն արժանի էր: Նրա պատճառով ինքնակալ Կոստանդիանոսից հրաման ելավ, որ Բյութանիայի Նիկիա քաղաքում բազմաթիվ եպիսկոպոսների ժողով գումարվի: Եվ ժողովվեցին Բիտոն և Բիկենդ երեցները Հռոմ քաղաքից, Սուրբ Սեղբեստրոսի գրավոր հրահանգով, Ալեքսանդրոս՝ Ալեքսանդրիայի, Եվստաթիոս՝ Անտիոքի, Մակարիոս՝ Երուսաղեմի, Ալեքսանդրոս՝ Կոստանդնուպոլսի եպիսկոպոսները:

Այս ժամանակ ինքնակալ Կոստանդիանոսից հրովարտակ է հասնում մեր Տրդատ թագավորին, որ Սուրբ Գրիգորին հետն առնելով գնա ժողովի: Բայց Տրդատ հանձն չառավ, որովհետև լսել էր, թե Շապուհը խնամիացել է Հնդկաց թագավորի և արևելյան խաքանի հետ, և զորավարություն է անում Ներսեհը, որ թագավորեց ինը տարի, և Որմիզդը, որ նույնպես երեք տարի թագավորեց քաջագործություններով, ուստի կասկածի մեջ էր, մի գուցե Շապուհը պայմանին ստե, հեթանոսների սովորությամբ, այս պատճառով էլ մեր Բայց Սուրբ Գրիգորն էլ չհամաձայնեց գնալու, որպեսզի ժողովից չափազանց պատիվներ չկրե իբրև խոստովանող, քանի որ նրան այնպիսի փափագով և մեծ փութով հրավիրում էին: Նրանք իրենց փոխարեն ուղարկեցին Արիստակեսին, ճշմարիտ խոստովանությանբ և երկուսի գրով: Արիստակեսը գնալով հասնում է Մեծն Ղևոնդին և նրան հանդիպում է այն ժամին, երբ նա մկրտում էր Գրիգոր աստվածաբանի հորը՝ Գրիգորին, որը երբ ջրից դուրս եկավ, նրա շուրջը լույս փայլատակեց, որը բազմությունից ուրիշ ոչ ոք չտեսավ, այլ միայն Ղևոնդիոսը, որ մկրտում էր, և մեր Արիստակեսը, և Եդեսիայի Եվթաղը, Մծբնի Հակոբ և Պարսկաստանի Հոհան եպիսկոպոսները, որոնք նույն ճանապարհով ուղևորվում էին ժողովին:

ԱՐԻՍՏԱԿԵՍԻ՝ ՆԻԿԻԱՅԻՑ ՎԵՐԱԴԱՌՆԱԼԸ, ԱԶԳԱԿԱՆՆԵՐԻ ՀԱՎԱՏԱԼԸ ԵՎ ԳԱՌՆԻՈՒՄ ԵՂԱԾ ՇԻՆՈՒԹՅՈՒՆՆԵՐԸ

Արիստակեսը Մեծն Ղևոնդի հետ գնում հասնում է Նիկիա, որտեղ ժողովված էին երեք հարյուր տասնութ հայրեր՝ արեանոսներին տապալելու, որոնց նզովեցին և եկեղեցու հաղորդակցությունից հեռացրին, և ինքնակալ Կոստանդիանոսն էլ նրանց աքսորեց հանքերը: Ապա Արիստակեսը ետ է դառնում ճշմարիտ դավանությամբ և ժողովի քսան գլուխ կանոններով, և գալիս հանդիպում է հորը և թագավորին Վաղարշապատ քաղաքում: Սուրբ Գրիգորն ուրախանալով՝ իր կողմից մասնավոր գլուխներ է ավելացնում ժողովի կանոնների վրա՝ իր հոտի ավելի մեծ զգուշության համարա:

Այս ժամանակ նրանց ազգական Կամսարն ևս յուրայինների հետ մկրտվում է Մեծ Գրիգորի ձեռքով, և թագավորը նրան ջրից ընդունելով, ժառանգություն է տալիս Արտաշեսի մեծ դաստակերտը, որ այժմ Դրասխանակերտ է կոչվում, և Շիրակ գավառը՝ իբրև իր ազգականին և մտերիմ հարազատին: Բայց նա մկրտությունից հետո յոթ օրից ավել չապրեց ու վախճանվեց: Բայց Տրդատ թագավորը Կամսարի որդիներից մեծին՝ Արշավիրին, մխիթարելով, հոր փոխարեն է նշանակում, նախարարական ցեղ է սահմանում նրա հոր անունով և մտցնում է նախարարությունների թվի մեջ: Դեռ ուրիշ պարգևներ էլ է ավելացնում՝ Երվանդի քաղաքը և նրա գավառը, մինչև մեծ ձորի գլուխը, միայն թե նրա մտքից հանել տա հիշատակը իրենց բնիկ երկրի, որ Պահլավ է կոչվում, որպեսզի հավատի մեջ հաստատ մնա: Իսկ Արշավիրն այդ գավառը շատ սիրելով՝ իր անունով կոչում է Արշարունիք, որ առաջ կոչվում էր Երասխաձոր: Ահա ասեցինք երկու ցեղերի՝ պարթևների և պահլավիկների գալստյան պատճառը:

Այս ժամանակները Տրդատն ավարտում է Գառնիի ամրոցի շինությունը տաշած որձաքար վեմերով, որոնք ագուցված էին երկաթե գամերով և կապարով, նրա մեջ շինում է հովանոց՝ արձաններով, սքանչելի դրվագներով և բարձրաքանդակներով, իր Խոսրովիդուխտ քրոջ համար, և նրա վրա գրում է իր հիշատակը հունարեն գրերով:

Բայց Սուրբ Գրիգորը նույն լեռները դառնալով, այնուհետև այլևս ոչ ոքի չերևաց մինչև վախճանվելը:

ԳՐԻԳՈՐԻ ԵՎ ԱՐԻՍՏԱԿԵՍԻ ՄԱՀՎԱՆ ՄԱՍԻՆ, ԵՎ ԹԵ ԻՆՉ ՊԱՏՃԱՌՈՎ ԼԵՌԸ ԿՈՉՎՈՒՄ Է ՄԱՆՅԱ ԱՅՐՔ

Մենք գտանք, որ Սուրբ Գրիգորը, մեր հայրն ու ծնողն ըստ ավետարանի՝ Սուրբ Թադևոս առաքյալի աթոռը նստեց Տրդատի թագավորության տասնյոթերորդ տարում: Երբ նա ամբողջ Հայաստանը լուսավորեց աստվածգիտության լույսով, կռապաշտության խավարը փարատեց և բոլոր կողմերը լցրեց եպիսկոպոսներով և կրոնի ուսուցիչներով, այնուհետև նա սիրեց լեռներն ու ամայությունը, որպեսզի հանդարտ մտքով ինքն իր մեջ ամփոփվի և Աստծու հետ խոսի՝ ուրիշ զբաղմունքներից ազատ: Իր տեղը փոխանորդ թողեց իր Արիստակես որդուն և ինքը մնաց Դարանաղյաց գավառում՝ Մանյա այրք լեռան մոտ:

Բայց ասենք, թե ինչու է կոչվում Մանյա այրք: Որովհետև Սուրբ Հռիփսիմյանց ընկերների մեջ կար մի կին, Մանի անունով, ինչպես վրացիներին ուսուցանող Նունեն, որ չկարողացավ հասնել և հետևել ընկերներին, երբ գալիս էին մեզ մոտ, և գիտնալով, որ բոլոր տեղերն էլ Աստծունն են, բնակվեց այս լեռներում, քարայրների մեջ, որի պատճառով լեռան անունը կոչվեց Մանյա այրք, նույն այրումն էլ բնակվեց Սուրբ Գրիգորը:

Թեպետև նա այնտեղ բնակվեց, բայց ժամանակ առ ժամանակ հայտնվում էր, շրջում էր մեր երկրում, աշակերտվածներին հաստատում էր հավատի մեջ: Իսկ երբ նրա Արիստակես որդին Նիկիայի ժողովից ետ եկավ՝ այդ ժամանակից ի վեր Սուրբ Գրիգորիսն այլևս ոչ ոքի չերևաց և չհայտնվեց: Ուստի հաշվելով նրա քահանայանալու սկզբից, այսինքն Տրդատի թագավորության տասնյոթերորդ տարուց մինչև նրա թագավորության քառասունվեցերորդ տարին, երբ այլևս ոչ ոքի չերևաց, դուրս կգա երեսուն տարի:

Նրանից հետո նստավ Արիստակեսը յոթ տարի, Տրդատի քառասունյոթերորդ տարուց մինչև հիսուներեքերորդը, երբ տեղի ունեցավ Արիստակեսի մահը: Որովհետև նա իսկապես հոգևոր սուր էր, ինչպես ասված է, ուստի նա թշնամի էր թվում բոլոր անիրավ և աղետագործ մարդկանց: Ուստի Արքեղայոսը, որ Չորրորդ Հայքի վերակացու էր նշանակված, նրանից հանդիմանվելով, հարմար օրվան էր սպասում և Ծոփաց գավառում նրան ճանապարհին պատահելով, սրով սպանեց, իսկ ինքը փախավ գնաց Կիլիկիայի Տավրոս լեռը: Իսկ երանելու աշակերտները նրա մարմինը վերցնելով բերին Եկեղյաց գավառը իր ավանում՝ Թիլում թաղելու: Եվ աթոռը հաջորդեց նրա մեծ եղբայր Վրթանեսը Տրդատի հիսունչորսերորդ տարուց այս կողմը:

Իսկ Սուրբ Գրիգորը Մանյա այրում երկար տարիներ աներևութաբար ապրելուց հետո մահվամբ փոխադրվում է հրեշտակների կարգը: Հովիվները նրան վախճանված գտնելով, նույն տեղում էլ թաղում են, առանց գիտենալու, թե ով է: Եվ իիրավի, վայել էր, որ նրանք, որոնք մեր Փրկչի ծննդյան խորհուրդին մասնակից եղան, նաև սպասավոր դառնային նրա աշակերտի հուղարկավորության: Եվ այսպես մարմինը երկար տարիներ ծածուկ մնաց, կարծես ինչ - որ աստվածային տնօրինությամբ, ինչպես հնում Մովսեսինը, որպեսզի նորադարձ բարբարոս ազգերից չպաշտվի: Իսկ երբ մեր կողմերում հավատն արմատացավ ու հաստատվեց, շատ ժամանակ անցնելուց հետո հայտնվեց Գառնիկ անունով մի ճգնավորի, և ապա սուրբ Գրիգորի նշխարները բերվեցին և թաղվեցին Թորդան գյուղում:

Սա, ինչպես ամենքին հայտնի է, Պարթևական աշխարհից էր, պահլավների գավառից, թագավորող ցեղից զատված Արշակունի, Սուրենի ցեղից, Անակ անունով հորից, նա մեր երկրի արևելյան կողմերից մեզ ճշմարիտ արևելք ծագեց և իմանալի արեգակ և հոգևոր ճառագայթ, կռապաշտության խոր չարությունից ելք, ճշմարիտ բարի և դիվահալած, երանության և հոգևոր շինության առիթ, իսկապես Տիրոջ տանը տնկված և մեր Աստծու գավթում ծաղկած աստվածային արմավենի: Նա այսպիսի և այսքան ժողովուրդներ բազմացրեց և մեզ պատրաստեց հոգևոր պարապտ ծերության ի փառս և ի գովեստ Աստծու:

ՏՐԴԱՏ ԹԱԳԱՎՈՐԻ ՎԱԽՃԱՆԻ ՄԱՍԻՆ, ՈՐԻ ՀԵՏ ԵՎ ՈՂԲԵՐԳԱԿԱՆ ՄԵՂԱԴՐՈՒԹՅՈՒՆ

Սուրբ և մեծ և երկրորդ նահատակի և մեր լուսավորության հոգևոր վերակացուի մասին խոսելիս, որովհետև Քրիստոս է բոլոր գոյացությունների թագավորը, պետք է հրաշափառ խոսքերով գրել, ինչպես մեր լուսավորության նախաշավղին ու նահապետին հավասար ճգնողի և նրա գործակցի մասին: Որովհետև Սուրբ հոգուն հաճո թվաց ավագության տալ իմ Լուսավորչին՝ միայն խոստովանողի, կավելացնեմ նաև առաքելության կոչումով, իսկ նրանից դուրս՝ նրանք երկուսը իրար հավասար են խոսքերով և գործով: Բայց այստեղ ես նկատում եմ թագավորի առավելությունը, որովհետև Աստծու մասին մտածելու և ճգնողության մեջ նրանք երկուսը հավասար էին, իսկ համոզական կամ ստիպողական խոսքերով նոր հավատին հնազանդեցնելու մեջ՝ թագավորի շնորհն ավել էր, որովհետև նրա հավատից գործը ետ չէր մնում: Այս է պատճառը, որ ես նրան կոչում եմ նախաշավիղ ճանապարհ և մեր լուսավորության երկրորդ հայր: Բայց որովհետև այժմ պատմելու ժամանակ է և ոչ գովեստների, մանավանդ որ այս հատվածը պատմագիրների առանձին արտահայտությունների համաձայն շարադրվեց և ոչ թե հատկապես մեզանից՝ անցնենք սրան վերաբերյալ պատմության կարգին:

Սա Քրիստոսին հավատալուց հետո ամեն տեսակ առաքինություններով փայլելով՝ ավելի և ավելի ջանքեր էր անում խոսքով ու գործով Քրիստոսի հավատի համար, սաստելով և համոզելով մեծամեծ նախարարներին, այլև ռամիկ մարդկանց ամբողջ բազմությունը, իրապես Քրիստոսի հավատացյալ լինելու, որպեսզի նրանց գործերը համապատասխանեն նրանց հավատին: Բայց այստեղ ես շեշտելու եմ մեր ազգի խստասրտությունը, այլև ամբարտավանությունը սկզբից մինչև այժմ, որ նրանք անտարբեր լինելով դեպի բարին, խորթ լինելով ճշմարտության, կամ թե բնությամբ մեծամիտ և կամակոր լինելով, դիմադրում են թագավորի կամքին քրիստոնեական կրոնի վերաբերմամբ, հետևելով իրենց կանանց և հարճերի կամքին: Եվ թագավորը, չկարողանալով այս բանը ներել, զգում է երկրային պսակը, զնում է երկնային պսակի հետևից, շուտով հասնելով այն տեղը, ուր Քրիստոսի ճգնավորը Մանին լեռների քարայրում էր ապրել:

Այստեղ ես ամաչում եմ ասել ճշմարտությունը, մանավանդ թե մեր ազգի անօրենությունն ու ամբարշտությունը, մեծամեծ ողբերի և արտասունքների արժանի նրանց գործը: Որովհետև նրա հետևից մարդ են ուղարկում, կանչում են, որ գա թագավորությունը շարունակի, խոստանալով նրա կամքով վարվել: Իսկ երբ Սուրբը չի համաձայնում, նրան թունավոր ըմպելիք են տալիս, ինչպես հնում աթենացիները Սոկրատին տվին մոլեխինդը, կամ մերն ասելով՝ կատաղած եբրայեցիները մեր Աստծուն տվին լեղի խառնած ըմպելիք: Այսպես անելով նրանք իրենց վրայից հանգցրին աստվածապաշտության բազմափայլ ճառագայթը:

Այս պատճառով ես իմ ժողովրդի վրա ողբալով ասում եմ՝ ինչպես ասել է Պավղոսն իր ժողովրդի և Քրիստոսի խաչի թշնամիների մասին, բայց ասում եմ ոչ իմ խոսքերը, այլ Սուրբ հոգու.« Ով չար և ստահակ ազգ, ազգ՝ որ իր սիրտը չուղղեց և որի հոգին Աստծուն հավատարիմ չմնաց: Արամյան մարդիկ, մինչև երբ պիտի մնաք անզգա, ինչու եք սիրում ունայնությունը և անաստվածությունը: Դուք չիմացաք, որ Տերը սքանչելի դարձրեց իր Սրբին, և նա ձեզ չի լսի, երբ դուք աղաղակելով նրան դիմելու լինեք: Դուք բարկանալով մեղանչեցիք, բայց ձեր անկողիններում չզղջացիք, որովհետև անօրեն զենում (մատաղ) կատարեցիք և արհամարհեցիք նրան, ով հույսը դրել էր տիրոջ վրա: Այս պատճառով ձեր վրա կհասնի որոգայթ, որը դուք չիմացաք, և այն որսը, որ դուք որսացիք, նա ձեզ կբռնի, և նույն որոգայթով կբռնվեք: Իսկ նրա անձը Աստծով կցնծա, իր փրկությամբ կուրախանա և իր ամբողջ էությամբ կասի. «Տեր, ով է քեզ նման»:

Եվ որովհետև այս բոլորը ճշմարիտ այսպես է, ապա և մենք մխիթարվենք մեր նեղությունների մեջ: «Եթե կանաչող ծառին այսպես արին, ասում է Քրիստոս, ապա չորին ինչ կանեն»: Արդ՝ երբ նրանք այսպես վարվեցին Աստծու համար իրենք իրենց նվաստացրին, թագավորությունից հրաժարվելով, այլևս մենք ինչ կարող ենք ասել Աստծուն՝ ձեր կողմից մեզ հասած նեղությունների համար, մեզ՝ որ սովոր ենք նեղությունների և աղքատության: Բայց և այնպես կասեմ, ով ձեզանից մեզ համար ապրուստ, ով ուսուցիչների մոտ միջնորդություն, ով համոզիչ կամ խրախուսական խոսք, ով մեր գնալիս բեռնակիրներ, ով մեր եկած ժամանակ հանգիստ, ով մեզ տուն կամ իջևան պատրաստեց: Թողնում եմ մյուս բաները, որովհետև դուք չսանձահարեցիք չար լեզուներն ու տգիտությունը, նրանց սնոտի փառամոլությամբ և կատաղի լեզվագարությամբ, այլ ձեր ուսումնատյաց բարքով նրանց անմտությունը հրահրելով բորբոքեցիք ավելի քան Բաբելոնի հնոցը: Այս պատճառով յուրաքանչյուր մեկը իր համար առանձին քուրմ է և պաշտոնյա, ինչպես ասում է Սուրբ գիրքը, որ հարմար է գալիս ներկա պայմաններին, երբ շատերն են, որ խոսում են աստվածային նյութերի մասին, բայց առանց հասկանալու խնդրի էությունը, և խոսողները ոչ թե Սուրբ հոգու հաճույքով են ընտրված, այլ օտարի: Ուստի ապշեցուցիչ են այն ճառերը և սարսափելի մտածող մարդկանց համար, որովհետև խոսողը խոսում է Աստծու և աստվածային նյութերի մասին, բայց խոսողի միտքն ուղղված է դեպի օտարը: Որովհետև նա հոգում է ոչ թե խոսած նյութի մասին և ոչ էլ խոսում է մեղմ և հեզաբար, ինչպես որ պատվիրված է, թե «ոչ ոք դուրսը նրա ձայնը չլսի», այլ հոգում է մարդկային փառքի համար, և որոտագին հնչեցնում են մարդկանց լսելիքին: Նրանց շատախոսությունը հորդաբար հոսում է իբրև աղբյուրից, ինչպես ասաց հներից մեկը, և բորբոքեցնում են կոչունքներն ու հրապարակները: Ո՞ր մտածող մարդը չի ողբա դրանց մասին, այլև, թող ոչ ոք չնեղանա, նրանց մասին, որ դրանց հորդորում են այսպես լինել: Ես ինձ զսպում եմ Քրիստոսի խոսքը կրկնել, թե նրանք պետք է վճարեն վրեժը արդար Աբելի արյունից սկսած մինչև Զաքարիայի արյունը, որ թափվեց տաճարում սեղանի առաջ:

Այստեղ կարճում ենք մեր խոսքը, զուր նեղություն չկրելով խոսելու մեռածների ականջներին: Բայց Սուրբ Տրդատի մասին մեր պատմածը ճշմարիտ է, նրան մահվան դեղ խմցնելով՝ զրկվեցին նրա շնորհի ճառագայթների լույսից: Նա թագավորեց հիսունվեց տարի:

Ավարտվեց երկրորդ գիրքը Հայոց մեծերի առաջադիմության:

ԳԻՐՔ ԵՐՐՈՐԴ

ՄԵՐ ՀԱՅՐԵՆԻՔԻ ՊԱՏՄՈՒԹՅԱՆ ԱՎԱՐՏԸ

Ոչ հին տարիների պատմություն է ունեցել մեր երկիրը, ոչ էլ ժամանակի կարճության պատճառով կարողացանք կարդալ հունական բոլոր աղբյուրները, ոչ նույնիսկ Դիոդորի գրվածքները մեր ձեռքի տակ են, որ աչքերս նրա վրա պահելով բոլորն անմոռաց շարադրեինք, որպեսզի բաց չթողնեինք որևէ գլխավոր և պիտանի բան, որ արժան է մեր պատմության մեջ հիշատակելու: Այլ որքան ջանք ու հիշողություն բավականացան, մենք ստուգությամբ պատմեցինք Ալեքսանդր Մեծից մինչև Սուրբ Տրդատի մահը, որ ժամանակով մեզանից շատ վաղ է ու առաջ: Ուստի մեզ չպետք է մեղադրես ու պարսավես, որովհետև ահա ինչ որ մեր ժամանակները կամ քիչ առաջ պատահել է, քեզ անսխալ կպատմեմ, սկսելով երրորդ գիրքը, անցքերը Սուրբ Տրդատից հետո մինչև Արշակունյաց ցեղի դադարելը թագավորությունից, հասարակ լեզվով այս պատմություններն անելով, որպեսզի այնպես չերևա, թե մեկը փափագում է կարդալու պերճաբանությունից գրավվելով, այլ մեր պատմածների ճշմարտության կարոտելով՝ հաճախակի և անդադար կարդան մեր հայրենիքի պատմությունը:

ԱՅՆ ՄԱՍԻՆ,ԹԵ ԻՆՉ ԱՆՑՔԵՐ ՊԱՏԱՀԵՑԻՆ ՄԵԾՆ ՎՐԹԱՆԵՍԻՆ ԵՎ ԵՐԵՔ ՆԱԽԱՐԱՐՈՒԹՅՈՒՆՆԵՐԻՆ ՏՐԴԱՏԻ ՎԱԽՃԱՆՎԵԼՈՒՑ ՀԵՏՈ

Տրդատի վախճանվելու ժամանակ Մեծն Վրթանեսը պատահմամբ գտնվում էր Սուրբ Հովհաննեսի վկայարանում, որ նրա հայրն էր շինել Տարոնում: Այստեղ այդ լեռան բնակիչները նախարարների թելադրությամբ դավ սարքեցին, կամենալով նրան սպանել: Բայց նրանք աներևույթ ձեռքով կապվեցին, ինչպես հնում այն Եղիսեի ժամանակ, կամ նույն ինքն Քրիստոսի՝ մեր Աստծու ժամանակ հրեաները գետնին զարկվեցին, այնպես որ Վրթանեսը առանց որևէ վնասի անցավ գնաց Եկեղյաց գավառի Թիլ ավանը, որտեղ գտնվում էր նրա Արիստակես եղբոր հանգստարանը, և սուգ էր անում Հայաստանի վրա, որ անիշխանության մեջ մնալով՝ նախարարական ցեղերը մեկը մյուսի դեմ ելան իրար կոտորելու, որով երեք տոհմեր՝ Բզնունականը, Մանավազյանը և Որդունին, ոչնչացան մեկը մյուսի ձեռքով:

ՍՈՒՐԲ ԳՐԻԳՈՐԻՍԻ ՄԱՀԸ ԲԱՐԲԱՐՈՍՆԵՐԻ ՁԵՌՔՈՎ

Մեծ վճռականությամբ երանելի Տրդատը վրեժխնդիր էր լինում հավատի և վարքի համար, մանավանդ նրանց հանդեպ, որոնք իր իշխանության հեռավոր տեղերումն էին ապրում: Ուստի նրա մոտ եկան հյուսիս - արևելյան կողմերի գործակալները, Փայտակարան կոչված հեռավոր քաղաքի վերակացուները և ասացին թագավորին. «Եթե կամենում եք այն կողմի մարդկանց ըստ այս հավատի ուղիղ կառավարել, ապա նրանց եպիսկոպոս ուղարկիր Սուրբ Գրիգորի սերնդից, որովհետև մեծ փափագով խնդրում են, և մենք հաստատ գիտենք, որ Գրիգորի հռչակված անվան պատճառով կակնածեն նրա սերնդից և նրա հրամանի համաձայն կվարվեն»: Երանելի Տրդատը համաձայնելով՝ նրանց եպիսկոպոս է տալիս մանուկ Գրիգորիսին, Վրթանեսի երեց որդուն: Թեպետ նրա անչափահասությանը նայելով, այս բանը կանոնի դեմ էր համարվում, բայց նկատելով նրա հոգու մեծությունը և հիշելով, որ Սողոմոնը տասներկու տարեկան հասակում թագավորեց իսրայելացիների վրա, մեծ վստահությամբ ուղարկեց մի ոմն Սանատրուկի հետ, որ իր Արշակունի ցեղից էր:

Նա գնալով՝ բարի օրինակ էր դառնում ըստ հայրենական առաքինությունների վարվելով, բայց կուսությամբ գերազանցելով հայրերից, իսկ պատժելու կողմից՝ թագավորին հավասարվելով: Իսկ երբ Տրդատի վախճանվելու լուրը հասավ, բարբարոսները նույն Սանատրուկի և ուրիշ մի քանի միշտ սուտ խոսող աղվանների դավերով, երանելի Գրիգորիսին սպանեցին Վատնյան դաշտում, Կասբիական կոչված ծովի մոտ, ձիերի ոտնատակ տալով: Նրա սարկավագները նրա մարմինը բերին Փոքր Սյունիք, թաղեցին Ամարաս ավանում: Իսկ Սանատրուկը թագ դնելով իր գլուխը՝ գրավեց Փայտակարան քաղաքը, և մտածում էր ամբողջ Հայաստանին տիրել օտար ազգերի օգնությամբ:

ԲԱԿՈՒՐ ԲԴԵՇԽԻ ԱՆՋԱՏՎԵԼԸ ՀԱՅՈՑ ՄԻԱԲԱՆՈՒԹՅՈՒՆԻՑ ԵՎ ՆԱԽԱՐԱՐՆԵՐԻ ԽՈՐՀՈՒՐԴԸ՝ ԽՈՍՐՈՎԻՆ ԹԱԳԱՎՈՐԵՑՆԵԼՈՒ ՄԱՍԻՆ

Ինչպես Աստվածաշնչի մեջ գտնում ենք ասված՝ եբրայական ազգը դատավորներից հետո, անիշխանության անխաղաղ ժամանակ, չուներ թագավոր և ամեն մարդ վարում էր ըստ իր հաճույքի, նույն բանը կարելի էր տեսնել և մեր երկրում: Որովհետև երբ երանելի Տրդատը վախճանվեց, Բակուր մեծ իշխանը, որ կոչվում էր Աղձնիքի բդեշխ, տեսնելով որ Սանատրուկը թագավորեց Փայտակարանում, նույնը կամեցավ և ինքն անել, սակայն չթագավորել, որովհետև Արշակունի չէր, այլ կամեցավ ինքնագլուխ լինել: Ուստի Հայոց միաբանությունից անջատվելով՝ ձեռքը մեկնեց Պարսից Որմիզդ թագավորին: Ապա հայոց նախարարները ուշքի և խելքի գալով՝ ժողովվեցին Մեծն Վրթանեսի մոտ և պատվավոր իշխաններից երկու անձ՝ Ծոփքի Մար իշխանին և Հաշտյանքի Գագ իշխանին, ուղարկեցին նախազահի քաղաքը զնալու Կոստանդիանոսի որդու՝ Կոստանդ կայսրի մոտ, նվերներով և թղթով, որ ուներ հետևյալ ձևը:

ՀԱՅՈՑ ԹՂԹԻ ՊԱՏԱՍԽԱՆԸ

«Վրթանես եպիսկոպոսապետը և նրա իշխանության տակ գտնվող եպիսկոպոսները և Մեծ Հայաստանի բոլոր նախարարները մեր տիրոջ՝ ինքնակալ Կոստանդ կայսրին ողջույն են մատուցանում:

Հիշիր քո հոր Կոստանդիանոսի ուխտն ու պայմանը մեր Տրդատ թագավորի հետ և մեր երկիրը մի թողնիր անաստված պարսիկներին, այլ օգնիր մեզ զորքով՝ Տրդատի որդուն՝ Խոսրովին թագավորեցնելու համար: Որովհետև Աստված ձեզ ոչ միայն Եվրոպային տիրացրեց, այլև ամբողջ Միջերկրայքին և ձեր զորության ահը մինչև աշխարհի ծայրը տարածվեց: Եվ մենք խնդրում ենք, որ դուք ավելի և ավելի տիրանաք: Ողջ եղեք»:

Կոստանդն այս նկատի առնելով իր պալատի կառավարիչ Անտիոքոսին մեծ զորքով ուղարկեց, նաև ծիրանի զգեստ ու պսակ և թուղթ հետևյալ ձևով:

ԿՈՍՏԱՆԴԻ ԹՈՒՂԹԸ

«Ինքնակալ Ավգոստոս կայսրը քեզ՝ Մեծն Վրթանեսիդ և քո բոլոր աշխարհականներին ողջունում է:

Մեծ զորք ուղարկեցի օգնության և հրաման ձեզ վրա թագավորեցնելու Խոսրովին՝ ձեր Տրդատ թագավորի որդուն, որպեսզի բարեկարգության մեջ հաստատվեք և հավատարմությամբ մեզ հպատակվեք: Ողջ եղեք»:

ԱՆՏԻՈՔՈՍԻ ԳԱԼՈՒՍՏԸ ԵՎ ՆՐԱ ԳՈՐԾԵՐԸ

Անտիոքոսը եկավ, Խոսրովին թագավորեցրեց և չորս սպարապետներին հանձնեց զորքի վրա նույն իշխանությունը, որոնց նշանակել էր Տրդատն իր կենդանության ժամանակ՝ իր դայակ Արտավազդ Մանդակունու մահից հետո, որ միակ սպարապետն էր և բոլոր հայոց զորքերի զորավարը: Առաջին՝ Բագրատ ասպետը արևմտյան գնդի զորավար, երկրորդ՝ վրաց առաջնորդ և Գուգարացոց բդեշխ Միհրանը՝ հյուսիսային զորքի սպարապետ, երրորդ՝ Ամատունյաց նահապետ Վահանը՝ արևելյան գնդի զորավար, չորրորդ՝ Մանաճիհր Ռշտունյաց նահապետը՝ հարավային զորքին սպարապետ: Եվ զորքը բաժանեց, տվեց յուրաքանչյուրին իր բաժինը: Մանաճիհրին հարավային զորքով, կիլիկյան զորքն էլ նրանց հետ, ուղարկեց Ասորեստանի և Միջերկրայքի կողմերը, իսկ Ամատունյաց Վահան նահապետին արևելյան գնդով և նրանց հետ դաղատացի զորքերը ուղարկեց Ատրպատականի կողմերը՝ պահպանելու երկիրը պարսից թագավորից:

Իսկ ինքը թողնելով Խոսրովին, որովհետև մարմնով փոքր էր, թույլ ոսկորներով և պատերազմական հասակ և հարմարություն չուներ, առավ իր հետ Միհրանին և Բագրատին իրենց զորքերով, և բոլոր հունական զորքի հետ միասին դիմեց Սանատրուկի վրա: Իսկ նա, Փայտակարան քաղաքը պարսկական զորքերով լցնելով, շտապով գնում ապավինում է Շապուհ թագավորին Աղվանից նախարարների հետ միասին, որ նրանք չհնազանդվեցին և խաղաղությամբ չնվաճեցին, հրամայում է պառակտվածների իշխանությունն ավարառությանբ տկարացնել, իսկ ինքը հարկ ժողովելով գնում է կայսրի մոտ:

ՄԱՆԱՃԻՀՐԻ ՀԱՆՑԱՆՔԸ ՄԵԾՆ ՀԱԿՈԲԻ ԴԵՄ ԵՎ ՆՐԱ ՄԱՀԸ

Մանաճիհրը հայոց հարավային գնդով և կիլիկյան զորքով Աստրեստանի կողմերը գնալով պատերազմեց Բակուր բդեշխի դեմ և սպանեց նրան, իսկ նրա զորքերն ու նրան օգնության ուղարկված պարսիկներին հալածեց: Բակուրի որդուն, Հեշային ձերբակալելով՝ երկաթե կապանքներով ուղարկում է Խոսրովին, իսկ նրա իշխանության գավառներն անխնա սրի է մատնում, ոչ միայն կռվողներին, այլև ռամիկ գյուղացիներին, և շատ գերիներ է առնում Մծբինի կողմերից, որոնց թվում նաև Հակոբ Մեծն եպիսկոպոսի ութ սարկավագներին: Հակոբը նրանց հետևից գալով՝ հորդորում է Մանաճիհրին արձակել ռամիկ գերիներին, քանի որ նրանք անմեղ են, բայց Մանաճիհրը չի համաձայնում, պատճառ բերելով թագավորին:

Հակոբը դիմում է թագավորին, սրա վրա Մանաճիհրն ավելի է չարանում, և գավառացիների թելադրությամբ նրա ութ սարկավագներին, որ կալանավորված էին, հրամայում է ծովը նետել: Երբ այս լսում է Մեծն Հակոբը, սաստիկ բարկացած վերադառնում է իր տեղը, ինչպես Մովսեսը Փարավոնի մոտից, բարձրանում է մի լեռ, որտեղից ամբողջ գավառն երևում էր, և անիծում է Մանաճիհրին և նրա գավառը: Եվ Աստծու դատաստանը շուտ վրա է հասնում, որովհետև Մանաճիհրը Հերովդեսի նման տեսակ – տեսակ ցավերից բռնվում է և մեռնում, իսկ գավառի պտղաբեր ջրարբի հողերը աղուտների են փոխվում, երկինքը նրանց վրա պղինձ է դառնում ըստ Սուրբ գրքի, ծովն էլ հակառակելով՝ բարձրանում ծածկում է արտերի սահմանները: Երբ այս բաները լսում են Մեծն Վրթանեսը և Խոսրով թագավորը, զայրանալով հրամայում են գերվածներին արձակել, և նույն մարդուն դիմել զղջումով ու աղաչանքով, որ գուցե Աստծու բարկությունը դադարի: Եվ Մանաճիհրի որդին ու ժառանգը, Հակոբի այս աշխարհից փոխվելուց հետո, գեղեցիկ ապաշխարությամբ, հորդ արտասունքներով ու հառաչանքներով նրա բարեխոսությամբ ստացավ գավառի բժշկությունը:

ՓՈՔՐ ԽՈՍՐՈՎԻ ԹԱԳԱՎՈՐԵԼԸ, ԱՐՔՈՒՆԻՔԸ ՏԵՂԱՓՈԽԵԼԸ ԵՎ ԱՆՏԱՌ ՏՆԿԵԼԸ

Պարսից Որմիզդ թագավորի երկրորդ և Կոստանդի ինքնակալության ութերորդ տարում նրա օգնությամբ թագավորեց Խոսրովը, նա էլ հոր նման, ոչ մի քաջագործություն ցույց չտվեց, նա նույնիսկ հակառակություն ցույց չտվեց անջատված կողմերի վերաբերմամբ, մի անգամից հետո, որ հունական զորքերից կրեցին, այլ պարսից թագավորին իր կամքին թողնելով՝ նրա հետ խաղաղություն է կնքում, բավական համարելով տիրել մնացած սահմաններին, բոլորովին չհակվելով ազնիվ մտածումների: Որովհետև թեպետ նա մարմնով փոքր էր, բայց ոչ Ալեքսանդր Մակեդոնացու չափ, որ միայն երեք կանգուն հասակ ուներ, որ սակայն չէր խափանում նրա հոգու աշխույժը: Իսկ սա անփույթ լինելով քաջության ու բարի հիշատակների՝ զբաղված էր զբոսանքներով, թռչնորսությամբ և այլ որսերով, որի համար էլ նա անտառ տնկեց Ազատ գետի մոտ, որ մինչև այսօր էլ կոչվում է նրա անունով:

Նաև արքունիքը փոխադրում է անտառից վերև մի բլուրի վրա և շինում է արևից պատսպարված ապարանք, այս տեղը պարսկական լեզվով կոչվում է Դվին, որ նշանակում է բլուր: Որովհետև այդ ժամանակ Հրատն ուղեկցում էր Արեգակին և անմաքուր ջերմ օդը գարշելի հոտ էր բուրում, ուստի Արտաշատում բնակվողներն այս բանին չդիմանալով՝ կամավոր հանձն առան այս տեղափոխությունը:

ՄՐԱ ԺԱՄԱՆԱԿ ՀՅՈՒՍԻՍԱՅԻՆ ԱԶԳԵՐԻ ԱՐՇԱՎԱՆՔԸ ՄԵԶ ՎՐԱ, ԵՎ ՎԱՀԱՆ ԱՄԱՏՈՒՆՈՒ ՔԱՋԱԳՈՐԾՈՒԹՅՈՒՆՆԵՐԸ

Սրա ժամանակ հյուսիսային Կովկասի բնակիչները միաբանելով, գիտնալով նրա թուլասրտությունն ու ծուլությունը, մանավանդ հրապուրվելով Սանատրուկի թելադրությունից, պարսից Շապուհ թագավորի գաղտնի հրամանով արշավեցին ու հասան մեր երկրի կենտրոնական վայրերը մեծ բազմությամբ, մոտ երկու բյուր մարդով: Պատերազմով նրանց դեմ դուրս եկան հայոց արևելյան և արևմտյան զորքերն իրենց զորապետներով, այսինքն՝ Բագրատ ասպետով և Ամատունյաց Վահան նահապետով: Որովհետև մեր հարավային գնդերը Խոսրովի մոտ էին Ծոփաց աշխարհում, իսկ Միհրանին սպանել ու մեր հյուսիսային գունդը ջարդել ու փախցրել էին թշնամիները և այս կերպ հասել էին մինչև Վաղարշապատ ու պաշարել: Նրանց վրա հանկարծակի հարձակվեցին մեր արևելյան և արևմտյան զորքերը և ետ վանեցին դեպի Օշականի առապարը և թույլ չտվին, որ նրանք ցրիվ գալով նետաձգություն կատարեն ըստ իրենց սովորության, այլ քաջաձի հեծյալները նրանց շտապ շտապ ու արագապես հետամուտ լինելով մղեցին քարքարոտ դժվար տեղերը, այնպես որ թշնամիներն ակամայից ստիպվեցին ճակատամարտ տալու:

Նրանց նիզակավորների զորագլուխն էր մի վիթխարի հսկա, սպառազինված և ամբողջ մարմինը ծածկված խիտ թաղիքով, այսպես նա արշավում էր զորքի մեջ: Հայոց քաջերն աչքերը դեպի նա պահելով՝ հարձակվում էին վրան, բայց չէին կարողանում վնասել, որովհետև երբ նիզակով խփում էին, թաղիքակիրը շրջվում էր: Այս ժամանակ քաջ Վահան Ամատունին դառնալով դեպի կաթողիկե եկեղեցին՝ ասաց. «Օգնիր ինձ, Աստված, դու որ Դավթի պարսաքարը դիպցրիր խրոխտացող Գողիաթի ճակատին, իմ նիզակս էլ ուղղիր այս հզորի աչքին»: Նրա խնդրանքը զուր չանցավ, ձիու զավակից խփելով՝ գետին գլորեց ահագին հսկային: Այս դիպվածն առիթ դարձավ թշնամիների փախուստին և հայոց զորքին զորացրեց հաղթանակ տանելու:

Այստեղից Ծոփաց աշխարհը դառնալիս՝ Բագրատն առանց նախանձի հաստատապես վկայում է թագավորին Վահանի քաջագործությունների և այս առաքինական դիպվածի մասին: Ուստի թագավորը նրան է պարգևում ճակատամարտի տեղը, Օշականը, որտեղ Վահանն ինքնակամ դեմ ելավ ու մենամարտեց հսկա թշնամու հետ: Իսկ Միհրանի փոխարեն զորքի վրա նշանակում է Գարջույլ Մաղխազին, Խորխոռունիների նահապետին:

ԽՈՍՐՈՎԻ ՎԱԽՃԱՆՎԵԼԸ ԵՎ ՀԱՅՈՑ ՊԱՏԵՐԱԶՄԸ ՊԱՐՍԻԿՆԵՐԻ ՀԵՏ

Սրանից հետո Խոսրովն իմանալով, որ պարսից Շապուհ թագավորը թշնամիների հետ է զբաղված, լուծում է նրա հետ կնքած խաղաղությունը և նրան վճարած մասնավոր հարկը կտրելով՝ այն ևս կայսրին է տալիս և հունաց զորքերը բերելով, դիմադրում է պարսից թագավորին: Բայց նրա կյանքը երկար չտևեց, նա վախճանվեց ինը տարի թագավորելուց հետո: Նրա մարմինը վերցրին և թաղեցին Անիում՝ իր հայրերի մոտ: Իսկ Մեծն Վրթանեսը ժողովելով բոլոր հայոց նախարարներին, զորքերով ու զորապետներով, մեր երկիրը հանձնում է Արշավիր Կամսարականին՝ իբրև գլխավորի և թագավորից հետո առաջին պատվավոր անձի, իսկ ինքն առնելով Խոսրովի որդի Տիրանին, գնում է կայսրի մոտ, որպեսզի նրան հոր տեղը հայոց թագավոր նշանակի:

Իսկ երբ պարսից Շապուհ թագավորը լսեց Խոսրովի մահը և որ նրա Տիրան որդին կայսրի մոտ գնաց, մեծ զորք է գումարում իր Ներսեհ եղբոր ձեռքի տակ, իբրև թե մտադրվելով նրան թագավորեցնել հայոց վրա, և ուղարկում է մեր երկիրը, սրան առաջնորդ համարելով: Նրանց հանդիպում է քաջ Արշավիր Կամսարականը բոլոր հայկական զորքերով, ճակատամարտ է տալիս Մռուղ կոչված դաշտում և թեպետ պատերազմում շատերն ընկան մեծամեծ նախարարներից, բայց հաղթությունը տարավ հայոց զորքը և փախուստի մատնեց պարսից զորքերը: Այսպես մեր երկիրը պահում են մինչև Տիրանի գալը:

ՏԻՐԱՆԻ ԹԱԳԱՎՈՐԵԼՈՒ ՄԱՍԻՆ, ՄԵԾՆ ՎՐԹԱՆԵՍԻ ԱՅՍ ԱՇԽԱՐՀԻՑ ՓՈԽՎԵԼԸ ԵՎ ՍՈՒՐԲ ՀՈՒՍԻԿԻ ՀԱՋՈՐԴԵԼՆ ԱԹՈՌԻՆ

Կոստանդիանոսի որդի Ավգոստոս Կոստանդը իր ինքնակալության տասնյոթերորդ տարում թագավորեցնում է

Խոսրովի որդի Տիրանին և ուղարկում Հայաստան մեծն Վրթանեսի հետ: Նա գալով խաղաղությամբ տիրում է մեր երկրին պարսիկների հետ հաշտվելով և ոչ թե պատերազմներ անելով: Հարկ վճարելով հույներին, մի մասնավոր բան էլ տալիս է պարսիկներին, խաղաղ ապրում է իր հոր նման, նույնպես ոչ մի քաջության գործ ցույց չտալով, նույնիսկ չհետևելով հայրենական առաքինությանը, այլ ամեն բարի պաշտպանությունից թուլացած զաղտնի կերպով, որովհետև մեծն Վրթանեսից քաշվելով չէր համարձակվում հայտնապես ախտերին անձնատուր լինել:

Իսկ մեծն Վրթանեսը եպիսկոպոսության տասնհինգ տարին լրանալիս փոխվում է այս աշխարհից Տիրանի երրորդ տարում: Թագավորի հրամանով նրան տարան թաղեցին Թորդան գյուղում, կարծես մարգարեական աչքով տեսնելով, որ շատ ժամանակ անցնելուց հետո նույն տեղում պետք է թաղվեն նրա հոր նշխարները: Իսկ աթոռը հաջորդում է նրա Հուսիկ որդին Տիրանի չորրորդ տարում, որ և լիովին հետևող է լինում իր հայրերի առաքինության:

ՇԱՊՈՒՀԻ ՊԱՏԵՐԱԶՄԸ ԿՈՍՏԱՆԴԻ ՀԵՏ

Բայց Որմզդի որդի Շապուհը ավելի սերտ մտերմություն հաստատեց մեր Տիրան թագավորի հետ, մինչև իսկ նրան թիկունք և օգնական եղավ՝ նրան ազատելով հյուսիսային ազգերի հարձակումից, որոնք միաբանելով դուրս եկան Ճորա պահակից և չորս տարի բանակ դրին ու մնացին Աղվանքի սահմաններում: Ուրիշ շատ թագավորների էլ նվաճեց Շապուհը և շատ բարբարոս ազգերից էլ օժանդակություն գտնելով՝ հարձակվեց Միջերկրայքի և Պաղեստինի վրա: Իսկ Կոստանդը Հուլիանոսին կեսար դարձնելով՝ ինքը զինվեց պարսիկների դեմ: Ճակատամարտի մեջ երկու կողմերն էլ պարտություն կրեցին, որովհետև երկու կողմից էլ շատերն ընկան, և ոչ մեկը մյուսից երես չդարձրեց, այնպես որ համաձայնության գալով՝ խաղաղություն կնքեցին մի քանի տարով: Պարսիկների պատերազմից վերադառնալով՝ Կոստանդը երկար հիվանդությունից հետո վախճանվեց Կիլիկիայի Մոմփսյուեստ քաղաքում քսաներեք տարի թագավորելուց հետո: Սրա օրերում Երուսաղեմում երկնքից երևաց լուսեղեն խաչը քաղաքի բոլոր հավատացյալներին և անհավատներին երանելի Կյուրեղի ժամանակ:

ԹԵ ԻՆՉՊԵՍ ՏԻՐԱՆԸ, ՀՈՒԼԻԱՆՈՍԻՆ ԸՆԴԱՌԱՋ ԳՆԱԼՈՎ, ՊԱՏԱՆԴՆԵՐ Է ՏԱԼԻՍ

Այս ժամանակներում հունաց վրա թագավորեց ամբարիշտ Հուլիանոսը, նա Աստծուն ուրացավ, կուռքերը պաշտեց, հալածանք և խռովություն հարուցեց եկեղեցու դեմ և ամեն կերպ ջանում էր քրիստոնեական հավատը հանգցնել, բայց ոչ թե բռնությամբ էր հնազանդեցնում, այլ խորամանկությամբ հնարք էր փնտրում, որ Քրիստոսի պաշտամունքը խափանվի և դևերին երկրպագություն մատուցվի: Երբ նա ըստ իրավունքի զինվեց պարսիկների դեմ, և Կիլիկիայով անցնելով Միջագետք հասավ, պարսից սահմանապահ զորքերը Եփրատ գետի նավակամրջի չվանները կտրելով՝ անցքը պաշտպանում էին: Իսկ մեր Տիրան թագավորը Հուլիանոսին ընդառաջ գալով՝ հարձակվում է պարսից զորքերի վրա, նրանց՝ հալածում է և սպասավորություն մատուցանելով՝ ամբարիշտ Հուլիանոսին և հեծելազորի ամբողջ բազմությունն անց է կացնում գետով և շատ մեծարվում է Հուլիանոսից:

Եվ խնդրում է նրանից, որ նրան իր հետ Պարսկաստան չտանի, պատճառ բերելով, թե անկարող է ձի հեծնել: Հուլիանոսը համաձայնում է, բայց խնդրում է նրանից զորք և պատանդներ: Տիրանը խնայելով իր երկրորդ որդի Արշակին, տալիս է Տրդատ երրորդ որդուն, կնոջով ու որդիներով և իր Տիրիթ թոռանը՝ իր մեռած անդրանիկ որդի Արտաշեսի որդուն: Հուլիանոսը նրանց առնում անմիջապես ուղարկում է Բյուզանդիոն, իսկ Տիրանին ուղարկում է իր երկիրը: Նրան տալիս է տախտակի վրա նկարած իր պատկերը, որի վրա նկարված էին նաև մի քանի դևերի պատկերներ, և հրամայում է կանգնեցնել եկեղեցում՝ արևելյան կողմում, ասելով, թե հռոմեացիների տերության հարկատու եղողները բոլորն այդպես են անում: Տիրանը հանձն առնելով բերում է, մտքով չանցկացնելով, թե խաբեությամբ դների պատկերներ են երկրպագում:

ՍՈՒՐԲ ՀՈՒՍԻԿԻ ԵՎ ԴԱՆԻԵԼԻ ՆԱՀԱՏԱԿՈՒԹՅՈՒՆԸ

Տիրանը Ծոփաց գավառը հասնելով կամեցավ պատկերը դնել իր արքունիքի եկեղեցում: Սուրբ Հուսիկը պատկերը հափշտակեց թագավորի ձեռքից, գետին գցեց և ոտով տրորեց ու մանրեց, հասականցնելով թագավորին բանի խորամանկությունը: Տիրանը նրան չլսեց, վախենալով Հուլիանոսից, որովհետև մտածեց, թե ինքը կարող է մեռնել, իբրև թագավորի պատկերը ոտնակոխ անող: Ուստի ավելի ևս բորբոքվեց նրա մեջ զայրույթը, որ տածում էր դեպի սուրբ Հուսիկը՝ իր հանցանքները շարունակ հանդիմանելու պատճառով, և հրամայեց ճիպոտներով այնքան երկար ձաղկել նրան, որ ծեծելիս հոգին ավանդեց: Նրա վախճանվելուց հետո Տիրանը նախատինքի և անեծքի ենթարկվեց ծերունի Դանիել քահանայի կողմից, որ Սուրբ Գրիգորի աշակերտն ու սպասավորն էր, ուստի հրամայեց նրան խեղդամահ անել: Աշակերտները նրա մարմինը վերցնելով թաղեցին նրա միայնարանում, որ կոչվում է Հացյաց դրախտ: Իսկ սուրբ Հուսիկի մարմինը վերցրին տարան իր հոր մոտ, Թորդան գյուղը: Նա եպիսկոպություն արեց վեց տարի:

ԹԵ ԻՆՉՊԵՍ ԶՈՐԱՆ ՀԱՅՈՑ ԶՈՐՔԵՐՆ ԱՌՆԵԼՈՎ ՀՈՒԼԻԱՆՈՍԻ ՄՈՏԻՑ ԵՏ Է ԴԱՌՆՈՒՄ ԵՎ ՑԵՂՈՎ ԿՈՏՈՐՎՈՒՄ Է

Սուրբ Հուսիկի սպանման լուրը և բոլոր նախարարների քրթնմջյունը հասավ Ռշտունյանց Զորա նահապետի ականջին, որ հայոց հարավային գնդի զորապետն էր Մանաճիհրի փոխանակ և Տիրանի հրամանով գնացել էր իր զորքով Հուլիանոսի հետ: Այս լուրը լսելով՝ նա ասաց իր զորքին. «Չվարվենք այն մարդու հրամանով, որ գայթակղություն է զցում Քրիստոսի երկրպագության մեջ և սպանում է նրա սրբերին, և չուղեկցենք այս ամբարիշտ թագավորին»: Զորքն իրեն կամակից դարձնելով՝ ետ է դառնում և գնում ամրանում է Տմորիքում, մինչև տեսնի, թե ինչ պիտի անեն մյուս նախարարները: Բայց Հուլիանոսի սուրհանդակները նրա գալուց առաջ են հասնում և բերում են Տիրանին թուղթ հետևյալ ձևով:

Հուլիանոսի թուղթը Տիրանին

«Ինքնակալ Հուլիանոսը՝ Ինաքի սերունդը՝ Արամազդի որդին, որ ճակատագրով անմահության է սահմանված, մեր Տիրան գործակալին ողջունում է:

Այն զորքը, որ մեզ հետ ուղարկեցիր, նրանց զորագլուխն առավ ու ետ դարձավ: Մենք կարող էինք մեր անթիվ գնդերից ուղարկել նրանց հետևից ու բռնել, բայց թույլ տվինք նրանց հեռանալ երկու պատճառով, նախ՝ որպեսզի պարսիկները մեր մասին չասեն, թե զորքը բերում է բռնությամբ և ոչ կամովին, և երկրորդ՝ որպեսզի փորձենք քո հավատարմությունը: Արդ՝ եթե նա այդ բանն արեց ոչ քո կամքով, ապա նրանց ցեղովին բնաջինջ արա, որպեսզի մնացորդ չմնա, հակառակ դեպքում երդվում եմ Ռասով, որ մեզ այս թագավորությունը շնորհեց, և Աթենասով, որ տվեց հաղթությունը, որ մեր վերադարձին անպարտելի զորությամբ կխորտակենք քեզ էլ, քո երկիրն էլ»:

Տիրանն այս տեսնելով՝ զարհուրում է և Հայր կոչված մարզպետին ուղարկում է Զորայի մոտ, երդումով նրան իր մոտ է կանչում: Նրա զորքը տեսնելով, որ բոլոր նախարարները լուռ են մնացել, մեր ազգին հատուկ անհամբերությամբ ցրվեցին, յուրաքանչյուրը գնաց իր տունը: Զորան մենակ մնալով ակամայից գալիս է թագավորի մոտ: Նրան բռնելով՝ թագավորը գրավում է նրանց ամուր բերդ Աղթամարը և բոլորին կոտորում սպառում է: Բայց մի փոքրիկ երեխայի՝ նրա Մեհենդակ եղբոր որդուն դայակները փախցրին փրկեցին: Իսկ թագավորը նրա տեղը նշանակում է Անձիտի տեր Սաղամութին:

ՀՈՒՍԻԿԻ ՈՐԴԻՆԵՐԻ ՄԱՀԸ ԵՎ ՓԱՌՆԵՐՍԵՀԻ ՀԱՋՈՐԴԵԼՆ ԱԹՈՌԻՆ

Իսկ հայոց նախարարները Տիրանից խնդրում են Հուսիկի փոխարեն մի արժանավոր մարդ եպիսկոպոս դնելու: Որովհետև նրա որդիները գովելի վարք չունեցան և անարժան էին այն առաքելական աթոռին և բացի սրանից, այդ օրերում նրանց վրա մահ հասավ ահռելի, սարսափելի, լսելու արժանի, - մի տեղում երկուսը միասին կայծակնահար եղան, որոնց անուններն էին Պապ և Աթանագինես, նրանք չթողին չափահաս զավակ այդ պաշտոնին համապատասխան, բացի Աթանագինեսի մի Ներսես անունով որդուց, որ Կեսարիայում սովորում էր և այդ ժամանակ գնացել էր Բյուզանդիոն՝ կին առնելու մի ոմն Ասպիոն մեծ իշխանի աղջկան: Ուստի որովհետև Գրիգորի ցեղից մարդ չկար, ընտրեցին մի ոմն Փառներսեհի՝ Տարոնի Աշտիշատից և դրին քահանայապետ Տիրանի տասներորդ տարում: Նա աթոռը գրավեց չորս տարի:

ԹԵ ԻՆՉՊԵՍ ՏԻՐԱՆԸ ՇԱՊՈՒՀԻՑ ԽԱԲՎԵՑ ՈՒ ՆՐԱ ԿՈՉԻՆ ԳՆԱԼՈՎ ՆՐԱՆԻՑ ԿՈՒՐԱՑՎԵՑ

Այս բոլորից հետո ամբարիշտ Հուլիանոսը փորից վիրավորվելով սատկում է Պարսկաստանում, ինչպես արժան էր նրա չար խորհուրդների համար: Նրա զորքը ետ դարձավ, թագավոր ընտրելով Հոբիանոսին, որը ճանապարհին վախճանվեց՝ Բուզիանդիոն չհասած: Իսկ պարսից Շապուհ թագավորը նրանց հետամուտ է լինում և խաբեությամբ կանչում է Տիրանաին իր մոտ, գրելով նրան այսպիսի թուղթ:

Շապուհի թուղթը Տիրանին

«Մազդեզանց քաջ և արեգակին բարձակից Շապուհ արքայից արքան մեր բարյացակամությամբ հիշված սիրելի եղբորը՝ Հայոց Տիրան թագավորին շատ ողջույններ է հղում:

Մենք ստուգապես վերահասու եղանք, որ դու հաստատ պահեցիր քո սերը դեպի մեզ, կայսրի հետ չեկար մեր պարսից երկիրը, և այն գունդը որ քեզանից առավ Հուլիանոսը, հետնից մարդ ուղարկելով ետ կանչեցիր: Եվ առաջինը ինչ որ դու արիր, գիտենք, նրա համար արիր, որպեսզի քո երկրով չանցնի, այն, ինչ որ նա ինքը պիտի աներ: Ուստի մեր պահապանները երկչոտությամբ թողին հեռացան՝ քեզ պատճառ բռնելով, որի վրա զայրանալով՝ մենք ցուլի արյուն տվինք խմեցնել նրանց գլխավորին: Քո թագավորությանը մենք ոչ մի վնաս չենք հասցնի, երդվում ենք Միհր Մեծ Աստծով, միայն շտապիր գալ մեզ տեսության, հասարակական օգուտի մասին խորհրդակցելու համար»:

Տիրանն այս տեսնելով՝ խելագարվեց գնաց նրա մոտ, որովհետև արդարությունը տանում էր նրան հատուցման տեղը: Շապուհը նրան տեսնելով՝ նախատեց խոսքերով իր զորքերի դեմ հանդիման և նրա աչքերը կուրացրեց, ինչպես հնում Սեդեկիայինը: Գուցե սրանով նա վրեժը հաստատեց Սուրբ մարդու, որով լուսավորվում էր մեր երկիրն ըստ ավետարանի խոսքի, աշխարհի լույսը լինելով: Տիրանը նրա լույսը խավարեցրեց Հայաստանում և ինքն էլ խավարեց, տասնմեկ տարի թագավորություն անելուց հետո:

ՇԱՊՈՒՀԻ՝ ԱՐՇԱԿԻՆ ԹԱԳԱՎՈՐԵՑՆԵԼԸ ԵՎ ՀՈՒՆԱՍՏԱՆ ԱՐՇԱՎԵԼԸ

Բայց Շապուհը Տիրանի փոխարեն թագավորեցրեց նրա որդի Արշակին, ակնածելով հայոց զորքերից, որպեսզի որևէ կերպով չխափանեն իր ձեռնարկելիք գործը: Նա այսպես պատշաճ համարեց, որ բարերարություն անելով մեր երկիրը հաստատ իր կողմը գրավի, նախարարական ցեղերն էլ նա զսպեց, ամենից պատանդներ առնելով: Եվ հայոց արևելյան զորքին Վահան Ամատունու փոխարեն սպարապետ նշանակեց իրեն հավատարիմ Սյունի Վաղինակին, և Հայաստանը նրան հանձնելով, ինքը հետամուտ եղավ հունական զորքին, հասավ մինչև Բյութանիա և այնտեղ նստեց շատ ամիսներ: Ոչինչ անել չկարողանալով ծովի մոտ մի սյուն է կանգնեցնում, վրան դնում է առյուծ, ոտքերի տակ մի գիրք բռնած, որ այս է նշանակում, ինչպես առյուծը հզորն է գազանների մեջ, այնպես է և պարսկականը թագավորների մեջ, իսկ գիրքը պարունակում է գիտություն՝ ինչպես հռոմեացիների տերությունը:

ԹԵ ԻՆՉՊԵՍ ԱՐՇԱԿԸ ԱՐՀԱՄԱՐՀԵՑ ՀՈՒՆԱՑ ԹԱԳԱՎՈՐԻՆ

Այս ժամանակների ընթացքում հյուսիսային ազգերի կողմից խռովություններ ծագեցին, որոնք զբաղեցրին պարսից Շապուհ թագավորին: Իսկ Հույների վրա թագավորեց Վաղենտիանոսը, որ զորքի գումարտակ է ուղարկում Միջերկրայք և հալածում է պարսկական զորքերին: Հետո մեր Արշակ թագավորին ուղարկում է այսպիսի թուղթ:

Վաղենտիանոսի թուղթն Արշակին

«Ինքնակալ Վաղենտիանոս Ավգոստոսը մեր աթոռակից և

թագակից Վաղես կայսրի հետ հայոց Արշակ թագավորին ողջունում է:

Դու պետք է հիշեիր այն չարիքները, որ ձեզ հասան անաստված պարսիկներից, և այն երախտիքները, որ մեզանից գտել եք հնուց ի վեր մինչև քո ժամանակ, և պետք է հեռանայիր նրանից և մեզ մոտենայիր: Որպեսզի մեր զորքի հետ խառնվելով, միասին կռվեք նրանց դեմ, շնորհավորական նամակներով մեր այդտեղի զորավարներին ուղարկիր ձեր երկրի հարկերը, որպեսզի նրանք քո այստեղի եղբորը և նրա հետ եղած պատանդներն առնելով դուրս բերեն: Ողջ եղիր լիովին հնազանդությամբ մեր հռոմեական տերություն»: Իսկ Արշակը նույնիսկ չպատասխանեց այս նամակին, այլ բանի տեղ չդնելով նրանց արհամարհեց, միևնույն ժամանակ նա Շապուհի կողմն էլ չդարձավ ամբողջ սրտով, այլ ինքնահավանությամբ պարծենում էր միշտ կերուխումների ժամանակ և վարձկան երգիչների բերանով, իբրև թե Աքիլլեսից էլ ավելի քաջ ու արի է, բայց իրոք նմանվելով կաղ ու սրագլուխ Թերսիտեսին, իր մեծամեծներից մերժված, մինչև որ իր ամբարտավանության վարձն ստացավ:

ՍՈՒՐԲ ՆԵՐՍԵՍԻ ԵՎ ՆՐԱ ՄՈՒԾԱԾ ԲԱՐԵԿԱՐԳՈՒԹՅՈՒՆՆԵՐԻ ՄԱՍԻՆ

Արշակի թագավորության երրորդ տարում հայոց եպիսկոպոսապետ եղավ Աթանագինեսի որդի Մեծն Ներսեսը: Աթանագինեսը Հուսիկի որդին էր, սա Վրթանեսի որդին, իսկ այս վերջինը էր Սուրբ Գրիգորի որդին: Բյուզանդիայից Կեսարիա վերադառնալով՝ նա եկավ Հայաստան և իր հայրենիքի բոլոր ուղղության կարգերը նորոգեց, և ավելին ևս, որովհետև ինչ բարեկարգություններ որ նա տեսավ Հունաստանում մանավանդ թագավորանիստ քաղաքում, նույնը սահմանեց և մեր երկրում: Նա եպիսկոպոսների և աշխարհականների ժողով գումարեց, կանոնական սահմաններով հաստատեց ողորմածությունը, արմատախիլ արեց անգթությունը, որ մեր երկրում ի բնե սովորական էր: Որովհետև բորոտները հալածվում էին իբրև օրենքով պիղծ ճանաչված մարդիկ, ուրուկներին էլ փախուստի էին ենթարկում, որպեսզի ախտը նրանցից ուրիշների վրա չփոխադրվի, նրանց կացարաններն անապատներն էին և ամայի տեղերը, նրանց ծածկույթը՝ քարերն ու մացառները, իրենց թշվառության մեջ նրանք ոչ ոքից մխիթարություն չէին գտնում: Բացի դրանցից, հաշվանդամները չէին խնամվում, անծանոթ հյուրեր չէին ընդունվում, օտարականները պաշտպանություն չէին գտնում:

Իսկ նա հրամայեց, որ ամեն մի գավառում շինեն աղքատանոցներ առանձնացած անբնակ տեղերում, որպեսզի հունաց հիվանդանոցների նման մխիթարություն լինեն մարմնով վշտացածներին: Այս հիվանդանոցների վրա բաշխեց ավանները և ագարակները, որպեսզի իրենց արտերի արդյունքներից, արածող անասունների կթից ու բրդից բաժին հանեն և պարտավորաբար նրանց պետքերը հոգան, հեռվանց հեռու, իսկ նրանք դուրս չգան իրենց բնակության սահմանված շենքերից: Այս գործը նա հանձնեց Խաղ անունով իր սարկավագին, որ Կարինի Մարգաց գյուղից էր: Նույնպես սահմանում է, որ բոլոր գյուղերում իջևաններ շինվեն օտարականների համար, սնունդի տեղեր որբերի և ծերերի համար և խնամք չքավորների համար: Շինում է նաև անապատ և անմարդաբնակ տեղերում եղբայրանոցներ և մենաստաններ և ճգնողների համար խրճիթներ: Սրանց վրա հայր և վերահսկիչ է նշանակում Շաղիտային, Եպիփանին, Եփրեմին և Գինդին Սլկունյաց ցեղից և ուրիշ մի քանիսին:

Եվ նախարարական ցեղերի միջից վերացնում է այս երկու բանը.- առաջին՝ խնամիությունը մերձավոր ազգականների միջև, որ գործադրում էին սեպուհական ազնվականության համար աչք տնկելով և երկրորդ՝ որ մեռածների վրա ոճիրներ էին գործում հեթանոսական սովորությամբ: Այնուհետև մեր երկրի մարդիկ արդեն բարբարոսների պես այլանդակված չէին, այլ քաղաքացիների նման համեստացած:

ԱՐՇԱԿԻ ԵՂԲՈՐ՝ ՏՐԴԱՏԻ ՍՊԱՆՎԵԼԸ, ՍՈՒՐԲ ՆԵՐՍԵՍԻ՝ ԲՅՈՒԶԱՆԴԻՈՆ ԳՆԱԼՆ ՈՒ ՊԱՏԱՆԴՆԵՐԸ ԵՏ ԴԱՐՁՆԵԼԸ

Վաղենտիանոսն անիրավ մարդկանց վերաբերմամբ շատ խիստ ու ահավոր էր, նա շատ իշխաններ սպանեց հափշտակության պատճառով, և Ռոդանոս անունով մի ներքինապետ կենդանի այրեց, որովհետև ինքը երեք անգամ հրամայեց, բայց նա չվերադարձրեց մի այրի կնոջից հափշտակած գույքը: Նույն այն օրը հասան նրա այն պատգամավորները, որոնց ուղարկել էր Հայաստան և նրան ավելի զայրացրին՝ Արշակի խռովտալու դեպքը պատմելով: Եվ որովհետև նա բարկացած դրության մեջ էր, հրամայեց սպանել Արշակի եղբայր Տրդատին՝ մանուկ Գնելի հորը, և Թեոդոսին պատվիրեց ծանր զորքով հայոց վրա շարժվել: Երբ նա Հայաստանի սահմանները հասավ, Արշակը զարհուրեց, նրան ընդառաջ ուղարկեց Մեծն Ներսեսին, խնդրեց հաշտվել, խափանված հարկերը լիովին վճարեց և Ներսեսին շքեղ ընծաներով նրա հետ ուղարկեց Բյուզանդիոն: Նա գնալով՝ թագավորին հանգստացնում է, շատ մեծարվում է նրանցից և պատանդները խնդրում՝ ետ է առնում ու վերադառնում: Եվ կայսրի ցեղից Ոլիմպիադա անունով մի կույս կին է բերում Արշակին: Բայց կայսրը բարերարություն անելով մանուկ Գնելին, նրա հոր՝ Տրդատի իրենց ձեռքով կատարված անմեղ մահվան համար տալիս է հյուպատոսության պատիվ և շատ գանձեր: Տիրիթը սրա վրա նախանձելով՝ շարունակ մտածում էր նրան չարիք գործել, հարմար օրվան սպասելով:

ԹԵ ԻՆՉՊԵՍ ԽՌՈՎՈՒԹՅՈՒՆ ԸՆԿԱՎ ԱՐՇԱԿԻ ԵՎ ԳՆԵԼԻ ՄԵՋ, ԵՎ ՏԻՐԱՆԻ ՄԱՀԸ

Իսկ Գնելը եկավ Կվաշ ավանը Արագած կոչված լեռան ստորոտում, իր կուրացած Տիրան պապի մոտ, որ դեռ կենդանի էր: Տիրանը դառնապես ողբաց իր Տրդատ որդուն՝ Գնելի հորը, ինքն իրեն պատճառ համարելով նրա սպանվելուն, ուստի Գնելին է տալիս իր բոլոր ունեցածը և գյուղերի ու դաստակերտների կալվածները և հրամայում է հենց նույն Կվաշ ավանում բնակվել: Այնուհետև Գնելը կին է առնում Սյունյաց ցեղից մի ոմն Փառանձեմի և թագավորավայել հարսանիք անելով առատ-առատ պարգևներ է տալիս բոլոր նախարարներին: Սրանք նրան հավանելով ու սիրելով՝ իրենց զավակներին նրան հանձնեցին, որոնց նա փառավոր զարդարեց զենքերով ու զարդերով: Սրա համար նրան ավելի ևս սիրեցին: Այստեղ ահա Տիրիթն առիթ գտավ մատնության: Նա եկավ թագավորի մոտ իր բարեկամ Վարդանի հետ, որ թագավորի զինակիրն էր և Մամիկոնյան տոհմից, ասում են.«Միթե չգիտես, որ Գնելը միտք է դրել քեզ սպանել և քո փոխարեն թագավորել: Ահա տես, թագավոր, այս բանի ապացուցները, Գնելը բնակվեց Այրարատում, ձեր թագավորական կալվածում, և բոլոր նախարարները սրտով նրան են հարած: Կայսրներն այդ դավը սարքելով՝ նրան հյուպատոսության պատիվ տվին և շատ մեծ գանձ, որով նա նախարարներին գրավեց»: Վարդանը երդվում էր թագավորի արևով և ասում. «Ես իմ ականջովս լսեցի Գնելից, որ ասում էր, թե ես իմ հորեղբորը չեմ թողնի իմ հոր մահվան վրեժը, որ նրա պատճառով եղավ»:

Արշակը այս բանին հավատալով՝ նույն Վարդանին ուղարկում է Գնելի մոտ, թե «Ինչու բնակվեցիր Այրարատում և հայրենական կարգը խանգարեցիր: (Որովհետև սովորությունն այնպես էր, որ Այրարատում բնակվի միայն թագավորը և նրա մի որդին, որին պահում էին իբրև թագավորին հաջորդ, իսկ մյուս Արշակունիներն ապրեն Հաշտյանք, Աղիովիտ և Առբերանի գավառներում, արքունական եկամուտներով և ուտեստով): Արդ՝ դու պետք է ընտրես երկուսից մեկը, կամ մահ ընդունել, կամ Այրարատից հեռանալ և քեզանից հեռացնել նախարարների որդիներին»: Գնելն այս լսելով՝ թագավորի հրամանը կատարեց ու գնաց Աղիովիտ և Առբերանի: Բայց նրա պապ Տիրանը խիստ խոսքեր ուղղեց իր Արշակ որդուն, որի պատճառով իր սենեկապետների ձեռքով խեղդամահ եղավ՝ Արշակի գաղտնի հրամանով և թաղվեց նույն Կվաշ ավանում, չարժանանալով իր հայրերի գերեզմանին, գուցե նա հատուցումն արավ Աստծու մարդու՝ Դանիելի մահվան: Ինչ չափով որ չափեց, նրանով էլ ինքը չափվեց, ինչպես ասված է Սուրբ գրքում:

ԱՐՇԱԿԻ ՆՈՐԻՑ ՆԱԽԱՆՁԵԼ ԳՆԵԼԻՆ ԵՎ ՆՐԱՆ ՍՊԱՆԵԼԸ

Սրանից հետո թագավորը որսի գնաց Մասիսի թիկունքում իր սիրած Կոգայովիտ գավառը: Սաստիկ մեծ որս եղավ, և Արշակ խմելիս պարծենում էր, թե իրենից առաջ ոչ մի թագավորի ժամանակ այսքան բազմաթիվ երե չի կոտորվել մի ժամում: Այստեղ Տիրիթն ու Վարդանը նորոգում են իրենց նենգությունն ասելով, թե Գնելը այդ օրերում ավելի շատ երեներ է սպանել իր լեռան վրա, որ Շահապիվան է կոչվում, որ նրան հասել էր նրա մոր պապից՝ Գնել Գնունուց: Ուստի Արշակը Գնելին այսպիսի հրովարտակ է ուղարկում:

Արշակի թուղթը Գնելին

«Մեծ Հայքի թագավոր Արշակը իր Գնել որդուն ողջունում է:

Այստեղ Ծաղկանց լեռան վրա, անտառոտ և ջրավետ տեղում ընտրիր և պատրաստիր առատ որսով տեղ, որպեսզի մենք զանք և թագավորավայել որսի հանդիպենք»:

Հրովարտակն ուղարկելուց հետո Արշակն իսկույն գնաց, մտածելով, որ եթե Գնելը հրամանի համաձայն չի կատարել, նրան կապի, իբրև թե նա դժկամակել է թագավորի ուրախանալուն: Բայց երբ գալիս տեսնում է որսի այնպիսի պատրաստություն և երեների այնպիսի բազմություն, որ նա երբեք չէր տեսել, խոցվում է սրտում նախանձից ու կասկածներից, և հրամայում է նույն Վարդանին՝ որսատեղում Գնելին սպանել, իբր թե պատահմամբ, նետը որսի վրա արձակելիս՝ նրան է դիպել: Այս հրամանն ստանալով՝ նա իսկույն կատարում է, ոչ այնքան թագավորի հրամանի պատճառով, որքան իր սիրելի Տիրիթի կամքը կատարելով: Իսկ Արշակը Գնելի դին նախարարների հետ

Աղիովտի դաշտն իջեցնելով՝ թաղում է արքունական Զարիշատ քաղաքում և անմեղ ձևանալով՝ մեծ կոծ է կատարում:

ԹԵ ԻՆՉՊԵՍ ԱՐՇԱԿԸ ՀԱՆԴԳՆԵՑ ԳՆԵԼԻ ԿՆՈՋՆ ԱՌՆԵԼ, ՈՐԻՑ ԾՆՎԵՑ ՊԱՊԸ

Թեպետ կարծում էր Արշակ, թե այդ չարիքները թաքուն գործեց, բայց ինչ որ չի ծածկվում Աստծու ամենատես աչքից, հայտնի է դառնում և երկրին, ի սարսափ հանցավորների, ինչպես Տիրանի և Գնելի մահը: Երբ բոլորն այս բանը իմացան, իմացավ նաև Մեծն Ներսեսը, որ անիծելով Արշակին և սպանության առիթ եղողին, գնաց սուգ նստավ երկար օրեր, ինչպես Սամվելը Սավուղի համար: Իսկ Արշակը չզղջաց, չապաշխարեց, այլ անամոթաբար սպանվածի զանձերին և ժառանգությանն աչք տնկելով, դեռ նրա կնոջը՝ Փառանձեմին էլ իրեն կին առավ, որից ծնվեց մի պատանի, որ կոչվեց Պապ:

Այս Փառանձեմը մի անլուր և անկարելի չարիք գործեց, որից լողները պիտի սարսափեն: Մի անարժան և սուտանուն քահանայի ձեռքով մահացու դեղ խառնեց կյանքի դեղի մեջ (հաղորդություն) և տվեց Ոլիմպիադային՝ Արշակի առաջին կնոջը, և նրան կյանքից զրկեց, նախանձելով նրա տիկնության վրա: Նույնպես և Արշակի ձեռքով սպանել է տալիս Վաղինակին և նրա տեղ նշանակում է իր հորը՝ Անտիոքին:

ՏԻՐԻԹԻ ՍՊԱՆՈՒԹՅՈՒՆԸ

Երբ Շապուհը հյուսիսային ազգերից խաղաղվեց և պատերազմներից հանգիստ առավ՝ արտահայտեց իր բարկությունը Արշակի վրա, որ նա այնքան տարիներ հարկ է տալիս կայսրին, և ոչ իրեն: Այս պատճառով Արշակը արժանավայել ընծաներով նրա մոտ է ուղարկում Տիրիթին և նրա սիրելի Վարդանին՝ հաշտություն խնդրելու համար: Բայց Շապուհը որովհետև ուզում էր հույներից վրեժխնդիր լինել անցյալ պատերազմների համար, ինքը գնում է նրանց դեմ պատերազմի, ուստի և խնդրում է մեր Արշակ թագավորին, որ իր հետ գնա հայոց բոլոր զորքերով: Բայց Արշակը պատճառներ բերելով, չկամեցավ անձամբ գնալ, այլ մի փոքր գունդ ուղարկեց Շապուհի հետևից:

Իսկ ինքը Տիրիթի վրա բարկանալով, զրկում է պատվից, իբրև թե այդ բանը կատարվեց նրա թելադրանքով, որովհետև նա ատում էր հույներին: Թագավորին ավելի գրգռում էր նրա զինակիր Վասակը, որ եղբորը նախանձում էր մի հարձ աղջկա պատճառով: Ուստի թագավորը նրանց (Տիրիթին ու Վարդանին) սաստիկ նախատեց, ամոթալի վիրավորական խոսքերով: Իսկ նրանք այսպիսի անպատվություն և պարսավանք տանել չկարողանալով՝ զատվեցին Արշակից և դիմեցին գնացին Շապուհի մոտ: Սրա վրա ավելի զայրանալով՝ Արշակ հրամայում է նույն Վասակին՝ նրանց հետևից ընկնել բազմաթիվ գնդով և նրանց սպանել, որտեղ որ նրանց հասնի: Վասակն անփույթ չեղավ այս հրամանը կատարելու, թեպետ Վարդանը իր եղբայրն էր: Այս կերպով Գնելի անմեղ արյան վրեժը պահանջվեց ամբարիշտ Տիրիթից, ինչպես անիծել էր Ներսեսը, և Վարդանից, որին վիճակվեց իր հարազատ եղբորից սպանվել:

ՇԱՊՈՒՀԻ ՊԱՐՏՈՒԹՅՈՒՆ ԿՐԵԼԸ ՏԻԳՐԱՆԱԿԵՐՏՈՒՄ

Իսկ Շապուհը գալիս հասնում է մեր Տիգրանակերտ քաղաքը: Նրան դեմ են կանգնում քաղաքի մարդիկ և քաղաքապահ զորքը, որովհետև Սյունյաց Անտիոք նահապետը, որ Արշակի աներն էր և քաղաքի վերակացուն, հրամայեց քաղաքի դռները կողպել Շապուհի առաջ: Եվ ոչ միայն արգելեց մտնել, այլև ոչ պատգամավորներ ուղարկեց նրա մոտ, ոչ էլ նրա ուղարկածներին ընդունեց: Տեղի ունեցավ խիստ կռիվ, որի ժամանակ շատ պարսիկների սպանեցին: Շապուհի զորքը պարտություն կրելով նորից Մծբին դարձավ: Երբ զորքը հանգստացավ ու կրած նեղություններից կազդուրվեց՝ Շապուհը կամեցավ գնալ և Տիգրանակերտն առնել, բայց նրա առաջապահ գնդերը և լրտեսները չթողին այս բանով զբաղվել, ասելով թե դրանով հույների դեմ ձեռնարկված գործը կխանգարվի: Եվ Շապուհն առաջ անցնելով՝ այսպիսի թուղթ է գրում նրանց.

Շապուհի թուղթը Տիգրանակերտին

«Մազդեզանց քաջ Շապուհ արքայից արքան տիգրանակերտցիներին, որ այլևս չեք հիշվելու արյաց և անայրաց մեջ:

Ես կամենում էի ձեզանից սկսելով բոլոր առաջիկա քաղաքները մուտք գործել խաղաղությամբ և քաջին վայել ազնվականությամբ: Եվ եթե դուք տիգրանակերտցիներդ, որ առաջինն եք, ինձ, որ չէի հարձակվում, այլ ուղևորության նպատակով էի գալիս, հակառակ կանգնեցիք, մյուսներն էլ ձեզանից օրինակ կառնեն նույնպես վարվելու: Բայց իմ դարձի ժամանակ իմ բարկությամբ ձեզ այնպես կվնասեմ, որ նորից օրինակ դառնաք խելացնոր ստահակներին»:

ԹԵ ԻՆՉՊԵՍ ԱՐՇԱԿԱՎԱՆԸ ՇԻՆՎԵՑ ՈՒ ԿՈՐԾԱՆՎԵՑ, ԵՎ ԱՆԻՆ ԱՌՆՎԵՑ

Բայց Արշակն ավելի ևս հանդգնելով մի անմիտ գործ գործեց: Մասիս լեռան թիկունքում նա շինեց մի դաստակերտ՝ մեղավոր մարդկանց ժողովատեղի, և հրաման արձակեց, թե ով որ կարողանա այդտեղ ընկնել ու բնակվել, նրա վրա դատական օրենքը չի գործի: Անմիջապես ամբողջ հովիտը ծովացած լցվեց մարդկանց բազմությամբ, որովհետև ավանդառուներն ու պարտապանները, ծառաներն ու հանցագործները, գողերն ու մարդասպանները, ուրիշների կանանց փախցնողները և ուրիշ սրանց նմաններ փախչում ապաստանում էին այնտեղ, և նրանց դեմ հարց ու դատաստան չկար: Նախարարները շատ անգամ բողոքեցին, բայց Արշակը նրանց չլսեց, այն աստիճան, որ նրանք մինչև Շապուհին դիմեցին: Եվ երբ Շապուհը Հունաստանից ետ էր դառնում, իր սպասավորներից մեկին հայ զնդով ուղարկեցին, որ երբ դեպքը գա, Արշակին բռնի, բայց նա խուսափեց նրանից, փախավ Կովկասի կողմերը, վրացիների հետ միաբանելով:

Իսկ Պարսից սպարապետը Հայաստան գալով նախարարների օժանդակությամբ առնում է Անի ամրոցը, ավարում են այնտեղ պահված բոլոր արքունական գանձերը, այլև թագավորների ոսկորները, չգիտեմ՝ Արշակին նախատինք հասցնելու նպատակով, թե որևէ հեթանոսական հմայքի համար: Բայց հետո նախարարները խնդրեցին ետ ստացան ոսկորները և թաղեցին Աղցք ավանում, որ Արագած կոչված լեռան ստորոտումն է: Որովհետև նրանք չկարողացան ջոկել հեթանոսների և հավատացյալների ոսկորները, քանի որ գերողները խառնել էին իրար հետ, ուստի արժան չհամարեցին թաղել սրբերի հանգստարանում, Վաղարշապատ քաղաքում:

Իսկ հայոց նախարարները ժողովվելով դիմեցին թագավորական դաստակերտ Արշակավանի վրա, սրով կոտորեցին տղամարդկանց և կանանց, բացի ծծկեր երեխաներից, որովհետև նրանք յուրաքանչյուրը կատաղած էին իրենց ծառաների և հանցավորների դեմ: Այս բանը թեպետ իմացավ Մեծն Ներսեսը, բայց չկարողացավ կոտորածից առաջ հասնել, այլ հասավ վերջում, երբ կոտորվածների երեխաներին բաժանելով ուզում էին գերի տանել, ինչպես հեռավոր թշնամիների երեխաների: Մեծն Ներսեսը նրանց ազատեց և հրամայեց քթոցներով կրել մի գոմ, նրանց համար սնուցիչներ և սնունդ նշանակեց: Հետո նրանք մեծանալով ավան կազմեցին, որ այս պատճառով կոչվեց Որթք (քթոցներ):

ՏԻԳՐԱՆԱԿԵՐՏԻ ԱՌՆՎԵԼԸ ԵՎ ՀԻՄՆՈՎԻՆ ՔԱՆԴՎԵԼԸ

Իսկ Շապուհը եկավ Տիգրանակերտ: Դռները դարձյալ կողպեցին ընդդիմանալու նրան և պարսպի վրա բարձրանալով աղաղակում էին. «Հեռացիր մեզանից, Շապուհ, ապա թե ոչ պատերազմով քեզ առաջինից ավելի մեծ չարիքներ կհասցնենք»: Իսկ նա պատասխանեց. «Ով քաջ հայեր, որ ինքներդ ձեզ արգելել փակել եք Տիգրանակերտի պարիսպների հետև, և ներսից սպառնալիքներ եք արձակում: Քաջ տղամարդիկ կռվում են արձակ դաշտում և ազատ տեղում, կանայք են որ փակվում են, առաջիկա կռվից վախենալով»: Այս ասելով դարձավ զերի բռնված հույն զինվորներին և ասաց. «Եթե ձեր կռվելով այս քաղաքն առնեմ, ձեզ բոլորիդ կազատեմ ձեր ընտանիքներով հանդերձ», իսկ պարսից զորքերին հրամայեց քաղաքի շուրջը պտտվել և պարիսպի վրա եղողներին նետերով խոցոտել:

Իսկ հույները մոտ գալով, մեծ ուժով պարսպին դեմ դրին էշ կոչված գործիքը: Սա մի անվավոր մեքենա է, որ քշելով տանում են երեք մարդ, նրանց ներքևում կան կացիններ, երկբերանի սակրներ և սրածայր մուրճեր՝ հիմքերը փորելու համար, և այն պատերը, որ Հայկազնյան Տիգրանը շինել էր հաստ և ամուր, հիմքից քանդելով, տապալեցին, դռներում և բոլոր կողմերում կրակներ վառեցին, և նետում էին քարեր, նետեր և տեգեր: Մերոնք խոցոտվելով շշկլվեցին: Ամբողջ զորքը ներս մտավ, պարսկական ձեռքը չէր հոգնում բազմախողխող սուրը արյունով հագեցնելուց, այնպես որ սպանվածների արյունով լցվում էին հիմքերը: Իսկ հունական ձեռքը կրակի էր մատնում բոլոր փայտակերտ շինությունները: Շապուհը կոտորածից մնացածներին գերի առնելով չվում է Պարսկաստան, իսկ Հայաստանում եղած զնդերին մարդիկ է ուղարկում, հրամայելով, որ Սյունյաց տոհմը բնաջինջ անեն, անզավակ դարձնեն:

ԱՐՇԱԿԻ ՊԱՏԵՐԱԶՄՆ ԻՐ ՆԱԽԱՐԱՐՆԵՐԻ ԴԵՄ ԵՎ ՊԱՊԻ ԻԲՐԵՎ ՎՏԱՐԱՆԴԻ ԲՅՈՒԶԱՆԴԻՈՆ ԳՆԱԼԸ

Շապուհի համար դարձյալ խռովություններ ծագեցին նույն հյուսիսական ազգերից, իսկ խաղաղությունը շուռ եկավ հույների կողմը, համաձայն այն խոսքի, թե փոփոխակի իրար փոխարինում են, սրանց խաղաղությունը նրանց խռովության մեջ է կայանում, և նրանց խաղաղությունը սրանց խռովության մեջ, այնպես որ մեկի վախճանը մյուսի սկիզբն է դառնում: Որովհետև Վաղենտիանոսը Բերգիտիոն կոչված բերդում հիվանդանալով մեռնում է, և տերությունն առնում է նրա եղբայր Վաղեսը, որը գոթերի հետ բարեբախտ պատերազմ մղելով ու հաղթելով ետ է դառնում և անմիջապես զորք է ուղարկում Միջագետք, Հայաստան՝ Շապուհին օգնական զորք տալու համար:

Բայց Արշակը վրացական գնդով գալով՝ իր մտերիմներից էլ սակավաթիվ զորք է ժողովում և պատերազմ է սկսում այն նախարարների դեմ իր Արշակավան դաստակերտի վրեժն առնելու համար: Նրանք էլ միաբանելով՝ Ներսեհի՝ Կամսարի որդու առաջնորդությամբ պատերազմով դիմադրում են Արշակին: Տեղի է ունենում սաստիկ կռիվ, որի մեջ յուրաքանչյուր կողմից շատ մարդիկ են ընկնում, տղամարդ տղամարդի դեմ դուրս գալով, ոչ մեկը չէր կամենում պարտություն կրած լինել: Երբ նրանք սրանով են լինում զբաղված, վրա են հասնում կայսրական զորքերը: Այն ժամանակ Արշակը տեսնելով, թե իրեն թշնամի են Շապուհը, Վաղեսը և իր նախարարները, ամենքից լքված՝ շատ անգամ մարդ է ուղարկում Մեծն Ներսեսի մոտ աղաչանքով, խոստանում է ետ կանգնել բոլոր չար ճանապարհներից, նրա կամքով վարվել, քուրձով ու մոխրով ապաշխարել, միայն թե նա գա, խաղաղություն զցի և իրեն փրկի հզոր հույների ձեռքից: Նույն բանի համար նախարարների կողմից էլ իրար վրա հաճախ խնդիրներ էին գալիս, այնպես էլ եպիսկոպոսները ժողով գումարելով նրան թախանձելով խնդրում էին, որ անտարբեր չմնա իր վիճակի (երկրի) կորուստին:

Ապա Մեծն Ներսեսը համաձայնելով եկավ և նրանց մեջ խաղաղություն հաստատեց, որովհետև թագավորն էլ, նախարարներն էլ նրան լսեցին, բացի Արծրունիների նահապետ

Մերուժանից և նրա քրոջ ամուսին Վահան Մամիկոնյանից, որոնք անլսող եղան և ապստամբվելով գնացին Շապուհի մոտ: Իսկ մյուս բոլոր նախարարները ուխտ հաստատեցին, որ թագավորն այնուհետև ուղղությամբ վարվի և իրենք հավատարմությամբ նրան ծառայեն: Այսպես հաստատվեց նրանց մեջ: Բայց հունաց զորքերի մոտ էլ գնաց Մեծն Ներսեսը և աղաչում էր, որ մեր երկրին վնաս չհասցնեն, այլ հարկերն ստանան, Արշակի որդուն՝ Պապին բոլոր նախարարների որդիներով հանդերձ պատանդ վերցնեն ու ետ դառնան: Քաղցր և մեծ Թեոդոս զորավարը համաձայնեց ու դարձավ կայսրի մոտ պատանդներով հանդերձ, հետը տանելով Մեծն Ներսեսին Արշակի թղթով, որ հետևյալ բովանդակությունն ուներ.

Արշակի թուղթը Վաղեսին

«Մեծ Հայքի Արշակ թագավորը և Արամյան ազգի բոլոր նախարարներս մեր տիրոջ՝ ինքնակալ Վաղես Ավգոստոսիդ և քո Գրատիանոս որդուդ ողջունում ենք:

Թող ինքնակալդ այնպես չմտածե, թե մենք ձեզ ատելուց արհամարհեցինք կամ մեզ հզոր համարելով ասպատակող զունդ ուղարկեցինք հունաց երկիրը, բայց գիտենալով, որ մեծ խռովություն է ծագել ձեր մեջ և որ ոչ ոք մեզ չի փրկի Շապուհի ձեռքից, երկյուղից նրան օգնեցինք մի փոքր գնդով, բայց ես ինքս, Արշակս, նրա հետ չեկա, հավատարիմ մնալով ձեզ, որի պատճառով նա ավերեց մեր երկիրը, մինչև անգամ մեր հայրերի գերեզմանները փորեց, ոսկորները հանեց: Արդ՝ այս իրողություններին հավատալով՝ հաստատ պահեց ձեր նախկին սերը դեպի մեզ և մենք հավատարմությամբ ձեզ կծառայենք»:

Բայց Վաղեսը ոչ թուղթը կարդաց և ոչ Մեծն Ներսեսին կամեցավ տեսնել, այլ ուղղակի հրամայեց նրան աքսորել և բոլոր պատանդներին սրի անցկացնել:

ՄԵԾՆ ՆԵՐՍԵՍԻ ԱՔՍՈՐՎԵԼԸ ԵՎ ԱՆԲՆԱԿ ԿՂԶԻ ԳՑՎԵԼԸ, ԵՎ ԹԵ ԻՆՉՊԵՍ ՆՐԱՆՔ ԿԵՐԱԿՐՎՈՒՄ ԷԻՆ ԵՐԿՆԱՅԻՆ ԽՆԱՄՔՈՎ

Այս ժամանակ Բյուզանդիոնի եպիսկոպոսական աթոռը նստում էր հոգեմարտ Մակեդոնը: Երբ արքունիքից հրաման ելավ Մեծն Ներսեսին աքսորելու, իբրև մի անգամ կայսրին խաբողի և ուխտադրուժի, նրա մոտ եկան մի քանի հերձվածողներ Արիոսի աղանդից և ասացին. «Եթե մեզ հետ դավանես, քեզ կփրկե մեր հայր Մակեդոնը»: Նա չհամաձայնեց ու աքսորվեց: Երբ նավով լողում էին, ձմեռվա խիստ քամիները նավը քշեցին դեպի անապատ կղզի ու խորտակեցին: Նավորդները չէին վստահում մակույկներով նավել, մնացին տարակուսած և ուտում էին անտառի ծառերի արմատները: Բայց Աստծու խնամքով նրանք ութ ամիս կերակրվեցին, այն ձկներով, որ ծովը կենդանի ափ էր զցում: Իսկ Պապը և բոլոր պատանդները հանձն առան և Մակեդոնը նրանց ազատեց:

ԱՐՇԱԿԻ ԿՈՏՈՐԵԼԸ ՆԱԽԱՐԱՐՆԵՐԻՆ ԵՎ ԽԱԴ ԵՊԻՍԿՈՊՈՍԻ ՎԱՐՔԻ ՄԱՍԻՆ

Երբ Մեծն Ներսեսը հեռացավ, Արշակը դրժեց բոլոր պայմանները, որ կնքել էր նախարարների հետ և կամեցավ իր Արշակավան դաստակերտի վրեժը հանել:

Նա կոտորեց նախարարներից շատերին, մանավանդ բնաջինջ արավ Կամսարականների ցեղը, ագահելով Արտագերս ամրոցին և Երվանդաշատ քաղաքին, որ նրանց ոստանն էր: Նրանց հրավիրեց իր մոտ, Արմավիրի լքած պալատը, իբրև ազգականների՝ պատվելու, մեծարելու պատճառանքով, և հրամայեց բոլորին միանգամայն կոտորել, մարդկանց, կանանց, երեխաներին: Ոչ ոք նրանցից չփրկվեց, բացի Արշավիրի որդի

Սպանդարատից, որ Արշակունյաց տոհմից կին ունենալով՝ գնաց բնակվեց նրա ժառանգության կալվածում, Տարոնի և Հաշտյանքի կողմերում, իբրև տրտնջող իր Ներսեհի հորեղբորից, այս պատճառով էլ նա նրանց կոտորածի տեղում չհանդիպեց: Բայց երբ իր ազգատոհմի կոտորածի բոթը լսեց, իր Շավարշ և Գազավոն որդիների հետ բոլոր ընտանիքով փախավ գնաց Հունաստան:

Բայց Մեծն Ներսեսը Հունաստան գնալիս Խադ սարկավագին ձեռնադրել էր Բագրևանդի և Արշարունիքի եպիսկոպոս և նրան էր վստահել մեր երկրի վերակացության բոլոր գործերը մինչև իր վերադարձի ժամանակ: Այս Խադը Մեծն Ներսեսին էր նման ամեն բանով, մանավանդ աղքատների խնամատարության գործում, որի շտեմարաններն էլ հենց աղբյուրի նման առատացան սքանչելի կերպով, ինչպես Եղիայի և Եղիսեի ժամանակ, և թագավորին հանդիմանելու մեջ էլ նա խիստ էր և ահավոր ու աներկյուղ: Սատանան ոչ մի կերպ նրան դիպչել չկարողացավ բացի մի բանից. որ նա զգեստի կողմից պճնասեր էր և ձիասեր, որի պատճառով նրան պարսավում և ծաղրում էին փոխարինաբար նրանք, որոնց նա հանդիմանում էր: Այս պատճառով նա հրաժարվեց շքեղ զգեստներից և մազեղեն հագնելով՝ էշով էր ման գալիս մինչև իր մահվան օրը:

ԹԵ ԻՆՉՊԵՍ ԱՐՇԱԿԸ ԿԱՄԵՆՈՒՄ ԷՐ ՔԱՐՇԵԼ ԵՎ ՔԱՐԿՈԾԵԼ ԵՐԱՆԵԼԻ ԽԱԴԻՆ՝ ԻՐ ՀԱՅՑԱՑՔՆԵՐԸ ՀԱՆԴԻՄԱՆԵԼՈՒ ՊԱՏՃԱՌՈՎ

Երբ Արշակ Կամսարականների ցեղը կոտորեց, հրամայեց նրանց դիակները քաշ տալ, դեն գցել առանց թաղելու, որպեսզի շների կերակուր դառնան, իսկ ինքը իբրև նեծ հաղթությամբ պսակված, մի քանի օր ուրախություններով անց կացրեց և հրամայեց, որ նրանց մթերքները բերեն և Արմավիրում ամբարեն: Փորեցին բացին Նախճվան գյուղում նրանց երկու շատ խոր և շատ լայն հորերը և նրանց ավանի սայլերով բերին:

Սայլապանները տեսնելով մարդկային ոսկորներ, որ թափթփված էին փոսի մոտերը և գազանների կերակուր էին դարձել, հարցրին իմացան, որ իրենց տերերի ոսկորներն են, սայլերում հավաքեցին, եղեգով ծածկեցին, տարան նույն հորերում թաղեցին: Արշակն այս իմանալով՝ հրամայում է սայլապաններին նույն հորերի վրա փայտից կախել:

Խաղն առաջին դեպքին չպատահեց, իսկ այս անգամ հասավ և սկսեց հանդիմանական խոսքերով թագավորին պարսավել: Արշակ հրամայեց նրան քաշել և քարկոծել: Եվ որովհետև նրա աղջիկները տեղեր ունեին մեծ նախարարություններից, Ապահունյաց քաջ և զորեղ ցեղից, սրանք սրերը հանելով քաշողներին կիսամեռ արին և Խաղին նրանց ձեռքից հափշտակելով իրենց գավառը գնացին: Արշակը հակառակ չգնաց, թաքնվեց, որպեսզի բոլոր նախարարները չգրգռվեն:

ԹԵՈԴՈՍ ՄԵԾԻ ԹԱԳԱՎՈՐԵԼԸ ԵՎ ՀՈԳԵՄԱՐՏՆԵՐԻ ՊԱՏՃԱՌՈՎ ԳՈՒՄԱՐՎԱԾ ԺՈՂՈՎԸ

Բայց Վաղես կայսրը մշտնջենական դժոխքի օրինակն հենց այստեղ կրելով, Ադրիանուպոլսում հրակեզ եղավ ու սատկեց, ինչպես արժան էր իր դիտավորություններին: Թագն ստացավ Թեոդոսը: Սա մինչև հատակը քանդեց կուռքերի մեհյանները, որոնք սուրբ Կոստանդիանոսից միայն փակված էին, այսինքն՝ Արեգակի, Արտեմիսի և Ափրոդիտեի մեհյանները Բյուզանդիոնում: Նույնպես ավերեց Դամասկոսի տաճարն ու վերածեց եկեղեցու, այսպես նաև Իլիու քաղաքի տաճարը, Լիբիանոսի մեծ և հռչակավոր տաճարը, որ կոչվում էր երեքքարյան:

Սա ետ դարձրեց բոլոր սուրբ հայրերին, որոնք ուղղափառության պատճառով աքսոր էին ուղարկված հանքերը, որոնց թվում նաև Մեծն Ներսեսին բերելով իր մոտ Բյուզանդիոն, պահում է մեծ պատվով, մինչև ստուգվի ճշմարիտ հավատը՝ ամբարիշտ Մակեդոնի հայհոյությունների առիթով, որովհետև նա

Սուրբ հոգուն չէր դավանում իբրև Տիրոջ, և ոչ էլ երկրպագելի ու փառաբանելի էր համարում Հոր և Որդու հետ, այլ Աստծու բնությունից օտար, ստացական, ծառա, պաշտոնյա, ոչ թե մի անձնավորություն, այլ մի ազդումն: Եվ թագավորանիստ Բյուզանդիոն քաղաքում ժողովվեցին Սուրբ հայրերը՝ Հռոմի Դամասիոսը, Կոստանդնուպոլսի Նեքտառիոսը, Ալեքսանդրիայի Տիմոթեոսը, Անտիոքի Մելիտոսը, Երուսաղեմի Կյուրեղը, Նյուսիայի Գրիգորիոսը, Իկոնիայի ուրիշ եպիսկոպոսներ, ընդամենը հարյուր հիսուն հայր, որոնք նզովեցին և մերժեցին Մակեդոնին և բոլոր հոգեմարտներին:

ԱՐՇԱԿԻ ԱԿԱՄԱ ԳՆԱԼԸ ՇԱՊՈՒՀԻ ՄՈՏ ԵՎ ԷԼ ԵՏ ՉԴԱՌՆԱԼԸ

Շապուհը պատերազմներից դադար գտնելով՝ Արշակի վրա է ուղարկում ուժեղ գնդով մի ոմն պահլավիկ Ալանաոզանի, որ Արշակին ազգակից էր: Արշակը նրանից խույս տվեց, որովհետև անօգնական մնաց շատ նախարարների կողմից, որոնք իրենց Արշակ թագավորից զզված, Ալանաոզանին ձեռք էին մեկնում և իրենց կամքով գնում էին Շապուհի մոտ, որից մեծարվելով դառնում էին մեր երկիրը: Սրանից Արշակը տարակուսած՝ պատգամ է ուղարկում պարսից զորքի իշխանին, թե «Դու իմ արյունակիցն ու հարազատն ես, ինչու ես այդպիսի խստությամբ հալածում ինձ, գիտեմ, որ դու ակամա ես եկել իմ վրա, չկարողանալով հակառակվել Շապուհի հրամանին՝ գալու ինձ՝ քո ազգականի վրա: Արդ՝ մի քիչ թուլացրու հալածանքդ, որ ես կարողանամ կարճ ժամանակ մի տեղ թաքնվել, մինչև շունչ առնեմ և կարողանամ հունաց երկիրն անցնել, իսկ դու մեր երկիրը կգրավես և ինձանից մեծամեծ բարիքներ կգտնես, ինչպես մտերիմ հարազատից»:

Ալանաոզանը նրան այսպիսի պատասխան է տալիս.

«Եթե դու, ասում է, չխնայեցիր մեր ազգական Կամսարականներին, որոնք ինձանից ավելի մոտ հարազատներ էին քեզ ձեր կրոնի կողմից և միևնույն երկրում բնակվելով, ինչպես կարող ես հուսալ, որ ես քեզ խնայեմ, որ քեզանից հեռու եմ և կրոնով, և բնակությամբ, և ինչ հիմունքով քո բարիքներին հուսալով, որ հայտնի չէ թե կստանամ, կորցնեմ այն բարիքները, որ գտել եմ իմ թագավորից»:

Այնուհետև Արշակը, սաստիկ նեղն ընկած, ակամա գնում է Շապուհի մոտ և արգելված պահվում է: Բռնի ստիպմունքից հարկադրված՝ գրում է իր Փառանձեմ կնոջը, որ գա պալատ: Եվ Շապուհը հրամայում է բոլոր մեծամեծներին, որ Փառանձեմի հետ գան:

ԱՅՆ ՉԱՐԻՔՆԵՐԻ ՄԱՍԻՆ, ՈՐ ՇԱՊՈՒՀԻ ԿՈՂՄԻՑ ԱՆՑԱՆ ՀԱՅԱՍՏԱՆԻ ՎՐԱ, ԵՎ ԱՐՇԱԿԻ ՄԱՀԸ

Հայոց այն նախարարները, որոնք Արշակից առաջ ձեռք էին մեկնել պարսից Շապուհ թագավորին, երբ իմացան, թե իրենց կանանցն էլ է կանչել այն նախարարների կանանց նման, որոնք հավատարիմ էին մնացել Արշակին, երբ տեսան նաև, թե Ալանաոզանը գնաց, և մի փոքր գունդ է, որ այս բանի համար եկել է, միաբանեցին, նրանց հալածեցին և իրենց կանանց ու որդիներին առնելով փախան Հունաստան: Փառանձեմ թագուհին էլ իր ամուսնու կոչին չգնաց, այլ գանձերով հանդերձ ապաստանեց Արտագերս բերդը, նա լուր ուղարկեց իր Պապ որդուն և հույս ուներ Շապուհի ձեռքից ազատվելու: Շապուհը սրա վրա զայրացավ, Արշակի ոտները կապեց երկաթե շղթաներով և ուղարկեց Խուժաստան երկիրը՝ Անհուշ կոչված բերդը: Եվ մեծ զորք գումարելով Մեհրուժան Արծրունու և Վահան Մամիկոնյանի ձեռքով, որոնք ուրացել էին Քրիստոսին, ուղարկում է Հայաստան: Նրանք եկան և նստեցին Արտագերս բերդի շուրջը: Եվ թեպետ ոչինչ չէին կարողանում անել բերդի անմատչելի ամրության պատճառով, բայց որովհետև Աստծու բարկությունը Արշակի վրա էր, ամրոցի մարդիկ չկամեցան սպասել մինչև Պապից լուր գար, այլ կամովին առանց բռնության անձնատուր եղան: Նրանց գերի վերցրին և Փառանձեմ տիկնոջ և գանձերի հետ միասին տարան Ասորեստան և այնտեղ սայլի ցցի վրա վարսելով սպանեցին:

Նույն ժամին հրաման հասավ Շապուհ թագավորից, որ բոլոր քաղաքների ամրությունները քանդեն և հրեաներին տեղահան անեն և գերի բերեն նաև այն հրեաներին, որ հրեական կրոնով ապրում էին Տոսպի Վան քաղաքում, որոնց գերի էր բերել Բարզափրան Ռշտունին Տիգրանի ժամանակ: Սրանց Շապուհը բնակեցրեց Ասպահանում: Գերի տարան նաև Արտաշատում և Վաղարշապատում ապրող հրեաներին, որոնց նույնպես բերել էր նույն Տիգրան թագավորը, որոնք Սուրբ Գրիգորի և Տրդատի ժամանակ հավատացել էին Քրիստոսին, նրանց հետ էր և Արտաշատի երեց Զվիթան: Ապա Մեհրուժանը և Վահանը Շապուհի մոտ գնալով չարախոսեցին Զվիթայի մասին, թե նա այն նպատակով եկավ գերիների հետ, որպեսզի նրանց համոզի ամուր պահել քրիստոնեական հավատը:

Ուստի Շապուհը հրամայեց չարչարել Զվիթային, որ քրիստոնեական հավատը թողնի: Նա չհամաձայնեց և սպանվեց: Արշակը բոլոր այս թշվառություններն ու աղետները լսելով՝ Սավուղի պես վերջ դրեց իր կյանքին, թագավորելով երեսուն տարի:

ՄԵՀՐՈՒԺԱՆԻ ՄԵԶ ՀԱՍՑՐԱԾ ՉԱՐԻՔՆԵՐԸ ԵՎ ՊԱՊԻ ԹԱԳԱՎՈՐԵԼԸ ՀԱՅՈՑ ՎՐԱ

Արշակի մահից հետո Շապուհը մեծ զորք գումարեց Մեհրուժանի միջոցով և ուղարկեց Հայաստան, նրան վստահելով մեր երկիրը: Նրան կնության տվեց իր Որմզդուխտ քրոջը, նաև հրովարտակներ, որոնցով շատ գյուղեր և դաստակերտներ էր պարգևում նրան Պարսկաստանում, նրան խոստացավ տալ հայոց թագավորությունը, եթե միայն նախարարներին հնազանդության բերի և մեր երկիրը դարձնի մազդեզական կրոնին: Նա հանձն առավ ու եկավ, նախարարներից շատերի կանանց բռնելով հրամայեց զանազան բերդերում պահել, հուսալով որ այսպիսի միջոցով նրանց ամուսինները կդառնան: Նա ջանում էր խափանել քրիստոնեական բոլոր կարգերը, եպիսկոպոսներին ու քահանաներին հարկերի պատճառով կապում ուղարկում էր Պարսկաստան: Ինչ գիրք որ գտնում, այրում էր և հրամայում էր հունարեն գրագրություն չսովորել, այլ պարսկերեն և ոչ ոք չհամարձակվի հունարեն խոսել կամ թարգմանել: Եվ այս այն պատճառով, որ հայերը ոչ մի ծանոթություն և բարեկամական հաղորդակցություն չունենան հույների հետ, բայց իրոք քրիստոնեական ուսմունքը խափանելու նպատակ ուներ, որովհետև այդ ժամանակ դեռ հայերը գիր ու գրականություն չունեին, և եկեղեցու կարգը կատարվում էր հունարեն լեզվով:

Արդ՝ երբ Մեծն Ներսես լսեց այս բոլոր չարիքները, որ հայոց վրա հասան, նաև Արշակի մահը, ինքնակալ Թեոդոսին աղաչեց, նրանից օգնություն խնդրելով: Եվ Թեոդոսը թագավորեցրեց Արշակի որդի Պապին և մեծ զորք գումարեց Տերենտիանոս քաջ ստրատելատի (սպարապետ) ձեռքի տակ: Եվ Մեծն Ներսես իր հետ առավ բոլոր նախարարներին, թե Պապի տերության կամակիցներին և թե հակառակներին, նույնպես կոտորածից փրկված Սպանդարատ Կամսարականին և սրանց միաբանությամբ Պապին բերեց Հայաստան: Նրանք գալիս տեսնում են, որ ամբարիշտ Մեհրուժանը տիրացել գրավել է Հայաստանը: Նրան հալածում են, մեր երկիրը նրա ձեռքից խլում: Բայց Մեհրուժանը բերդապահներին հրամայեց՝ նախարարների կանանց բերդերի պարիսպներից կախել, մինչև որ մեռնեն, և դիակները կախաղանների վրա թողնել, որպեսզի քայքայվեն ու թափվեն և թռչուններին կեր դառնան:

ՁԻՐԱՎՈՒՄ ՏԵՂԻ ՈՒՆԵՑԱԾ ՄԵԾ ՊԱՏԵՐԱԶՄԻ ՄԱՍԻՆ, ԵՎ ԱՄԲԱՐԻՇՏ ՄԵՀՐՈՒԺԱՆԻ ՍԱՏԱԿՈՒՄԸ

Մեհրուժանը Խորասանի երկրում Շապուհին իմաց արեց, թե ինչպիսի մեծ օգնություն ցույց տվեց Թեոդոսը Պապին, ուստի Շապուհից հրաման է տրվում, որ պարսից ամբողջ զորքը Մեհրուժանի հետ Հայաստան գնա պատերազմի: Այսպես և Պապն ու Տերենտիանոսը իմաց են տալիս Թեոդոսին, թե Շապուհը բոլոր զորքերին հրամայեց մեր դեմ դուրս գալ, բացի դրանիկներից: Ապա նաև Թեոդոս Ավգուստոսը Ադդե մեծ կոմսին հրամայեց գնալ Պապին օգնության, իր հետ վերցնել բոլոր հունական զորքերը, ոչ ոքի բաց չթողնել, վերցնել նույնիսկ քաղաքների հետնակ պահապաններին, որոնք մետաքսյա վիշապներ էին կրում:

Պատերազմը գումարվեց Ձիրավ կոչված դաշտում, և ճակատներն իրար մոտեցան: Հայոց քաջ նախարարների պատանիներն իրենց կամքով խիզախելով՝ մտան երկու ճակատների մեջ, առաջնորդությամբ իրենց սպարապետ Սմբատ ասպետի՝ Բագարատի որդու, որ Բագրատունյաց ցեղից էր: Պարսից զորքերի միջից էլ դուրս եկան նրանց հասակակիցները, երկու ճակատների մեջ այս ու այն կողմը շարժվեցին և ցրիվ եկան: Երբ պարսից պատանիները ետ էին դառնում, մերոնք անմիջապես հասնում էին նրանց հետևից և ինչպես փոթորիկ, որ անտառը տերևաթափ է անում, այնպես էլ նրանք արագորեն նիզակներով նրանց վար էին գցում ձիերից և սառը դիակները գետնի երեսին փռում, քանի որ նրանք չէին կարողանում իրենց ճակատի մեջ մտնել: Իսկ երբ պարսիկներն էին մերոնց ետ դարձնում, սրանք մտնում էին հունաց՝ վահաններով պատսպարված ճակատը, իբրև մի ամուր քաղաք և ամենևին չէին վնասվում: Որովհետև Գորգոնոսը, հետնակ զորքի հրամանատարը, այսպես վահաններով պատեց Պապի ճակատը, ինչպես պարսպով:

Որովհետև հունաց զորքերն սպառազինված էին ոսկեղեն և արծաթեղեն զենքերով և նրանց ձիերն էլ նույնպիսի զարդեր էին կրում, ուստի նրանք կարծես մի պարիսպ էին կազմում, որոնցից շատերը իրենց զգեստների ջոկա և կաշյա պահպանակների պատճառով կարծր քարերի տեսք էին ստանում, և նրանց վրա անխալամ գեսերը, իբրև նշաններ, ծածանվում էին սաղարթախիտ ծառերի սաղարթների նման: Իսկ վիշապների (վիշապի նկարով դրոշակներ) գալարումները, որոնք քամուց ուռչելով ահագին կերպով բացել էին բերանները, ուրիշ բանի չեմ կարող նմանեցնել, քան եթե մի ադամանդյա լեռան, որ իջնում է դեպի ծովը, այսինքն հունաց ամբողջ ճակատը դեպի պարսկական զորքը, որովհետև սրանք էլ նմանվում էին մի հզոր գետի, դեպի մի կողմ ծավալված, որոնց հագած զրահները արդարև ջրի գույնի տպավորություն էին թողնում:

Երբ Մեծն Ներսեսը այս բոլորը տեսավ, բարձրացավ Նպատ լեռան գլուխը և ձեռքերը դեպի երկինք բարձրացրեց և առանց իջեցնելու աղոթք էր անում, նախամարգարե Մովսեսի նման, մինչև երկրորդ Ամաղեկը պարտություն կրեց:

Իսկ երբ արևը ծագեց մեր զորքերի դեմ ու դեմ, պղնձապատ վահանների ցոլքը լեռների վրա էր փայլատակում ինչպես մեծ ամպից, և այդ ճակատից դուրս էին թռչում մեր նախարարներից լավ զրահավորվածները ինչպես փայլատակող ճառագայթներ, որոնց տեսքից միայն պարսկական գունդը երկյուղի մեջ ընկավ, բայց մի քիչ նաև մեր գունդը, որովհետև դիմացից ծագած արևի պատճառով չէր կարող դեմուդեմ նայել: Բայց երբ միմյանց ընդհարվեցին, ամպը հովանի եղավ և մեր կողմից սաստիկ քամի փչեց պարսկական գնդի դեմ: Կովի խառնուրդի ժամանակ Սպանդարատ Կամսարականը պատահեց մի մեծ խմբի, որի մեջ էր քաջ Ղեկաց (լեզգիների) թագավոր Շերգիրը, որ ճակատի մեջտեղում պինդ կանգնած էր՝ միջին գնդի գլուխն անցած: Սպանդարատը հարձակվեց, խումբը ճեղքեց և քաջին գետին տապալեց շանթահար եղածի նման, և խումբը շուռ տալով փախուստի մատնեց: Եվ այսպես հայոց և հունաց զորքերն առհասարակ, երկնային օգնությամբ զորացած, թշնամիների դիակներով ամբողջ դաշտը լցրին և մնացածներին փախցնելով հալածեցին: Սրանց թվում էր և Ուռնայրը, Աղվանից թագավորը, որ խոցված էր Մուշեղից, Վասակ Մամիկոնյանի որդուց, և պատերազմից դուրս հանեցին:

Բայց ամբարիշտ Մեհրուժանի ձին վիրավորված լինելով՝ նա չկարողացավ փախչողների հետ արագ հեռանալ, հայոց Սմբատ Սպարապետը աճապարելով հասավ նրա մոտ, նրա հետ եղող զորքերը կոտորեց և այն թշվառականին ձերբակալեց Կոգայովտի եղեգնուտի ափին: Մտածելով, թե գուցե Մեծն Ներսեսը նրան կփրկի, բանակ չտարավ, այլ նույն տեղերում ամբարիշտին փչացնելու համար պատրաստ է գտնում վրանաբնակներ, որոնք կրակ էին վառել, որպեսզի միս խորովեն երկաթե շամփուրով: Նա շամփուրը տաքացնելով երկու փաթ բոլորեց պսակի ձևով և շիկացնելով ասաց. «Քեզ պսակում եմ, Մեհրուժան, որովհետև դու ձգտում էիր հայոց վրա թագավորելու և իմ՝ ասպետիս պարտքն է քեզ պսակել իմ հայրերի իշխանության կարգով»: Եվ կրակի նման կեծ շամփուրը դրեց Մեհրուժանի գլխին, և այսպես այն չարը սատկեց: Այնուհետև երկիրը խաղաղվեց՝ Պապի ձեռքի տակ նվաճվելով:

ԹԵ ԻՆՉՊԵՍ ՊԱՊԸ ՍՈՒՐԲ ՆԵՐՍԵՍԻՆ ՄԱՀՎԱՆ ԴԵՂ ՏԱԼՈՎ ԿՅԱՆՔԻՑ ԶՐԿԵՑ

Երբ պատերազմները վերջացան և երկիրը խաղաղվեց, Մեծն Ներսեսը ուխտ էր հաստատում Պապ թագավորի և նախարարների մեջ, որ արդարության ճանապարհով գնան, որպեսզի նրանց գործերը համապատասխան լինեն քրիստոնեական հավատին, որ թագավորը հորը չնմանվի, անիրավություններ չգործի ու չզրկի, այլ արդարությամբ վարվի նախարարների հետ, հայրական խնամքով, նրանք էլ այլևս չարիամարիեն ու չիեռանան նրանից, այլ ծառայեն հավատարմությամբ: Այս ժամանակ Պապը Սպանդարատ Կամսարականին վերադարձրեց ամեն ինչ, որ հափշտակել էր նրա Արշակ հայրը՝ Շիրակի և Արշարունյաց գավառը, որոնք պատկանում էին Կամսարականների ցեղին, բայց ոչ իբրև իր Արշակ հոր ազահությամբ անիրավաբար խլած, այլ իբրև պարգև քաջ Սպանդարատի ծառայության համար, որ սպանել էր Ղեկաց թագավորին: Մյուս նախարարներին էլ վերադարձրեց նրանց կրած զրկանքները, ցույց էր տալիս անընչասեր բարք և ապրում էր առատաբար:

Բայց որովհետև ամոթալի ախտով գարշելի կյանք էր վարում և սրա պատճառով Մեծն Ներսեսից հանդիմանվում ու նախատվում էր, նրան խեթ աչքով էր նայում, մտածում էր վնասել, բայց ինքնակալ Թեոդոսի երկյուղից չէր համարձակվում հայտնի կերպով նրան վնաս հասցնել, ուստի գաղտնի կերպով Սուրբ Ներսեսին մահացու դեղ խմեցնելով զրկեց կյանքից, որ եպիսկոպոսության աթոռը գրավեց երեսունչորս տարի: Երանելի Ներսեսն այս աշխարհից փոխվեց Եկեղյաց գավառում, Խախ կոչված գյուղում: Պապ թագավորը նրա մարմինը վերցրեց, տարավ թաղեց Թիլ ավանում, եղելությունը թաքուն պահելով:

ՍԱՀԱԿԻ ԱԹՈՌԱԿԱԼՈՒԹՅԱՆ ՄԱՍԻՆ, ԵՎ ՊԱՊԻ ՍՊԱՆՎԵԼԸ ԹԵՈԴՈՍԻ ՁԵՌՔՈՎ

Այնուհետև Պապ թագավորը տեսնելով, որ բոլոր հայերը սգում են Երանելի Ներսեսին, հարկից ստիպված փնտրեց ու գտավ Աղբիանոս ցեղից ու ժառանգությունից մի ոմն Սահակի, որ գովությունից հեռու չէր և նրան նշանակեց Ներսեսի փոխանակ առանց Կեսարիայի մեծ արքեպիսկոպոսի: Նա աթոռը նստեց չորս տարի:

Բայց Պապը լսեց, թե Մեծն Թեոդոս Բյուզանդիայից դեպի Հռոմ գնալիս զորքով մտավ Թեսաղոնիկե և իշխանի պատճառով խռովություն ընկավ նրա և քաղաքացիների միջև, կռիվ ծագեց և թե ինքնակալը հաղթեց և քաղաքացիներից տասնհինգ հազար մարդ կոտորեց: Այս բաները լսելով՝ Պապն այնպես կարծեց, թե այդ խռովությունները երկար պիտի տևեն, ուստի Թեոդոսին արհամարհելով ընդվզեց նրա դեմ և ինքն իր կորուստից գրգռվելով Տերենտիանոսին ու նրա զորքը հալածեց և սկսեց պատերազմի պատրաստվել: Բայց քաջ Տերենտիանոսը Մեծն Թեոդոսից հրաման ստանալով՝ կրնկի վրա ետ դարձավ: Եվ բախտը նրան այնպես հաջողեց, որ հանկարծակի հարձակվեց Պապի բանակի վրա, ոմանց սրով կոտորեց, մյուսներին փախուստի դարձրեց: Այստեղ մեծ քաջությամբ դիմադրություն էր ցույց տալիս Անձնացյաց Գնելը՝ Պապի արևելյան զորքի սպարապետը: Նրան հաղթող Տերենտիանոսը անձամբ սպանեց, սրով նրա գլուխը կես անելով, և Պապ թագավորին բռնեց: Պապն աղաչեց նրան, որ չմեռցնի, այլ որ ինքը կայսրին ներկայանա: Քաջ Տերենտիանոսը՝ գթալով՝ նրա խնդրածը շնորհեց: Նա երկաթե կապանքներով տարավ Մեծն Թեոդոսի առաջ և ըստ իր անզգամության սակրով գլխատվեց, յոթը տարի թագավորելուց հետո:

ՎԱՐԱԶԴԱՏԻ ԹԱԳԱՎՈՐԵԼՈՒ ԵՎ ԿԱՊՎԵԼՈՒ ՄԱՍԻՆ

Բայց բարեգործ Թեոդոս Ավգուստոս Մեծն կոչվածը, իր թագավորության քսաներորդ տարում հայոց վրա Պապի փոխարեն թագավորեցրեց մի ոմն Վարազդատի նույն Արշակունյաց տոհմից: Այս Վարազդատը երիտասարդ էր տարիքով, սրտոտ, հաղթահասակ, ուժեղ, լի արիության բոլոր գործերով և շատ հզոր նետաձգության մեջ: Շապուհից փախչելով նա գնացել էր կայսեր դուռը և այնտեղ քաջ հանդիսացել: Նախ Պիսայում բռնցքամարտներին հաղթելով, հետո ելլադացիների Արեգ քաղաքում կես օրում մի քանի առյուծ կոտորեց, որի համար օլիմպիական հանդեսի ըմբշամարտների խաղերում փառք վաստակեց և հարգանք: Իսկ այն քաջ ու արիական գործերը, որ նա կատարեց Ղանկվարտների ազգի դեմ, համարձակվում եմ ասել, թե հավասար էին Սուրբ Տրդատի գործերին, որովհետև թշնամիների կողմից հինգ ախոյան հարձակվեցին նրա վրա և նա մեկը մյուսի հետևից բոլորին սրով կոտորեց, և մի բերդի վրա դիմելով, բերդի պատվարի վրա տասնյոթ մարդ նետով զարկելով իրար վրա ներքև գլորեց, ինչպես շատ հասունացած թզերը թափվում են սաստիկ մրրիկից:

Երբ նա իբրև թագավոր մեր երկիրն եկավ Շապուհի հիսունհինգերորդ տարում, առաջին կռվում պատահում է մի քանի ասորի ավազակների Դարանաղիի դժվար տեղերում, նրանց փախստական է անում և հետևներից ընկնում: Իսկ նրանք

Եփրատի նեղ տեղում կամրջից անցնելով՝ փայտը գետը զցեցին իրենց հետևից, իսկ նա հասնելով, վազելով թռավ Եփրատի վրայով, ավելի քան լակոնացի Քիոնեսի վազքը քսաներկու կանգունի չափ, այստեղ մի նոր Աքիլլես էր հանդես գալիս՝ Սկամանդրոս գետի վրայով ցատկելիս: Ավազակները զարհուրած, զենքերը զցեցին և անձնատուր եղան:

Այսպես իր երիտասարդության քաջություններից հարբած լինելով՝ թագավորության ժամանակ էլ չէր հնազանդվում հունաց վերակացու զորքերի խրատին: Այլ պատգամավորներ է ուղարկում Շապուհի մոտ, որ իր աղջիկներից մեկին իրեն կնության տա և ինքը Հայաստանը նրանը կդարձնի: Հունաց զորավարներն այս իմանալով, հայտնում են կայսրին: Ինքնակալ Թեոդոսը հրամայեց նրան բռնել, եթե նա իր կամքով կայսրի կոչին չգնա: Ուստի հարկադրված՝ իր կամքով գնում է կայսրի մոտ, հուսալով թե սուտ կհանի Ավգոստոսին: Իսկ կայսրը նրան նույնիսկ տեսության չարժանացրեց, այլ հրամայեց երկաթե կապանքներով տանել Օվկիանոսի Թուղիս կղզին, չորս տարի թագավորելուց հետո:

Բայց Վարազդատի երկրորդ տարում հայոց եպիսկոպոս եղավ Զավենը, նույն Աղբիանոսի ազգականներից, չորս տարի:

ԱՐՇԱԿԻ ԵՎ ՎԱՂԱՐՇԱԿԻ ԹԱԳԱՎՈՐՈՒԹՅՈՒՆԸ

Մեծն Թեոդոս Վարազդատի փոխանակ հայոց վրա թագավորեցրեց Պապի երկու որդիներ Արշակին և Վաղարշակին, այսպես մտածելով, թե երկուսը չեն միաբանի ապստամբվելու համար: Այս պատանիների մորն իր մոտ պահելով՝ նրանց ուղարկում է զորքով, իր կողմից էլ հավատարիմ մարդիկ վերակացու նշանակելով: Սրանք եկան, գրավեցին մեր երկիրն ու տիրեցին՝ արիաբար կռիվներ մղելով պարսիկների դեմ: Նրանք իրենց կին առան՝ Արշակը՝ Սյունյաց Բաբիկ նախապետի դուստրը, իսկ Վաղարշակը՝ Սահակ ասպետինը: Նա նույն տարին մեռավ:

Բայց Արշակի երկրորդ տարում հայոց եպիսկոպոսապետ եղավ Ասպուրակեսը, Շահակի և Զավենի ազգականը, հինգ տարի:

Իսկ Մեծն Թեոդոսը պատերազմի դուրս գալով՝ Միդուլանոն քաղաքում հիվանդացավ և մեռավ, թագավորությունը թողնելով իր որդիներին, Արկադիոսին՝ Բյուզանդիան և Ոնորիոսին Հռոմը, որոնք չեղան գովելի և արժանավոր իրենց հոր առաքինության:

ՀԱՅԱՍՏԱՆԻ ԵՐԿՈՒ ՄԱՍԻ ԲԱԺԱՆՎԵԼԸ ԵՐԿՈՒ ԱՐՇԱԿՈՒՆԻ ԹԱԳԱՎՈՐՆԵՐԻ ՁԵՌՔԻ ՏԱԿ, ԵՐԿՈՒ ԱԶԳԵՐԻՆ՝ ՊԱՐՍԻԿՆԵՐԻՆ ԵՎ ՀՈՒՅՆԵՐԻՆ ՀՊԱՏԱԿՎԵԼՈՎ

Շապուհն իմանալով, որ Արկադն ուղղամիտ չէ, նրա հետ խաղաղություն է հաստատում, որովհետև հալածված ու ջարդված էր նրա հայր Մեծն Թեոդոսից: Արկադն էլ համաձայնում է հաշտություն անել, մանավանդ իր զորագլուխների պատճառով, որովհետև թեպետ երանելի Թեոդոսի ապրած ժամանակ Աստված նրան էր շնորհել հաղթությունը, սակայն զորագլուխները հոգնած ձանձրացած էին մշտական պատերազմների նեղությունից: Ուստի համաձայնության գալով, կամավորապես հանձն առավ Միջագետքը և Հայաստանը բաժանել, նոր սահմաններ դնելով: Այս պատճառով Արշակը թողեց իր հայրերի բուն թագավորությունը, Այրարատը, և Պարսից բաժնում ընկած ամբողջ մասը և գնաց մեր երկրի արևմտյան մասին տիրելու, ոչ միայն իր մոր պատճառով, որ մնում էր կայսրական քաղաքում, այլ լավ համարելով նվազ կողմին տիրել, քրիստոնյա թագավորի հպատակվելով, քան շատ տեղերի իշխել, մտնելով հեթանոսների լծի տակ: Նրան հետևեցին ու գնացին Շապուհի բաժնի նախարարություններն իրենց կանանց և որդիների հետ, թողնելով իրենց գույքը, գյուղերն ու դաստակերտները:

Սրա վրա Շապուհը չարանալով գրում է Արշակին. «Ինչու իմ և կայսեր մեջ պատերազմ ես գրգռում, իմ բաժնի նախարարությունները տանելով»: Արշակից նա լսում է պատասխան. «Որովհետև նրանք չէին համաձայնում պարսիկ առաջնորդով կառավարվել, ուստի եկան իմ հետևից: Արդ, եթե դու ինձ հավատաս քո բաժնի իշխանությունը, ինչպես կայսրն իրենը, ես պատրաստ եմ քեզ էլ ծառայել, ինչպես և կայսրին: Իսկ եթե այս քեզ հաճելի չէ, և նախարարներն իրենց կամքով կամենան դառնալ, ես արգելք չեմ լինի»: Շապուհն այս լսելով, իր բաժնի վրա թագավորեցրեց Խոսրովին, նույն Արշակունյաց ցեղից, և իր բաժնի նախարարներին, որոնք գնացել էին Արշակի հետ հրովարտակ գրեց այսպիսի բովանդակությամբ.

Շապուհի թուղթը նախարարներին

«Ես դյուցազների մեջ արքայից արքա Շապուհս հայոց այն նախարարներին, որոնց իշխանության կալվածներն ընկել են իմ բաժնի մեջ, ողջունում եմ:

Թեպետ և դուք ազնվաբար չվարվեցիք և թողիք ձեր իշխանությունները, և թեպետ դրանից մեզ ոչ մի բան չպակասեց, բայց մենք իբրև տեր խնամելով՝ գթացինք ձեզ և ձեր երկրին, մտածելով որ հոտը չի կարող առանց հովվի լինել և ոչ հովիվներն առանց լավ վերակացուի: Այս պատճառով ձեզ համար թագավորեցրինք ոմն Խոսրովի, որ ձեր հավատքից է և ձեր բնիկ տերության ցեղից: Ուրեմն նորից դարձեք յուրաքանչյուրդ իր ստացվածքը և տիրեցեք՝ ինչպես որ էր մինչև այժմ: Երդվում ենք կրակով, ջրով և մեր անմահ նախնիքների փառքով, որ այս բանը մենք անում ենք առանց նենգության և խաբեության և անդրդվելի կպահենք: Իսկ ովքեր չեն լսի մեր այս հրամանին, մենք հրամայեցինք նրանց տները գյուղերով և դաստակերտներով հանդերձ հարքունիս գրավել: Ողջ եղեք»:

ՀԱՅՈՑ ՆԱԽԱՐԱՐՆԵՐԻ ՏԵՂԱՓՈԽՎԵԼՆ ԻՐԵՆՑ ԺԱՌԱՆԳՈՒԹՅՈՒՆՆԵՐԻՑ՝ ՅՈՒՐԱՔԱՆՉՅՈՒՐՆ ԻՐ ԹԱԳԱՎՈՐԻ ԾԱՌԱՅՈՒԹՅԱՆ

Հայոց այն նախարարները, որոնք իշխանություն ունեին պարսից բաժնում ընկած գավառներում, երբ լսեցին, թե Շապուհը հավատացյալ Արշակունի թագավոր նշանակեց, և տեսան նրա երդման թուղթը, Արշակին թողին և վերադարձան իրենց բնակության տեղերը, բացի երեք պատանիներից, որոնք թագավորի սերնդակիցներն էին և մտերիմ մերձավորները, այսինքն՝ Դարայից, որ Սյունյաց տեր Բաբիկի՝ թագավորի աներոջ որդին էր, Գազավոնից, որ Սպանդարատի՝ Շիրակի և Արշարունյաց տիրոջ որդին էր, և Պերոզից, որ Գարդմանացիների ցեղից էր, Կենանը՝ Ամատունյաց ցեղից, Սուրան՝ Մոկաց ցեղից, Ռստոմ Առավենյանը և ուրիշ մի քանի անհայտ մարդիկ: Այս պատճառով Խոսրովը Շապուհի հրամանով նրանց ժառանգությունը արքունիք գրավեց և չթողեց որդու կալվածները նրա հորը և ոչ էլ եղբոր կալվածները նրա եղբորը:

Բայց նախարարների մեջ կային այնպիսիներն էլ, որոնց իշխանությունն ընկնում էր հունաց բաժնում, Արշակի մոտ, ինչպես Սահակ ասպետը, որ Արշակի Վաղարշակ եղբոր աներն էր, և ցանկանում էին գալ Խոսրովի մոտ: Նրա վրա խեթ էր նայում Արշակը, շարունակ իր կնոջից հրապուրվելով, իբրև թե նրա մոտ կա արքունական զարդ, որ մնացել էր իր փեսայից: Այդ ժամանակ նրա ազգականներն Սպեր գավառից՝ նրա մասին սուտ մատնություն արին, որի պատճառով Արշակը նրան չարչարեց: Սրանից հետո Սահակը միջոց էր որոնում Արշակից փախչելու և Խոսրովի մոտ ընկնելու: Այս բանում նրան խորհրդակից և գործակից էին Սուրեն Խորխոռունին, Վահան Առավեղյանը և Աշխադարը՝ Դիմաքսենից ցեղից: Բայց Սահակի գնալու ժամանակ նրանք չկարողացան նրան հասնել, Արշակի զորքերից արգելվելով, ուստի իրենց դիտավորությունը թաքցրին կեղծավորության դիմակի տակ, հարմար օրվա սպասելով:

ԹԵ ԻՆՉՊԵՍ ԽՈՍՐՈՎԸ ՄԵԾԱՑՐԵՑ ՍԱՀԱԿ ԱՍՊԵՏԻՆ, ԵՎ ՆՐԱ ՔԱՋԱԳՈՐԾՈՒԹՅՈՒՆՆԵՐԸ ՎԱՆԱՆԴԱՑՈՑ ՑԵՂԻ ՀԵԼՈՒԶԱԿՆԵՐԻ ԴԵՄ

Խոսրովը չափազանց ուրախացավ Սահակ ասպետի գալու վրա, նրան իր զորքերի սպարապետ նշանակեց, վերադարձրեց նրա հայրենական կալվածները, պարգևեց նաև ավաններ և ագարակներ նրանց նախարարների ժառանգությունից, որոնք պարսից բաժնից էին, բայց մնացին Արշակի մոտ:

Այս ժամանակները Վանանդացիների ցեղից ոմանք ապստամբվեցին Խոսրովից և ոչ ոքի չապավինեցին, այլ ամրացան իրենց լեռների անտառներում և Տայոց ապառաժների նեղվածքներում, նրանք ավազակաբար արշավում էին հայոց երկու թագավորների սահմանները, մեր երկիրը խռովում էին և անհանգստություն պատճառում: Նրանց վրա գնաց Սահակ ասպետը, Խոսրովի սպարապետը, նրանցից շատերին կոտորեց և շատերին էլ փախցրեց Չորրորդ Հայքի կողմերը: Որովհետև նրանք ոչ Խաղտյաց երկիրն ընկան, որ հույներին ապավինեն, և ոչ էլ անցան Արշակ թագավորի մոտ, այլ նման մի քանի ավազակների, որոնք Չորրորդ Հայքի կողմերումն էին, նրանք դիմեցին աւորաց սահմաններն ապաստանելու: Որովհետև վանանդացիք ավազակության գործը կատարում էին մեծ ցանկությամբ, որ նրանց ախորժելի էր իբրև մի ուղիղ գործ: Սահակը երկար տեղ նրանց հետամուտ լինելով՝ քշում է հեռու, մինչև Մանանաղիի սահմանները:

ԱՅՆ ՄԱՍԻՆ, ՈՐ ԽՈՍՐՈՎԻ ՄՈՏ ԵԿԱՆ ՍՈՒՐԵՆԸ, ՎԱՀԱՆԸ ԵՎ ԱՇԽԱԴԱՐԸ ԱՐՇԱԿԻ ԳԱՆՁԵՐՈՎ

Սուրեն Խորխոռունին, Վահան Առավեղյանը և Աշխադար Դիմաքսյանը հարմար ժամանակ գտան, երբ Արշակ իր գանձերը Հանի ամրոցից հանելով փոխադրում էր Ծոփք: Նրանք այդ գանձը հափշտակեցին և կամենում էին անցնել Խոսրովի մոտ, բայց չկարողացան ժամանակին անցնել: Որովհետև Սամվել Մամիկոնյանը, Արշակի մտերիմը, ուժեղ գնդով շտապով նրանց հետևն ընկավ, և նրանք փախչելով՝ ընկան ամուր քարայրների մեջ Մանանաղիի գավառում: Քարայրը մտնելու տեղ չկար, մի կողմից միայն մի նեղ տեղ կար բարձրանալու՝ սաստիկ զառիվայր: Դռան առաջն էլ ուղիղ բարձրանում էր միապաղաղ մի ապառաժ, իսկ վերևը՝ դուրս ցցված մի ժայռ, որ նայում էր խոր ձորի անդունդներին, և ինչ բան որ պոկ գար, անդիմադրելի սաստկությամբ, անդադար թավալվելով ներքև կգլորվեր՝ դեմ առնելու կռվան չգտնելով: Ուստի Սամվելը տարակուսած մնացել էր տեղի անմատչելի լինելու պատճառով: Նա իմաց տվեց Արշակին, որ հրամայեց երկաթակապ արկղ շինել, մեջը քաջ մարդիկ նստեցնել և չվանի նման շղթայով վերևից իջեցնել մինչև քարայրի մուտքը: Բայց այս միջոցն էլ վնաս չբերեց, որովհետև մացառները հեռու էին պահում արկղը:

Երբ նրանք սրանով էին զբաղված, բախտի բերմամբ այստեղ հասավ Սահակ ասպետը Խոսրովի ամբողջ գնդով, որով հալածում էր հելուզակներին: Նրանց թողնելով՝ դիմում է նրանց վրա, որոնք քարայրի հետ կռվում էին, նրանց հալածում է, դուրս է հանում Սուրենին, Վահանին և Աշխադարին գանձերով միասին և շատ շտապով հասցնում է Խոսրովի մոտ: Խոսրովն ստանալով՝ մասն է հանում գանձից Շապուհին, և նրա հրամանով նրանց տալիս է գյուղեր և ընտիր ու հարմար դաստակերտներ այն նախարարների ժառանգությունից, որոնք պարսից բաժնից էին, բայց մնացին Արշակի մոտ: Սրանից ծագեց պատերազմ Արշակի և Խոսրովի մեջ:

ԱՐՇԱԿԸ ՊԱՏԵՐԱԶՄՈՒՄ ԽՈՍՐՈՎԻՑ ՀԱՂԹՎԵԼՈՎ՝ ՀԻՎԱՆԴՈՒԹՅՈՒՆԻՑ ՄԵՌՆՈՒՄ Է

Թեպետ Շապուհը և Արկադը ձեռք չմեկնեցին Խոսրովին և Արշակին և օգնություն ցույց չտվին իրար հետ պատերազմելու համար, բայց արգելք էլ չեղան: Ուստի երբ պատգամավորությունները վերջացան, Արշակը իր զորքը ժողովեց և շարժվեց Խոսրովի վրա: Խոսրովն էլ իր բանակից, որ Գեղամա ծովի մոտ էր և կոչվում էր Մորս, գնաց Արշակի դեմ, որպեսզի իր սահմանները չմտնի, բայց այնքան շուտ չկարողացավ հասնել, այնպես որ Արշակն արդեն իջել էր նրա սահմանը, Վանանդ գավառը: Նրանք իրար հանդիպեցին Երեվել կոչված դաշտում և սաստիկ խիստ պատերազմ տվին: Արշակի զորքը ջարդվեց, նրա սպարապետ Դարա Սյունին պատերազմի մեջ մեռավ և Արշակը քիչ մարդկանցով փախուստի դիմեց: Քաջ Սահակ ասպետը՝ Խոսրովի սպարապետը, նրա հետևից ընկած սաստիկ հալածում էր: Այստեղ Սպանդարատի որդի Գազավոնը ահագին քաջություններ անելով, հաճախակի հարձակումներով ցրում էր հալածողներին և միջոց էր տալիս Արշակին, որ հեռանա: Խոսրովը դարձավ իր տեղը, իսկ Արշակը՝ Եկեղյաց գավառը: Նա հիվանդացավ բարակացավով, տենդից հյուծվելով մեռավ, հինգ տարի թագավորելով ամբողջ Հայաստանի վրա և երկու ու կես տարի՝ Հայաստանի կեսի վրա: Այնուհետև հույներն իրենց բաժնում այլևս թագավոր չնշանակեցին, այլ այն կողմի նախարարներին առաջնորդում էր քաջ Գազավոնը, իսկ հույներն իրենց մասի երկրի իշխան նշանակեցին կոմսեր:

ԵՐԱՆԵԼԻ ՄԵՍՐՈՊԻ ՄԱՍԻՆ

Տեսնելով, որ հայոց թագավորության վերջը հասել է, Մեսրոպը երկրի խռովություններն իր համբերության նյութ դարձրեց: Նա Տարոնի Հացեկից էր, սնվել ու սովորել էր Մեծն Ներսեսի մոտ և նրա վախճանվելուց հետո արքունական դռանը քարտուղար էր նշանակվել: Նա սիրեց մենակության վարքը, ինչպես ասել է մեկը, թե ալեկոծված նավն շտապում է դեպի նավահանգիստը, իսկ ժուժկալ մարդը անապատ է փնտրում: Այսպես էլ նա, աշխարհային զբաղմունքներից փախչելով, դեն գցելով մարմնական պատիվը, գնում է Երկնավորի հետևից: Գնում է Գողթն գավառը և ապրում է մենակյացի կյանքով: Այստեղ թաքնված հեթանոսական աղանդը, որ Տրդատի օրերից մինչև այդ ժամանակ ծածուկ էր մնում և Արշակունյաց թագավորության տկարանալու ժամանակը երևան եկավ, նա վերացրեց գավառի իշխանի օգնությամբ, որի անունն էր Շաբիթ: Այստեղ աստվածային հրաշքներ երևացին, ինչպես Սուրբ Գրիգորի ժամանակ, մարմնավոր կերպարանքով դևերը, հալածված, ընկնում էին Մարաց կողմերը: Սրանից ոչ պակաս բաներ արեց և Սյունիքում նրա Վաղինակ իշխանի օգնությամբ:

Երբ Երանելի Մեսրոպն ուսուցանում էր, ոչ փոքր նեղություն էր կրում, որովհետև ինքն էր թե կարդացողը և թե թարգմանողը, և եթե մի ուրիշն էր կարդում, երբ ինքն այնտեղ չէր լինում, ժողովրդին անհասկանալի էր մնում՝ թարգմանիչ չլինելու պատճառով: Ուստի նա միտքը դրեց մի հնարք գտնել, հայոց լեզվի համար տառեր ստեղծել, և աշխատանքի անձնատուր լինելով՝ զանազան փորձերով չարչարվում էր:

ԱՐՇԱԿԻ ՄՈՏ ԵՂԱԾ ՆԱԽԱՐԱՐՆԵՐԻ ԴԱՐՁԸ ԽՈՍՐՈՎԻ ՄՈՏ

Հայոց նախարարները տեսնելով, որ հույները նրանց վրա թագավոր չնշանակեցին, դժվար համարելով անառաջնորդ լինելը, որոշեցին կամավորապես հնազանդվել Խոսրով թագավորին: Ուստի նրան նամակ գրեցին այս բովանդակությամբ.

Նախարարների թուղթը Խոսրովին

«Ստրատելատ Գազավոնը և հունաց բաժնի հայոց բոլոր նախարարները մեր տեր Խոսրովին՝ Այրարատի կողմի թագավորին ողջունում են:

Տեր, դու ինքդ գիտես մեր հավատարմությունը հիշատակաց արժանի մեր Արշակ թագավորին, որը մենք անխախտ պահեցինք մինչև նրա մահը: Այժմ մենք որոշել ենք նույնպիսի հավատարմությամբ քեզ ծառայել, եթե այս երեք բանը պայմանագրով մեզ հաստատես.- առաջին՝ չես հիշի մեր հանցանքը, որ ստիպված քո դեմ կռվեցինք և ոչ թե մեր կամքով, երկրորդ՝ որ մեզ կվերադարձնես այդտեղ պարսից բաժնում եղած մեր բոլոր ժառանգությունները, որ արքունիք գրավեցիր, և երրորդ՝ որևէ հնարքով մեզ կազատես կայսրից, որպեսզի չվրդովեն մեր բնակությունները, որոնք որ մեզանից խշխանություն ունեն այս հունական բաժնում: Եվ այս ուխտի պայմանը կգրես, և խաչի կնիքով կհաստատես, որը տեսնելով մենք կփութանք քո ծառայության մեջ մտնելու: Ողջ եղիր, մեր տերդ»:

Խոսրովը գրում է պատասխան.

Խոսրովի թուղթը նախարարներին

«Քաջարանց Խոսրով հայոց թագավորը Գազավոն Ստրատելատին և բոլոր մեր նախարարներին բազում ողջույններ:

Ուրախ եղեք, և մենք էլ ողջ ենք և ուրախացանք ձեր ողջության լուրն առնելով: Ահա ձեզ ուղարկում ենք ուխտի պայմանագիրը ձեր խնդրածի համաձայն: Առաջին՝ որ չեք հիշի ձեր հանցանքը, որ մենք հանցանք իսկ չենք համարում, այլ իբրև երախտագետ մարդկանց հավատարմություն դեպի Արշակունի թագավորը, որին ծառայում էիք, ինչպես, հույս ունենք, կլինեք և դեպի մեզ: Երկրորդ՝ որ ձեզ կվերադարձնենք ձեր այն ժառանգությունները, որ գրավել ենք արքունիք, բացի նրանից, որ ոմանց պարգևեցինք, որովհետև թագավորների պարգևները ետ չեն առնում՝ եթե հանցանք չեն գործել ստացողները, մանավանդ որ դրանք արդեն մուծվել են մեր տիրոջ՝ արքայից արքա Շապուհի դիվանը: Բայց դրա փոխարեն ձեր ժառանգության պակասությունը կլրացնենք արքունիքից: Երրորդ՝ որ ձեզ կազատենք հունաց գործակալներից, թեկուզ կայսրի հետ պատերազմելով, թեկուզ խաղաղությամբ:

Իսկ քեզ Գազավոն, իմ արյունակից և հարազատ, կպատվեմ, ոչ թե քո վաղեմի ազգականության համաձայն, այլ ըստ այժմյան՝ քո մոր Արշանուշի Արշակունի ծագման, ուստի քեզ քո հայրենական Կամսարական ցեղից հանելով, կմտցնեմ քո մայրենական, այսինքն իմ ցեղի մեջ, Արշակունի անունով»:

Գազավոնն այս տեսնելով՝ շատ շուտով բոլոր նախարարներին դարձնում է Խոսրովի մոտ և բոլոր խնդրածներն ու խոստացածները ձեռք բերելով բախտավորվում է և շատ փառավորվում: Բայց Սամվել Մամիկոնյանը ձեռք գցելով Խոսրովի նամակը և նախարարների նամակի պատճենը՝ նրանցից զատվեց ու գնաց Արկադի մոտ: Որովհետև նա սպանել էր իր հորը՝ Վարդանին, ուրացության պատճառով, ինչպես և մորը՝ Տաճատուհուն, ուստի երկյուղ կրելով պարսիկներից և Արծրունիներից, այսինքն իր քեռիներից, չէր համաձայնվում հույներից անջատվել: Արկադը նրան բարիք արեց և հրամայեց այս նամակների օրինակները հունարեն գրությամբ իր դիվանը դնել, որպեսզի ապստամբված ցեղերի հիշատակը պահպանվի, և մինչև այսօր էլ մնում է:

ԽՈՍՐՈՎԻ ՄԻԱՊԵՏԵԼԸ ՀԱՅԱՍՏԱՆԻ ՎՐԱ ԵՎ ՄԵԾՆ ՍԱՀԱԿԻ ԵՊԻՍԿՈՊՈՍՈՒԹՅԱՆ ԱԹՈՌԸ ՆՍՏԵԼԸ

Երբ Խոսրով տիրեց հայոց բոլոր նախարարներին, ինչպես ցանկանում էր, Արկադին դիմում է խնդրելով, որ իրեն հավատա Հայաստանի հունական մասն էլ, որը շեն պահելով՝ նրան ճշտությամբ հարկերը կվճարի, ինչպես նրա գործակալները: Եվ Արկադը կասկածելով հայոց նախարարների միաբանությունից, թե նրանք միաբանելով իրենց բաժինը կառնեն և պարսիկներին կտան, կատարում է Խոսրովի խնդրածը:

Սրանից հետո վախճանվում է Ասպուրակես եպիսկոպոսապետը և Խոսրովը նրան հաջորդ է նշանակում Սահակին՝ Մեծն Ներսեսի որդուն, Աթանագենեսի որդու, Հուսիկի որդու, Վրթանեսի որդու, Սուրբ Գրիգորի որդու: Սա բոլոր առաքինություններով իր հայրերին նմանվեց, աղոթքի կողմից գերազանցելով: Որովհետև նա հավաքեց վաթսուն աշակերտ մայրաքաղաքների սպուղեների նման, կրոնավոր մարդիկ, մազեղեն հագած, երկաթով պատած, ոտաբոբիկ, որոնք միշտ շրջում էին նրա հետ, որոնցով եկեղեցիական պաշտամունքի կանոնը անխափան կատարում էր անապատականների նման և մեր երկրի հոգսը քաշում էր աշխարհականների նման: Նրա մոտ եկավ Մեսրոպը հայերեն գրերի հարցի առիթով և տեսավ, որ նա ավելի ևս փափագում է այդ բանին: Շատ ջանքերից հետո, երբ օգուտ չտեսան, դարձյալ աղոթքի ապավինեցին, Աստծուց խնդրելով: Միմյանցից բաժանվելով՝ Մեսրոպը գնաց իր կացարանը, խստակյաց վարքի անձնատուր լինելով՝ ավելի և ավելի ճիգ էին թափում:

ԽՈՍՐՈՎԻ ԿԱՊՎԵԼԸ ԵՎ ՆՐԱ ՓՈԽԱՐԵՆ ՆՐԱ ՎՌԱՄՇԱՊՈՒՀ ԵՂԲՈՐ ԹԱԳԱՎՈՐԵԼԸ

Բայց Շապուհը նեղացած էր Խոսրովի վրա, որ նա անձնական բարեկամություն հաստատեց Արկադի հետ և առանց իր հրամանի եպիսկոպոս նշանակեց Մեծն Սահակին, ուստի նրան մեղադրություն ուղարկեց սպառնալիքով: Խոսրով ըմբոստացավ, խրոխտալով հանդգնաբար պատասխանեց և պատգամավորներին անարգանքով ետ դարձրեց: Եվ իսկույն սկսեց խոսել Արկադի հետ, որ Շապուհի հետ կնքած հաշտությունը լուծի և զորքով իրեն օգնի, և ինքը մեր ամբողջ երկիրը նրան կդարձնի: Բայց Շապուհը մեր լրատու նախարարներից հրապուրվելով անմիջապես իր Արտաշիր որդուն Հայաստան է ուղարկում մեծ զորքով: Եվ որովհետև Արկադը հրաժարվեց Խոսրովին կողմնակից դառնալ, նա օտար ազգերից ոչ ոքի օգնական չգտնելով և չկարողանալով ոչ դիմադրել և ոչ խուսափել Շապուհից, գնաց նրա մոտ:

Արտաշիրը նրան թագավորությունից զրկելով՝ փոխարեն նշանակում է նրա Վռամշապուհ եղբորը, բայց ոչ Սահակին թողեց, և ոչ էլ Խոսրովի կողմից նշանակված նախարարներից որևէ մեկին, այլ զրկեց իրենց պատիվներից, նաև հրամայեց, որ հույների հետ էլ նախկին կարգը պահպանեն: Եվ մի ստվար գունդ Հայաստանում թողնելով՝ ինքն շտապում էր Տիզբոն հասնել, աչքի առաջ ունենալով հոր ծերությունը, իր հետ տանելով Խոսրովին՝

Անիուշ կոչված բերդը դնելու համար, հինգ տարի թագավորելուց հետո: Նրա հետ տարավ նաև Գազավոնին՝ կապանքներով, նրա քաջությունից կասկածելով, և հրամայեց արքունիք գրավել նրա տունը, ինչպես և նրա Շավարշ եղբոր և Պարգև Ամատունու տները: Որովհետև այս երկուսը իրենց յոթը հարյուր զինվորներով քարավանի ճանապարհի վրա հետամուտ լինելով՝ հարմար ժամ գտան իրենց Խոսրով թագավորին ազատելու, բայց չհաջողեցին, որովհետև նրա ոտները շղթաներով կապված էին: Խիստ կռիվ տեղի ունեցավ, որի մեջ սպանվեցին Շավարշը և Պարգևի որդի Մանվելը և սրանց հետ ուրիշ շատերը: Իսկ Պարգևին կալանավորելով տարան Արտաշիրի առաջ, և նա հրամայեց, որ նրանից տիկ հանեն, փչելով ուռեցնեն և Խոսրովի աչքի առաջ դնեն շարունակ:

ՄԵԾՆ ՍԱՀԱԿԻ ՏԻԶԲՈՆ ԳՆԱԼԸ ԵՎ ՎԵՐԱԴԱՐՁԸ ՄԵԾԱՐԱՆՔՆԵՐՈՎ ԵՎ ՊԱՏԻՎՆԵՐՈՎ

Մի քանի սուրբ և երևելի մարդիկ, որ մեր երկրի նախարարների և եպիսկոպոսների մեջ առաջիններն էին և մեր լուսավորության պատճառները, որդեծնությանբ իջան մինչև Մեծն Սահակ, որ այլևս արու զավակ չունեցավ, այլ Սահականույշ անունով մի դուստր, որ ամուսնության տվեց Համազասպ Մամիկոնյանին: Եվ երբ հայոց քաջ սպարապետը՝ Սահակ ասպետը մեռավ, Սուրբ Սահակն աղաչում է Խոսրովին, իսկ նրա կապվելուց հետո նրա եղբորը՝ Վռամշապուհին, որ Սահակ սպարապետի տեղ նշանակի Համազասպին, բայց Վռամշապուհը հրաժարվում է այդ բանն անել առանց արքայի հրամանի, հիշելով, որ հենց այսպիսի բաների պատճառով վշտեր է կրում իր Խոսրով եղբայրը: Ուստի Սուրբ Սահակը, իր աղջկա թախանձելուց, թագավորից նամակներ առնելով անձամբ գնաց պարսից Արտաշիր թագավորի մոտ, որ իր հոր յոթանասունամյա թագավորությունից հետո թագավորեց չորս տարի:

Նրանից շատ մեծարանք գտավ, նախ՝ պահլավունիների

ազնվական ցեղի պատճառով, և երկրորդ՝ որ Աստված իր ծառաներին հարգելի և պատվավոր է հանդիսացնում անհավատների առաջ: Թագավորը նրա խնդիրներն ամբողջապես կատարեց նախ նրա Համազասպ փեսայի վերաբերմամբ, և ապա նրա առաջ հանցավոր Կամսարական և Ամատունի ցեղերի մնացորդների վերաբերմամբ, որոնք պահ մտել թաքնվել էին անհայտ տեղերում: Սուրբ Սահակը խնդրեց նրանց գթալ, ինչպես աստվածային հրաման է, որ որդիները իրենց հայրերի հանցանքների համար չդատվեն, մանավանդ որ հանցավոր հայրերը հենց իրենց հանցանքի համար մեռան: Թագավորը նրանց մնացորդներին կյանք շնորհելով՝ հրամայեց այդ երկու ցեղերի տները, որ արքունիք էին գրավված, նրանց վերադարձնել, բայց նրանց չհաստատել իրենց նախկին հայրենական գահում, այլ շատ նախարարներից ներքև դասել, կրտսերագույն նախարարների շարքում: Իսկ Համազասպի ցեղը, այսինքն Մամիկոնյան տոհմը վեր բարձրացնել, որպեսզի հայոց նախարարների մեջ հինգերորդ գահը գրավեն, և այսպես էլ գրել իր դիվանում:

Որովհետև պարսիկները սովորաբար այս երկու կարգն էին պահում, երբ նա թագավոր էր նստում, իսկույն արքունական գանձարանում եղած բոլոր դրամները փոխում էին՝ նորի պատկերը դրոշմելով, դիվանի գրությունններն էլ փոխում էին նրա անունով, հինը չոչնչացնելով, այլ փոքր ինչ զանազանելով: Իսկ եթե երկար ժամանակ թագավորեր և նոր աշխարհադիր աներ, այս դեպքում դեն էին գցում ինչ որ հնից մնացած ու փոփոխված էր, որպեսզի բոլորը նորի անունով գրվի: Արդ՝ Արտաշիրը կարճատև թագավորության պատճառով նոր աշխարհագիր անելու ժամանակ չունեցավ, այլ հրամայեց հնից փոփոխված դիվանում գրել այս ամենը, և տալ Համազասպին վերոհիշյալ գահն ու պատիվը՝ գյուղերի և դաստակերտների իշխանությամբ, այլև հայոց սպարապետությունը, որին ցանկանում էր, և մեր Վռամշապուհ թագավորին գրեց հետևյալ հրովարտակը.-

Արտաշիրի թուղթը Վռամշապուհին

«Մազդեզանց քաջ արքայից արքա Արտաշիրը մեր եղբայր հայոց Վռամշապուհ թագավորին հղում է բազում ողջույն:

Ստացա թղթերդ, որ գրել էիր Սահակ եպիսկոպոսի մասին, և հիշեցի սրա նախնիքների երախտիքը, որոնք Սուրենյան Պահլավի նախնիներն էին և հոժարությամբ հանձն առան իմ նախնի և իմ համանուն Արտաշիրի տերությունը, և այնքան ավելի նրան սիրեցին, քան իրենց ազգայիններին, որ չբավականացան միայն այստեղ Պարսկաստանում նրանց դեմ կռվել, այլև նրա՝ Արտաշիրի պատճառով ձեր երկիրը գալով սպանեցին Խոսրովին, քո նախնուն և իրենց կատարած սպանության տույժը հատուցեցին իրենց մահով: Իսկ սպանողի որդի Գրիգորը հիվանդացած Տրդատին բժշկելով՝ վերադարձրեց նրա կորցրած կյանքն ու թագավորությունը, որի պատճառով ավելի շատ երախտավոր եղավ դեպի ձեզ: Ուստի Սահակ եպիսկոպոսին որդիացած Համազասպին զորքերից վրա սպարապետ նշանակիր մեր հրամանով և նրա ցեղին տուր նախարարներից մեջ պատվի հինգերորդ գահը և թող դրանք տիրեն այն գյուղերին և դաստակերտներին, որ քո նախնիքները տվել են դրանց հայրերին: Նույնպես այն երկու հանցավոր ցեղերի տները, որ արքունիք էին գրավել, բաց թող, որպեսզի նրանց մնացորդներն աներկյուղաբար ժառանգեն, բայց նրանց չարժանացնես իրենց հայրենական գահերի պատվին, ինչպես մենք էլ հրամայեցինք գրել մեր դիվանում: Ողջ եղիր»:

Բայց երբ Մեծն Սահակ եկավ և Արտաշիրի բոլոր պարգևները հաստատեց, պարսից Արտաշիր թագավորը մեռավ և նրա տեղ թագավորեց Վռամը, որ Կրման Էշ է կոչվում՝ տասը տարի: Նա միևնույն բարեկամությունը պահպանեց Հայաստանի մեր Վռամշապուհ թագավորի և Մեծն Սահակի հետ: Վռամի և Արկադի միջև էլ խաղաղություն էր տիրում: Եվ Վռամշապուհը տիրում էր մեր երկրին և հպատակվում էր երկու թագավորներին, հարկ վճարելով՝ պարսից բաժնի համար Վռամին և հունաց բաժնի համար Արկադին:

ԴԱՆԻԵԼՅԱՆ ՆՇԱՆԱԳՐԵՐԻ ՄԱՍԻՆ

Այդ ժամանակ Արկադը հիվանդացավ, Բյուզանդիոնում Մեծն Հովհաննեսի պատճառով ահագին շարժում և հրդեհներ ծագեցին և հունաց թագավորությունը շփոթության մեջ ընկավ, զորքերը պատերազմում էին իրար և պարսիկների դեմ: Ուստի Վռամը մեր Վռամշապուհ թագավորին հրամայեց իջնել Միջագետք, որպեսզի խաղաղացնելով կարգի բերի նրանց և երկու կողմերի գործակալների վեճերը վճռի: Երբ նա գնաց այս ամենը կարգավորելու, քիչ նեղություն չկրեց քարտուղարի պատճառով, որովհետև այն օրից, որ Մեսրոպն արքունական դռնից հեռացավ, նա ոչ մի ճարտար դպիր գտնել չէր կարողանում, որովհետև պարսկական գիր էին գործածում: Այս առթիվ նրան ներկայացավ Հաբել անունով մի քահանա և խոստացավ հայերեն լեզվի տառեր ստեղծել՝ որ հարմարեցրել էր Դանիել եպիսկոպոսը, իր մերձավորը: Թագավորն անփույթ գտնվեց, և Հայաստան գալով տեսավ, որ բոլոր եպիսկոպոսները ժողովվել են Մեծն Սահակի և Մեսրոպի մոտ, հայերեն գրերի գյուտի մասին հոգալու: Երբ թագավորին իմաց տվին այս մասին, նա նրանց պատմեց ինչ որ վանականն ասել էր: Երբ այս լսեցին, նրան սկսեցին թախանձել, որ այդ կարևոր բանին հոգ տանի:

Ուստի նա Խաղունի ցեղից Վահրիճ անունով մի մարդու, որ պատվված էր Հայաստանում, իրեն հավատարիմ էր և շատ փափագում էր այդ գործին, պատգամավոր ուղարկեց հիշյալ Հաբելի մոտ: Նրան հետն առած՝ միասին գնացին և Դանիելից լավ իմտացած վաղուց գրված տառերի շարքին, որ դասավորված էր հունարենի օրինակով, բերին մատուցին Մեծն Սահակին և Մեսրոպին որոնք սովորելով ու երեխաների էլ վարժեցնելով քիչ տարիներ, համոզվեցին, որ այդ նշանագրերը, այդ մուրացված գծագրությունը, ընդունակ չէր վանկ առ վանկ ճիշտ արտահայտել հայերեն բառերի հնչյունները:

ՄԵՍՐՈՊՅԱՆ ՆՇԱՆԱԳՐԵՐԻ ՄԱՍԻՆ, ՈՐ ՏՐՎԵՑԻՆ ԵՐԿՆԱՅԻՆ ՇՆՈՐՀՈՎ

Սրանից հետո ինքը Մեսրոպը աշակերտներով իջնում է Միջագետք նույն Դանիելի մոտ, և նախկինից ավելի բան չգտնելով՝ անցնում է Եդեսիա, Պլատոն անունով մի հեթանոս ճարտասանի մոտ, որ դիվանի պետ էր: Նա ուրախությամբ ընդունեց, և ինչքան որ հայերեն խոսքեր միտքը բերում էր՝ հավաքելով և շատ ջանք թափելով օգուտ չունեցավ հռետորը, և խոստովանեց իր տգիտությունը: Բայց նա ասաց, թե ինքն առաջ ունեցել է մի ուսուցիչ, շատ հմուտ մարդ, որ հետո ճարտարների գրվածքներն Եդեսիայի դիվանից առնելով գնացել ու քրիստոնեություն է ընդունել, անունը Եպիփանոս. «Նրան, ասաց, փնտրիր գտիր, որ քո փափագը կատարի»:

Այն ժամանակ Մեսրոպը Բաբիլոս եպիսկոպոսից օգնություն գտնելով՝ Փյունիկեով անցնում դիմում է Սամոս, որովհետև Եպիփանոսը մեռած է լինում, թողնելով մի աշակերտ Հռոփանոս անունով, որ հունարեն գրության հրաշալի արվեստ ուներ և առանձնացել էր Սամոսում: Մեսրոպը գնում է սրա մոտ և սրանից էլ շահ չգտնելով՝ ապավինում է աղոթքի:

Եվ տեսնում է ոչ երազ քնի մեջ, ոչ տեսիլք արթնության մեջ, այլ սրտի գործարանում նրա հոգու աչքերին երևում է աջ ձեռքի թաթ՝ քարի վրա գրելիս, այնպես որ քարը գծերի հետքը պահում էր, ինչպես ձյունի վրա: Եվ ոչ միայն երևաց, այլև բոլոր գրերի հանգամանքները նրա մտքում հավաքվեցին ինչպես մի ամանում: Եվ աղոթքից վեր կենալով ստեղծեց մեր նշանագրերը,Հռոփանոսի հետ ձևակերպելով Մեսրոպից պատրաստված գրերը, հայերեն տառերը ճիշտ հանդիպեցնելով հունարենի հնչյուններին: Եվ իսկույն ձեռնարկեցին թարգմանության, խորհրդաբար սկսելով Սողոմոնի Առակներից, ամբողջ քսաներկու հայտնի գրքերը և Նոր Կտակարանը փոխադրում է հունարեն լեզվի, նույնպես և նրա աշակերտները, Հոհան Եկեղեցացին և Հովսեփ Պաղնացին, միևնույն ժամանակ իր ավելի փոքր աշակերտներին սովորեցնել տալով գրչության արվեստը:

ՀԱՅՈՑ, ՎՐԱՑ ԵՎ ԱՂՎԱՆԻՑ ԳՐԱԳԻՏՈՒԹՅԱՆ ՄԱՍԻՆ

Արկադը վախճանվելով՝ նրա տեղը թագավորեց նրա որդին, որ կոչվեց Թեոդոս Փոքր, նա նույնիսկ բարեկամություն պահպանեց մեր երկրի և մեր Վռամշապուհ թագավորի հետ, բայց իր մասը նրան չվստահեց, այլ իրեն պահեց՝ գործակալներով և պարսից Հազկերտ թագավորի հետ խաղաղություն կնքեց: Այս ժամանակներն եկավ Մեսրոպը, բերելով մեր լեզվի նշանագրերը: Նա Վռամշապուհի և Մեծն Սահակի հրամանով ընտրությամբ երեխաներ ժողովեց, ուշիմ, առողջակազմ, լավ ձայնով և երկար շնչառությամբ, բոլոր գավառներում դպրոցներ հիմնեց և պարսից բաժնի բոլոր կողմերը սովորեցրեց, բացի հունական մասից, որոնք ձեռնադրության փոխարեն տուժեցին, որովհետև Կեսարիայի աթոռին ենթարկվելով՝ պետք է հունարեն գիր և լեզու գործածեին և ոչ ասորերեն:

Մեսրոպը Վրաստան գնալով՝ նրանց համար էլ, իրեն տրված երկնային շնորհով, ստեղծում է նշանագրեր, մի ոմն Ջաղայի հետ, որ հունարեն և հայ լեզուների թարգմանիչ էր, օժանդակություն գտնելով նրանց Բակուր թագավորից և Մովսես եպիսկոպոսից: Ընտրում է երեխաներ, բաժանում է երկու դաս և նրանց համար ուսուցիչներ է թողնում իր աշակերտներից Տեր Խորձենացուն և Մուշե Տրոնացուն:

Ինքն իջնում է Աղվանք, նրանց Արսվաղեն թագավորի և Երեմիա եպիսկոպոսապետի մոտ, որոնք հոժարությամբ հանձն առան նրա ուսումը և նրան հանձնեցին ընտիր երեխաներ: Նա կանչեց Բենիամին անունով մի շնորհալի թարգմանչի, որին անմիջապես ուղարկեց Սյունիքի տեր երիտասարդ Վասակը, իր Անանիա եպիսկոպոսի միջոցով, որոնց օգնությամբ նա նշանագրեր ստեղծեց գարգարացիների այն կոկորդաձայն, կոշտ, խժական, կոպիտ լեզվի համար: Այնտեղ վերակացու թողնելով իր Հովնաթան աշակերտին, նաև արքունական դռանը քահանաներ նշանակելով՝ ինքը վերադառնում է Հայաստան և տեսնում է որ Մեծն Սահակ զբաղված է Սուրբ գրքի թարգմանությամբ ասորերենից, հունարեն չգտնվելու պատճառով: Որովհետև նախ Մերուժանն այրել էր հունարեն գրքերը մեր ամբողջ երկրում, իսկ այնուհետև, երբ Հայաստանը երկու մասի բաժանվեց, պարսիկ վերակացուները իրենց մասում ոչ ոքի թույլ չէին տալիս հունարեն սովորել, այլ միայն ասորերեն:

ԽՈՍՐՈՎԻ ԿՐԿԻՆ ԹԱԳԱՎՈՐԵԼԸ ԵՎ ՆՐԱՆԻՑ ՀԵՏՈ ՊԱՐՍԻԿ ՇԱՊՈՒՀԻ ԹԱԳԱՎՈՐԵԼԸ

Վռամշապուհը քանմեկ տարի թագավորելով մեռնում է, թողնելով Արտաշես անունով մի տասնամյա որդի: Այն ժամանակ Մեծն Սահակը գնաց պարսից Հազկերտ թագավորի դուռը՝ կապված Խոսրովին խնդրելու, որ Արտաշիրի մահից հետո կապանքներից լուծվելով՝ արձակ պահվում էր Անհուշ բերդում Վռամի ժամանակ: Հազկերտը համաձայնելով կատարում է նրա խնդիրը, Խոսրովին տերությունը տալով ուղարկում է Հայաստան: Սա խնդրեց Գազավոնի որդի Հրահատին, որին հոր մահից հետո հանել էին Անհիշելի ամրոցից և զորքի հետ ուղարկել էին Սագաստանից էլ այն կողմը: Խոսրովը նրան այլևս չկարողացավ տեսնել՝ կրկին անգամ միայն մի տարի թագավորելով:

Նրանից հետո Հազկերտը ոչ թե նրանցից, այլ իր Շապուհ որդուն թագավորեցրեց հայոց վրա այսպիսի չար դիտավորությամբ, որ նախարարները նրա մոտ լինելով՝ նրան կընտելանան խոսակցությամբ, առնել-տալով, խնջույքներով, որսի զբոսանքներով, այլև խնամությամբ նոր ազգականություններով կմոտենան, և գուցե հնար լինի նրանց սայթաքեցնել դեպի մազդեզական կրոնը, որով բոլորովին կանջատվեն հույներից: Անմիտը չգիտեր, թե "Տերը ցրում է հեթանոսների խորհուրդները", թեպետ մի առժամանակ հաջողվեց նրա խորհուրդը: Որովհետև Համազասպը մեռնելով և Սահակը մեծ սգի մեջ լինելով՝ ոչ ոք հայոց գնդերը չհավաքեց չմիաբանեց: Ուստի Շապուհը հեշտությամբ մուտք գործեց Հայաստան, իր հետ բերելով Հրահատին և բոլոր աքսորականներին, բայց նա չկարողացավ նախարարների համակրությունը շահել, այլ բոլորը նրան ատեցին և թագավորաբար չէին մեծարում որսի կամ խաղերի ժամանակ:

Մի անգամ դեպք եղավ հանդգնաբար արշավելու ցիռերի երամների հետևից խորդուբորդ և քարքարոտ տեղերով: Շապուհը սկսեց ետ մնալ: Ատոմ Մոկացին պարսավանքով ասաց նրան. «Գնա, զնա, պարսից աստվածորդի, եթե տղամարդ ես»: Իսկ նա ասաց. «Դու զնա, քարքարոտների մեջ արշավելը դևերի գործն է»: Մի ուրիշ անգամ դեպք եղավ եղեգնուտների մեջ կրակով կինճեր որսալ: Թավ եղեգների մեջ Շապուհը չհամարձակվեց ձին լավ քշել, այնպես որ կրակը նրան շրջապատեց, և նա երկու կողմը նայելով՝ այս ու այն կողմ էր ընկնում ձիով: Ատոմը դարձյալ ասում է. «Պարսից աստվածորդի, ահա քո հայրն է և Աստվածը, ինչու ես վախենում»: Շապուհն ասում է. «Կատակները մի կողմ թող, նայիր որ կրակովն անցնես, որ ես էլ քո հետևից գամ, որովհետև եթե ես առաջ անցնեմ, ձիս կխրտնի»: Այն ժամանակ նրան Ատոմը նախատեց ասելով. «Միթե սրանք էլ քարեր են, որ ես առաջ անցնեմ, արդ, եթե դու մոկացիներին դիվազգի ես կոչում, ես էլ սասանյաններին կնամարդի կկոչեմ»: Եվ երիվար մտրակելով՝ կրակի միջով անցնում է ինչպես ծաղկազարդ հովիտով և ազատում է Շապուհին: Բայց գիտենալով, որ դրանից հետո Շապուհը լուռ չի մնա, անցնում զնում է Մոկս:

Մի անգամ մականով խաղալիս՝ Շավասպ Արծրունուն հաջողվեց գնդակը երկու անգամ խլել Շապուհից: Սա մականով նրան խփելով ասաց. «Ինքդ քեզ ճանաչիր»: Իսկ նա պատասխանեց. «Այո, ճանաչում եմ, որ ես էլ արքայորդի եմ, Սանասարի սերունդ, և իրավունք ունեմ քո եղբայրների հետ թագավորի բարձը համբուրելու, ինչպես որ անվանակոչված եմ»: Այսպես ասելով մեծ քամահրանքով ձիարշավի ասպարեզից դուրս սլացավ:

Մի ուրիշ անգամ էլ ուրախության խնջույքի ժամանակ Խոսրով Գարդմանացին զինով հարբած՝ Շապուհի ներկայության սիրահարված տարփածուի նման հետամուտ է լինում մի կնոջ, որ վարժ մատներով քնար էր նվագում: Շապուհը զայրանալով հրամայում է նրան բռնել ու դահլիճում պահել, իսկ նա աջ ձեռքը սրի վրա դրած՝ Տրդատ Բագրատունու նման, անցավ գնաց իր տունը, և արքունի սպասավորներից ոչ մեկը չհամարձակվեց նրան բռնելու, այդ մարդու փորձն առաջուց առած լինելով:

Այս բաները պատմել մեզ հարկադրեց քո ավելորդ խնդիրը:

ՇԱՊՈՒՀԻ՝ ՀԱՅԱՍՏԱՆԻՑ ԳՆԱԼՈՒՑ ՀԵՏՈ ՊԱՏԱՀԱԾ ԱՆՑՔԵՐԸ ԵՎ ՆՐԱՆԻՑ ՀԵՏՈ ԵՂԱԾ ԱՆԻՇԽԱՆՈՒԹՅՈՒՆԸ

Չորս տարի անարգաբար թագավորելուց հետո Շապուհը լուր է ստանում իր հոր հիվանդության մասին և գնում է շտապով, իր տեղակալին ու զորագլխին հրամայելով, որ հայոց մեծամեծներին բռնի և տանի Պարսկաստան: Բայց Շապուհը Տիզբոն հասնելիս մեռավ նրա հայր Հազկերտը, տասնմեկ տարի թագավորելով, միևնույն օրը նա ինքն էլ սպանվեց արքունի մարդկանց դավադրությամբ: Իսկ քաջ և բարեբախտ Ներսես Ճիճրակացին, որ զորագլուխ էր դարձել, ժողովեց հայոց նախարարներին իրենց զորքերով, պարսից գնդի դեմ պատերազմ մղեցին, նրանց զորքերը կոտորեցին, իսկ Ապրսամ Սպանդունին սպանեց նրանց զորավարին, ապա իրենք էլ ցրվելով, ինքնագլուխ կերպով շրջում էին լեռներում և ամուր տեղերում, իրենց գլուխը պահելու համար, և այս ժամանակ երևելի հանդիսացան բոլոր վանանդացիներն իրենց քաջությամբ: Այս կերպով մեր երկիրը երեք տարի անիշխան մնալով, աղմուկների և խռովության մատնված, ավերվում ամայանում էր, արքունական հարկերը պակասում էին, ժողովրդի երթևեկի ճանապարհները փակ էին, ամեն տեսակ բարեկարգություն վրդովվում և անհետանում էր: Նույն օրերում պարսից վրա թագավորեց Վռամ երկրորդը, որ մեր երկրից վրեժխնդիր եղավ, բայց հունաց բաժնին չդիպավ, նրանց հետ խաղաղություն պահպանելով:

ՄԵՍՐՈՊԻ ԲՅՈՒԶԱՆԴԻՈՆ ՈՒՂԱՐԿՎԵԼԸ ԵՎ ՀԻՆԳ ԹՂԹԵՐԻ ՊԱՏՃԵՆՆԵՐԸ

Երբ Մեծն Սահակ տեսավ այս բոլոր չարիքները պարսից բաժնում, գնաց մեր երկրի արևմտյան կողմերը, հունաց բաժինը, բայց իր արժանիքին համապատասխան ընդունելություն չգտավ, ուստի Մեսրոպին և իր Վարդան թոռանն ուղարկեց Բյուզանդիոն Թեոդոս կայսրի մոտ, այսպիսի նամակով:

Սահակի թուղթը Թեոդոսին

«Խաղաղասեր կայսրին՝ իմ տեր Ավգոստոս Թեոդոսին հայոց Սահակ եպիսկոպոսը ողջունում է Տիրոջ միջոցով: Գիտեմ, որ մեր նեղության համբավը հասած կլինի ինքնակալիդ լսողության, ուստի քո բարերարության գթասրտության վրա հույս դնելով ապավինեցի ձեր ոտքը, բայց իմ վիճակում ընդունելություն չգտա այստեղի վերակացուների հրամանով: Մեզ այնքան ատեցին, որ մինչև իսկ չնդունեցին այն նշանագրերը, որ բերել էր նույն այս մարդը, որին ուղարկեցի ձեր բարերարության մոտ, այդ նշանագրերը նա գտել էր երկարատև դառն աշխատանքով Ասորիքում: Ուստի խնդրում եմ ձեր տերության բարեհաճությունը, որ մեզ այստեղ մեր վիճակում իշխանությունից չզրկեն, հրամայեցեք, որ մեզ ընդունեն և մեր ուսումը: Ողջ եղեք»:

Թագավորական քաղաքի եպիսկոպոսին էլ այս է գրում.

Սահակի թուղթը Ատտիկոսին

«Հայոց եպիսկոպոս Սահակը մեր ուսուցիչ Ատտիկոսին՝ աշխարհամուտ դռան եպիսկոպոսին, օրհնությամբ ողջույն:

Ձեր սրբության վրա հույս դնելով ձեզ մոտ ուղարկեցինք մեր երկրի ուսուցանող Մեսրոպին և իմ թոռ Վարդանին, որպեսզի դրանցից լսելով մեր նեղության աղետները՝ մեծ թագավորին բարեխոսես մեզ օգնել, ինչպես ճշմարիտ սիրելի եղբայր: Ողջ եղիր»:

Անատոլիոս զորավարին էլ գրում է հետևյալը.

Սահակի թուղթը Անատոլիոսին

«Սահակ հայոց եպիսկոպոսը Անատոլիոս քաջ զորավարիդ ողջունում է:

Շնորհակալ եմ Աստծուց, որ քեզ պատրաստեց մեր ապավինության համար, ուստի հայտնում եմ քեզ, որ մեր նեղություններին ճար գտնելու համար արքունի դուռն ուղարկեցի մեր ուսուցանող Մեսրոպին և իմ թոռ Վարդանին, և խնդրում եմ քո քաջությունից՝ նրանց նպաստել ճանապարհորդելու: Ողջ եղիր»:

Անատոլիոսն այս տեսնելով, միանգամայն հիշելով Մեսրոպի առաքինության համբավը, որ առաջուց տարածված էր նրանց մասին, ոչ փոքր ընդունելություն ցույց տվեց նրանց, մինչև որ փոխնիփոխ սուրհանդակների միջոցով կայսրին զեկուցեց և նրանից հրաման ստացավ՝ արժանավորապես շուտով ուղարկել: Ուստի Մելիտինե քաղաքում Ակակ եպիսկոպոսի մոտ պահում է աշակերտների բազմությունը, որոնց Մեսրոպ տարել էր իր հետ, նրանց գլխավորի՝ Ղևոնդի հետ, իսկ ինքը Մեսրոպին ու Վարդանին առնելով հանձնում է Դերջանի Գինդ եպիսկոպոսին և փառավորապես ճանապարհ է զցում: Այսպես նրանք մտան Բյուզանդիոն, ներկայացան մեծ թագավորին, ստացան ինչ որ կհուսային և ինչ որ չէին հուսա, և վերադարձան այսպիսի նամակով.

Թեոդոսի թուղթը Սահակին

«Ինքնակալ Թեոդես Ավգոստոսը և հռոմեացիների կայսրը հայոց Սահակ Մեծ եպիսկոպոսին աղջունում է:

Մենք հաճեցանք տեսնել թուղթդ և վերահասու եղանք գրածներիդ: Քեզ շատ մեղադրեցինք, որ բոլոր սրտով միտվեցիր հեթանոս թագավորների կողմը և մեզ մինչև իսկ գրով հարկ չհամարեցիր տեղեկություն տալ: Մանավանդ սրանում ենք քեզ մեղադրում, որ արհամարհելով մեր քաղաքում եղող ճարտարներին, ինչ-որ ասորիների մոտ էին որոնում իմաստության գյուտը: Այս պատճառով մենք բարեհաճ էինք, որ մեր ծառաներն այդտեղ արհամարհեցին այդպիսի ուսումը: Բայց որովհետև Մեսրոպը հետո մեզ պատմեց, թե այդ արվեստը գլուխ եկավ երկնային շնորհով, մենք գրեցինք որ ամենայն փութաջանությամբ սովորեն, և քեզ պատվով ընդունեն իբրև իրենց իսկական ուսուցիչը, Կեսարիայի արքեպիսկոպոսի նման սնունդն ու ծախսերը արքունիքից տրվեն: Եվ հրամայեցինք այդտեղ Հայաստանում մի քաղաք շինել իբրև ապավինություն ձեզ և մեր զորքերին: Քո պատվի համար ստրատելատ նշանակեցինք Վարդանին՝ քեզ որդիացածի փեսայի որդուն, և Մեսրոպին գրեցինք ուսուցիչների շարքում: Ողջ եղիր»:

Ատտիկոս եպիսկոպոսն էլ գրեց հետևյալը.

Ատտիկոսի թուղթը Սահակին

«Կոստանդնուպոլսի ինքնագլուխ եպիսկոպոս Ատտիկոսը մեր սիրելի եղբորը և աթոռակցին՝ հայոց Սահակ եպիսկոպոսին, ողջունում է Տիրոջ միջոցով:

Շատ գոհություն ենք մատուցանում Աստծուն քո բարի համբավիդ համար այդպիսի բարբարոս ազգի մեջ, բայց մեղադրանքից ազատ չենք թողնում, որ ավելի վաղ չհիշեցիր քո երանելի նախնիների՝ Գրիգորի և Ներսեսի սիրելությունը: Եվ ավելի այս բանի վրա ենք զարմանում, թե ինչպես թողիր եկեղեցու աղբյուրը, մեր Սուրբ Հովհաննես հորը, որի վարդապետությամբ ոչ միայն այս տիեզերական մայրաքաղաքը լուսավորվեց, այլև ամբողջ աշխարհի բոլոր քրիստոնյաները, որի պատճառով նրան Ոսկեբերան կոչեցին: Իսկ դուք նրան զանց անելով՝ ձեր ծարավը կամեցաք հագեցնել անձրևի ջրերով, մինչև որ Ամենակալը տեսնելով իզուր կրած նեղությունը՝ ձեր մեջ բխեց Սուրբ Հոգու շնորհը, որի համար այժմ ուրախ ենք: Արդ՝ մեր ինքնակալ Ավգոստոսի հրամանով քեզ իրավունք է տրվում ուսուցանել մեր կողմի Հայաստանը, իսկ բորբորիտոնների աղանդը կամ հավանության բեր կամ հալածիր քո վիճակից: Եվ քեզանից ուղարկված Մեսրոպին ձեռնադրեցինք եկղեսիաստիկոս»:

ՄԵՐ ԱՐԵՎՄՏՅԱՆ ԿՈՂՄԵՐՆ ՈՒՍՈՒՄՆԱՍԻՐԵԼԸ, ԲՈԼՈՐԻ ԽԱՂԱՂԱՆԱԼԸ, ԵՎ ԱՐՏԱՇԻՐԻ ԹԱԳԱՎՈՐԵԼԸ

Մեսրոպը և Վարդան ստրատելատը գալով՝ Անատոլ զորավարին գտան մեր սահմանի մոտ հասած: Արքունական հրամանն ստանալով նա ավելի մեծ վստահությամբ և փութաջանությամբ գործը գլուխ բերեց: Որովհետև իշխանները, գործակալները, գլխավորները և առհասարակ այդ կողմում հայտնի մարդիկ իրենց հոժար կամքով, կարծես աստվածային ձայնով հրավիրված, գալիս ժողովվում էին մի տեղ բոլոր քահանայական դասի հետ միասին: Եվ անմիջապես ուսուցման գործն սկսելով՝ արագորեն արևմտյան կողմն էլ սովորեցրին արևելյանին նման:

Այս ժամանակ հայոց նախարարներից շատերը եկան Մեծն Սահակին հրավիրելու, որպեսզի գա միջամտի և բոլորին միաբանության բերի: Որովհետև Պարսից Վռամ թագավորը գիտենալով, որ առանց հայոց նախարարների չի կարող մեր երկիրը պահել, հաշտության բանակցություն է սկսում Սմբատ ասպետի միջոցով: Ուստի Սահակը Մեսրոպին է հանձնում արևմտյան կողմի ուսուցման գործը և նրա մոտ է թողնում իր Հմայակ և համազասպյան թոռներին՝ Վարդան ստրատելատի եղբայրներին: Հրամայում է քննել պղծագործ բորբորիտներին, և եթե ոչ մեղմությամբ և ոչ խստությամբ ուղղության չգան, ապա չարչարանքներով հալածել, ինչպես թշնամիներ թշնամիներից վրեժ առնեն, որպեսզի իրավացի մահով հոգիների անիրավ մահը խայտառակվի: Իսկ ինքն անցնում գալիս է Այրարատյան գավառը, ժողովում է բոլոր նախարարներին և Սմբատ ասպետին ու իր թոռ Վարդան ստրատելատին ուղարկում է պարսից թագավորի դուռը:

Իսկ թագավորը հաշտություն հաստատելով՝ նախարարների հանցանքները մոռացության տալու թուղթ է կնքում և նրանց խնդրանքով թագավոր է նշանակում Վռամշապուհի որդի Արտաշեսին, փոխելով Արտաշիր կոչելով, և նրան է վստահում Հայաստանը առանց պարսիկ վերակացուի: Նա տիրեց վեց տարի:

ԿԱՐԻՆ ՔԱՂԱՔԻ ՇԻՆՈՒԹՅՈՒՆԸ, ՈՐ ԿՈՉՎՈՒՄ Է ԹԵՈԴՈՒՊՈԼԻՍ

Անատոլ զորավարն արքունական հրամանն ստանալով՝ գալիս է մեր երկիրը և շատ կողմեր շրջելով, հավանում է Կարին գավառին՝ այնտեղ շինելու արգավանդ, շատաջուր և բարեբեր քաղաքը, համարելով, որ այդ տեղը միջին դիրք ունի, ոչ շատ հեռու այն տեղերից, որտեղից բխում են Եփրատի մի քանի աղբյուրները և հանդարտ հոսանքով առաջ գնալով ծովանում են, ճահճի տեսք ստանում: Այստեղ անհաշիվ քանակությամբ ձկներ են լինում և զանազան տեսակ թռչուններ, որոնք սնվում էին այնտեղ, որոնց ձվերով միայն կերակրվում էին բնակիչները: Եվ ճահճի ափին եղեգնուտների մեծ քանակությանբ եղեգով: Դաշտերում բուսնում են բարձր խոտեր և առատաբեր սերմատու բույսեր: Լեռները լիքն են կճղակաբաշխ և որոճող երեներով: Բազմությամբ աճում են այդտեղ ընտանի եղջերավոր անասուններ, հաղթահասակ, խոշոր, լիքը մարմնով և պարարտ:

Մի գեղեցկադիր լեռան ստորոտում գտավ մի տեղ, որտեղ բխում են բազմաթիվ մանր աղբյուրներ, մաքուր ջրերով, և այդտեղ գծեց քաղաքի տեղը: Նրան շրջապատեց խոր փոսով, շատ խորը դրեց պատվարի հիմքը, նրա վրա ահագին բարձր աշտարակներ շինեց, որոնցից առաջինը կոչեց Թեոդոս՝ Թեոդոսի պատվին: Սրանից այն կողմը շինեց ժայռաձև աշտարակներ, նավերի ցռուկների նման, և անցքեր՝ ներս ընկած խորշերով, որոնք դեպի լեռն են դարձած: Այսպես շինեց նաև դեպի հյուսիսային դաշտը նայող կողմում: Իսկ արևելք ու արևմուտք դարձած կողմերում կանգնեցրեց բոլորակաձև աշտարակներ: Իսկ քաղաքի մեջ, մի բարձրավանդակի վրա, շինեց բազմաթիվ մթերանոցներ, որ կոչեց Ավգուստիոն, Ավգուստոսի պատվին: Եվ շատ տեղերից անհայտ ուղիներով ուրիշ ջրեր բերեց մտցրեց քաղաքը: Քաղաքը լցրեց զենքերով ու պահապան գնդերով և կոչեց Թեոդուպոլիս, որպեսզի քաղաքի անունը հիշելով անմահ մնա թագավորի անունը: Իսկ բխող ջերմուկները վերևից ծածկեց տաշած քարերով:

ՄԵՍՐՈՊԻ ԿՐԿԻՆ ՔԱՐՈԶՉՈՒԹՅՈՒՆ ԱՆԵԼԸ ԵՎ ԹԱՐԳՄԱՆԻՉՆԵՐԻ՝ ԲՅՈՒԶԱՆԴԻՈՆ ԳՆԱԼԸ

Մեսրոպը մնալով Շաղգոմք կոչված անապատ և հով տեղերում՝ առաջին խմբերի ուսուցումը վերջացրեց: Նա ոչ թե սովորեցնում էր որպես արվեստ, այլ աշակերտներին կարծես հոգի էր ներշնչում իբրև առաքյալ: Սրանից հետո այնտեղ իր աշակերտներից վերակացուներ թողնելով՝ Սպերում Ղևոնդին և Ենովքին, Դերջանում նրանց Գինդ եպիսկոպոսին, իսկ Եկեղյաց գավառում Դիանանին, ինքը գալիս է Այրարատ և գնում է Գողթն, իր առաջին բնակության գավառը:

Որովհետև հեթանոսական աղանդից մնացած դառն արմատը անիշխանության ժամանակ նորից երևան էր եկել և շատերի մեջ տարածվել, Երանելին նրանց բնաջինջ արեց Շաբիթի որդի հայրաբարո Գիտի օգնությամբ, որ այդ գավառի իշխանն էր: Նաև տեղեկացավ, որ չարության առաջին ուսուցիչները Բաղասական կողմերումն են: Նա գնաց այնտեղ, շատերին ուղղության բերեց և քչերին անդառնալի կերպով հալածեց Հոնաց երկիրը: Այն կողմերի ուսուցման գործը վստահելով Մուշեղ անունով եպիսկոպոսին՝ ինքը դարձավ Գարդմանի ձորի կողմերը, որովհետև լսեց, թե այնտեղ ևս կան նույն աղանդին հետևողներ: Նրանց էլ գտնելով՝ ուղիղ ճանապարհի է բերում, նորից ուղղության բերելով Գարդմանացոց իշխանին, որի անունն էր Խուրս: Այստեղից նրան հրավիրում է գուգարացիների Աշուշա բդեշխը, խնդրելով որ նույն գործի համար գա իր իշխանության երկիրը, Տաշիրք գավառը: Այնտեղ գնալով նա ավելի լավ և ավելի հիմնավոր կերպով սովորեցրեց, քան մյուս աշակերտածներին: Այս ժամանակ Վրաստանում թագավոր էր նստել մի ոմն Արձիլ:

Այնուհետև Մեսրոպը ետ եկավ, և նա ու Մեծն Սահակը նույն աշակերտներին, Հովսեփին և նրա մյուս ընկերոջը Կողբ գյուղից, որի անունն էր Եզնիկ, ուղարկեցին Միջագետք, Եդեսիա քաղաքը, որպեսզի ինչ գրքեր որ այնտեղ գտնվեն առաջին Սուրբ հայրերից գրված, շուտով մեր լեզվով թարգմանեն ու բերեն, որպեսզի այնուհետև Բյուզանդիոն ուղարկվեն նույն գործով: Նրանք մի քանի ստախոս մարդկանցից հրապուրիչ թղթեր ստանալով՝ իբրև թե Մեծն Սահակ և Մեսրոպ պատրաստվում են ուրիշներին

Բյուզանդիոն ուղարկել, իրենք, առանց ուսուցիչների հրամանի այնտեղից ուղղակի չվեցին գնացին Բյուզանդիոն, նախանձախնդիր լինելով բարի ուսմունքի, և հունարեն գրագիտության մեջ լավ վարժվելով՝ ձեռնարկեցին թարգմանելու և գրելու: Նրանց վրա նախանձելով նրանց աշակերտակից ընկերները, որոնց անուններն էին Ղևոնդ և Կորյուն, ինքնակամ ելան գնացին Բյուզանդիոն նրանց մոտ: Ապա նրանց մոտ են գալիս նաև Հովհանն ու Արձանը, որոնց Սահակն ու Մեսրոպը դեռ ավելի վաղ էին ուղարկել, բայց նրանք, դանդաղ ուղևորվելով և ծուլաբար տնտնալով՝ Կեսարիայում երկար մնացին: Նրանց բոլորին մեծ ընդունելություն ցույց տվեց բյուզանդացիների Մաքսիմիանոս եպիսկոպոսը:

ԵՓԵՍՈՍԻ ԺՈՂՈՎԻ ՄԱՍԻՆ, ՈՐ ԳՈՒՄԱՐՎԵՑ ԱՄԲԱՐԻՇՏ ՆԵՍՏՈՐԻ ՊԱՏՃԱՌՈՎ

Այս ժամանակները բյուզանդացիների եպիսկոպոսության աթոռը նստեց անարժանաբար ամբարիշտ Նեստորը և իրեական հասկացողության հետևելով հայհոյեց Ամենասուրբ Կույսին, ասելով թե նա մարդածին է և ոչ Աստվածածին: Որովհետև, ասում էր նա, ծնվածը նրանից սկիզբ առավ, ուրիշ էր Մարիամից շնորհով ծնված որդին և ուրիշ էր հորից հավիտենական ժամանակներից առաջ ծնված որդին, այնպես որ լինում են երկու որդի և երրորդությունը դառնում է չորրորդություն: Այս առիթով Ասիայի ծովահայաց Եփեսոս քաղաքում ժողովվեցին գրավոր վավերագրերի ընթերցմամբ Սուրբ հայրերը. Կելեստինոս՝ Հռոմի եպիսկոպոսը, Կյուրեղը՝ Ալեքսանդրիայի, Հոբնաղը՝ Երուսաղեմի, Հովհաննեսը՝ Անտիոքի, Մեմնոնը՝ Եփեսոսի, Պավղոսը՝ Հեմեսու, Թեոդոտիոսը՝ Անկյուրայի և ուրիշ շատերը, ընդամենը երկու հարյուր հայր, որոնք Նեստորին նզովելով՝ մի Որդու Աստծու դավանեցին մեր Տեր Հիսուս Քրիստոսին, և Ամենասուրբ Մարիամ Կույսին դավանեցին Աստվածածին:

Եվ որովհետև նույն ժողովում չպատահեցին Մեծն Սահակը և

Մեսրոպը, ուստի նրանց գրեցին Կյուրեղ Ալեքսանդրացին, Կոստանդնուպոլսի Պրոկղոս և Մելիտինեի Ակակ եպիսկոպոսները, նրանց զգուշացնելով, որովհետև լսել էին, թե չարափառ աշակերտներից ոմանք եկել են Հայաստան իրենց հետ վերցնելով Թեոդորոս Մամեստացու գրքերը, որ Նեստորի ուսուցիչն էր եղել և Թեոդորի աշակերտը: Այնուհետև եկան մեր թարգմանիչները, որոնց անուներն առաջուց հիշել ենք, և գտան Մեծն Սահակին և Մեսրոպին Տարոնի Աշտիշատում, հանձնեցին թղթերը և Եփեսոսի ժողովի կանոնները, սահմանված վեց կանոն, այլև Սուրբ գրքի ստույգ օրինակները:

Մեծն Սահակը և Մեսրոպն ընդունելով Սուրբ գրքի օրինակ, նորից թարգմանեցին մի անգամ շտապովի թարգմանվածը, նրանց հետ միասին, նորից հորինելով ու նորոգելով: Բայց որովհետև նրանք մեր արվեստին տեղյակ չէին, ուստի գործը շատ կողմերից թերի էր դուրս գալիս: Այս պատճառով Մեծն Սահակը և Մեսրոպը մեզ առան ուղարկեցին Ալեքսանդրիա, պանծալի լեզուն սովորելու, իսկական ճեմարանում կատարելագործվելու:

ՈՒՍՈՒՑԻՉՆԵՐԻ, ԻՐ ԵՎ ՈՒՍՈՒՄՆԱԿԱՆ ՃԱՆԱՊԱՐՀՈՐԴՈՒԹՅԱՆ ՄԱՍԻՆ, ԵՐԿՆԱՅԻՆ ԶԱՐԴԻ ՆՄԱՆՈՒԹՅԱՄԲ

Նրանք, որ շարունակ հետևում են իմաստասիրության և քննում են մաթեմատիկական գիտությունները, ասում են, թե աստղերը լույս են ստանում Լուսնից, Լուսինը լցվում է Արեգակի լույսով, իսկ Արեգակն արփային երկնքից, այնպես որ արփին լույսը սփռում է երկու գոտիներում և այս երկու գոտիները լույս են ստանում Արեգակից ըստ դասի, ըստ շարժման և ըստ ժամանակի: Սրա նման մենք էլ մեր հոգևոր հայրերի իմանալի ճառագայթներից մշտապես ցոլանալով, հարավային կողմերը շրջագայելով հասանք Եղեսիա քաղաքը, թեթևակի նավեցինք դիվանի խորքերի վրայով, այնտեղից անցանք Սուրբ տեղերին երկրպագելու և կարճ ժամանակ պաղեստինացիների ուսմամբ պարապելու:

Այդպիսի շրջագայությամբ մտանք Եգիպտոս, այն հռչակված աշխարհը, որ զերծ է անչափ ցրտից և տոթից, հեղեղներից և երաշտից, երկրի գեղեցիկ մասում զետեղված լինելով, ամեն տեսակ պտուղներով լիովին լցված, անձեռագործ Նեղոսով պարսպապատված, որ ոչ միայն պահպանություն է տալիս, այլև ընդունակ է իրենից մատակարարելու բավական կերակուր, և ոռոգման միջոցով տնօրինում երկրի չորությունը կամ խոնավությունը՝ մշակության համար, և ինչ բան որ երկրում չկա, գետը հեշտությամբ բերում է և առատություն է սփռում ինչպես կղզու վրա, պատում է երկրի շուրջը և բոլոր տեղերում հոսում է, տասներկու վտակի բաժանվելով: Այստեղ հարմարավոր դիրքում շինված է Ալեքսանդրիա քաղաքը, ծովի մեջ, բարեխառն կլիմայով, և շինված է արհեստական լիճ, որի պատճառով բարեխառն օդ է շնչում թե այնտեղից, ուր լճի ջրերը դեպի ծովն են հոսում, և թե ծովին մոտ տեղերից, այսպես հաճախակի քամիներ են շնչում, ծովի կողմից՝ թեթև և լճի կողմից թանձր, որոնց խառնուրդը խիստ առողջարար է կյանքի համար:

Այժմ այս քաղաքի առաջը չի նստում Պղոտենիոսը իր հինգ զագաթով, անապատ աշխարհը պատելով, այլ Մարկոսը իր ավետարանի քարոզությամբ, չկան վիշապի ցեղից դյուցազունների գերեզմաններ, այլ վայելչանում են սրբերի վկայարանները: Ոչ էլ Տուբի ամսի քսանհինգին խեղաթյուրված տոն է կատարվում, բեռնակիր անասուններին պսակելով, լրտուներին սպասավորություն անելով, կարկանդակներ բաժանելով, այլ նույն Տուբի ամսի տասնմեկին աստվածահայտնության տոնն է կատարվում, զովում են հաղթող նահատակներին, օտարներին ընդունելություն են անում և աղքատներին տուրքեր բաժանում: Այլևս չեն զոհում Սարապիսի չար դևին, այլ Քրիստոսի արյունը պատարագ են մատուցանում, այլևս չեն հարցնում պատգամ Պրոդեիադ սանդարամետից, այլ սովորում են պես-պես գիտություններ նոր Պլատոնից, իմ ուսուցչից, որին անբաժան աշակերտ չհանդիսացա և ոչ էլ գիտություն ձեռք բերի անկատար կերպով, թերի ուսումով:

Կամենալով նավով Ելլադա գնալ, սաստիկ քամիներով մղվեցինք ընկանք Իտալիա, Սուրբ Պետրոսի և Պողոսի հանգստարանները ողջունեցինք և երկար չմնացինք հռոմեացիների քաղաքում, Ելլադայով անցանք Ատտիկե, քիչ ժամանակ մնացինք Աթենքում: Ձմեռն անցնելուց հետո ճանապարհ ընկանք Բյուզանդիոն, մեր հայրենիքին փափագելով:

ՀԱՅՈՑ ՉԱՐ ՄԻԱԲԱՆՈՒԹՅԱՆ ՄԱՍԻՆ, ԵՐԲ ԻՐԵՆՑ ԱՆՁԵՐԻ ԿՈՐՈՒՍՏԸ ԽՈՐՀԵՑԻՆ

Բայց հայոց Արտաշիր թագավորը սկսեց թաղվել անչափ անառակ ցանկությունների մեջ, այն աստիճան, որ բոլոր նախարարները նրանից զզվեցին: Նրանք եկան Մեծն Սահակի մոտ, բողոք բարձրացրին և նրան էլ հրավիրեցին իրենց օգնելու, որպեսզի Արտաշիրի վրա չարախոսեն պարսից թագավորի առաջ, իրենց թագավորին դեն գցեն և պարսիկ բերեն աշխարհին կառավարող: Իսկ Մեծն Սահակ ասաց. «Ձեզ սուտ չեմ հանում, ինքս էլ լսել եմ նրա ցավալի, ամոթալի արարմունքները, շատ անգամ հանդիմանել եմ, բայց նա ուրացել է: Արդ՝ պետք է մի կարճ ժամանակ տանել այդ մարդու թերությունը, մինչև մտածենք մի ելք գտնենք հունաց Թեոդոս կայսրի միջոցով, բայց ոչ թե անօրեններին մատնել, ծաղր ու խայտառակ լինելու»:

Իսկ նրանք այս չէին կամենում, ջանք էին անում նրան իրենց համախորհուրդ դարձնել: Բայց նա ասաց. «Քավ լիցի, որ ես իմ մոլորված ոչխարը մատնեմ գայլերին, որ ես չպատեմ բեկվածին կամ հիվանդացածին, այլ գահավեժ անեմ: Եթե հավատացյալ թագավորի առաջ պետք լիներ գնալ, կփութայի, չէի հապաղի, հուսալով, թե գլորվածին ոտքի կարելի է կանգնեցնել, այլ հեթանոսներին հանձնել, ավելի մեծ կործանման համար՝ հանձն չեմ առնում համաձայն այն խոսքին, թե մի մատնիր գազաններին մի անձ, որ խոստովանում է քեզ: Որովհետև նա դրոշմված է ավազանով, թեպետ անառակ է, նա պոռնիկ է, բայց քրիստոնյա է, մարմնով ապականված է, բայց հոգով անհավատ չէ, վարքով զեխ է, բայց ոչ կրակապաշտ, նա թուլություն ունի դեպի կանայք, բայց տարերքներին չի երկրպագում: Եվ ինչպես կարելի է այդ իմ ախտավոր ոչխարը փոխել առողջ գազանի հետ, որի հենց առողջությունը մեզ համար պատուհաս է»:

Իսկ նախարարները մտածելով, թե խաբելու նպատակով է այդպես անում, որպեսզի իրենց անելիքը հետաձգել տա և թագավորին պատրաստի, միաբերան ասում են. «Որովհետև դու չկամեցար մեզ հետ համակերպվել, որ նա չթագավորի, ահա մենք էլ չենք կամենում, որ դու մեզ քահանա լինես»: Եվ բոլորը միաբանությամբ ելան գնացին պարսից Վռամ թագավորի մոտ, մի ոմն փառամոլ քահանայի՝ արծկեցի Սուրմակի հետ, չարախոսելու իրենց Արտաշիր թագավորի վրա և Մեծն Սահակի վրա, թե նրանք հույների կողմն են թեքվել:

ՀԱՅՈՑ ԹԱԳԱՎՈՐՈՒԹՅԱՆ ԴԱԴԱՐՈՒՄԸ ԻՐԵՆՑ ԿԱՄՔՈՎ ԵՎ ԵՊԻՍԿՈՊՈՍԱՊԵՏՈՒԹՅԱՆ ԱԹՈՌԻ ԱՆԱՐԳՎԵԼԸ

Այն ժամանակ պարսից Վռամ թագավորը Դուռը կանչեց հայոց Արտաշիր թագավորին և Մեծն Սահակին, և նրանից խնդրում էին, որ Արտաշիրին ամբաստանի, իսկ նա հրաժարվեց առհասարակ որևէ բան ասելուց, չար կամ բարի: Ապա Վռամը հրամայեց արքայից հազարապետին, որ Սուրենյան Պահլավ էր, որպեսզի իբրև ազգական, նրան սիրելաբար խրատ տա և համոզե: Եվ նա հրապուրիչ խոսքերով ասում էր. «Որովհետև դու ինձ արյունակից ես և հարազատ, ուստի քո բարին մտածելով ասում եմ, եթե այժմ միայն միաբանես նախարարների հետ, պարսից թագավորից մեծարանք կգտնես, և նա քո թոռ Վարդանին Հայաստանի վրա կնշանակի՝ հավասար և համապատիվ մի թագավորի»: Բայց նա հանձն չէր առնում և ասում էր. «Ինչպես կարող եմ ես ընկերի մասին չարախոսել փառասիրությունից կամ իշխանասիրությունից դրդված, կամ ինչու եք դուք այդպես ցանկանում Արտաշիրին գահընկեց անել: Ինձ բոլորովին հայտնի չէ, թե նա ապստամբության խորհուրդ ունեցած լինի, իսկ եթե նրան ամբաստանում են անառակ վարքի համար, նա դրանով պետք է պատվի արժանանա համաձայն ձեր անմաքրասեր կրոնի, թեպետ մեր կրոնով դատապարտելի է: Ինձանից համենայն դեպս դուք ոչինչ չեք լսի»:

Այն ժամանակ Վռամը զայրացած՝ մեծ հրապարակում քննություն է կատարում, և ուշադրություն դարձնելով Արտաշիրի խոսքերին՝ հոժարությամբ լսում էր չարախոսների ասածները, մանավանդ Սուրմակի աղտեղի խոսքերը: Որովհետև թշնամաբար տրամադրված հակառակասեր նախարարները նրան էին խոստացել եպիսկոպոսապետության աթոռը, ուստի ինքնասիրությունից դրդված իր լեզուն սատակիչ սուր դարձրեց: Վերջապես Վռամը հրամայեց՝ թագավորությունն առնել և նրան Պարսկաստանում արգելել և նրա ցեղի բոլոր գույքը արքունիք գրավել, նույնպես և Մեծն Սահակին, կաթողիկոսական տունը արքունիք գրավել, և նրա փոխարեն եպիսկոպոսապետության աթոռը տալ Սուրմակին: Իսկ նախարարներին արձակեց մեծամեծ պարգևներով՝ մի պարսիկ մարզպանի հետ, որ կոչվում էր Վեհմիհրշապուհ:

Բայց Սուրմակը պաշտոնում մնաց մի տարուց ոչ ավելի և հենց նույն նախարարների ձեռքով աթոռից հալածվեց: Նա հետո իր Բզնունյաց գավառի եպիսկոպոսությունն ստացավ պարսից թագավորից՝ ժառանգաբար նստելու: Իսկ մեր նախարարները Վռամից խնդրում էին ուրիշ աթոռակալ, և նա տվեց ոմն ասորի Բրքիշոյի: Սա եկավ վատթար ընկերակիցներով, հետը բերեց տանտիկին կանայք, վարում էր անժուժկալ շռայլ կյանք, հափշտակում էր վախճանված եպիսկոպոսների վիճակները: Այսպես վարվեց նա երեք տարի: Նախարարները չկարողանալով այս տանել՝ նորից Վռամին աղաչեցին՝ նրան փոխել և տալ մի ուրիշ մարդ ըստ իրենց վարք ու բարքի, կեսն էլ խնդրում էր Մեծն Սահակին:

ՄԵԾՆ ՍԱՀԱԿԻՆ ՊԱՐՍԿԱՍՏԱՆԻՑ ԱՐՁԱԿԵԼԸ ԱԹՈՌԱԿԱԼ ՇԱՄՈՒԵԼԻ ՀԵՏ ՄԻԱՍԻՆ

Ինչպես ասացինք, հայոց նախարարները երկու խմբի բաժանվելով՝ մարդիկ ուղարկեցին պարսից թագավորից աթոռակալ խնդրելու,- Արծրունյաց տեր Վաչեն և Աշոցքի տեր Հմայակը, ում որ թագավոր կամենա, իսկ Ապահունյաց տեր Մանեճը և Արշարունյաց տեր Սպանդարատը՝ Մեծն Սահակին: Նաև հունաց Անատոլ զորավարը Կարինից ուղարկեց կուսկայառիճեցի Հավուկին՝ խնդրելու, որ եթե պարսից թագավորը չի հաճում նրան իր բաժնում պահել, թող տա հունաց բաժնին: Եպիսկոպոսների բազմությունն էլ, Երանելի Մեսրոպի և եկեղեցու բոլոր պաշտոնյաների հետ նույն խնդրով ուղարկեցին Տիրուկ քահանային՝ Մովսեսիկի որդուն Վանանդի Զարիշատ գյուղից: Վռամը համաձայնեց երկու կողմերի խնդիրն էլ կատարելու.- եպիսկոպոսապետության աթոռի համար նշանակեց Շամուել անունով մի ասորու, որպեսզի Մեծն Սահակին ընդդիմադիր և հակաթոռ լինի, և որոշում է նրա գործը, ընկերանալ մարզպանին, վերահասու լինել պահանջվելիք հարկերի բաշխման, դատաստաններին և այլ աշխարհական կարգերին: Իսկ Մեծն Սահակին արձակելով՝ նրան թողնում է մի քանի գյուղ նրա կաթողիկոսական տանից, որպեսզի նստի միայն իր վիճակում, իրավունք ունենալով միայն՝ ուսուցանելու սովորական ուսմունքը և ձեռնադրելու նրանց, որոնց կհամաձայնի Շամուելը:

Բայց նրան արձակելիս կանչում է իր առաջ բազմամբոխ ատյանում և ասում. «Երդվեցնում եմ քեզ քո հավատով, որ հավատարիմ մնաս մեր հպատակության մեջ, ապստամբության խորհուրդներ չտածես՝ խաբվելով հունաց մոլորական հավատակցությունից, պատճառ դառնալով, որ Հայաստանը մենք կորուստի մատնենք, և մեր բարերարությունը չարության փոխարկես»: Այն ժամանակ ոտքի կանգնեց Մեծն Սահակը, պարկեշտ և նազելի դիրք բռնելով, ինչպես բեմբասացության ժամանակ, համեստ հայացքով և ավելի համեստ ձայնով, և սկսեց ճառել իր հպարտության երախտիքները և նրանց ապերախտությունը դեպի ինքը, միևնույն ժամանակ երևան հանեց նրանց կեղծավոր անուշ խոսքերն ու դառն խորհուրդներն ու չար գործերը, սրա հետ միասին նա ընդդիմախոսեց այն անմիտ հայհոյությանը, որ արտահայտեց թագավորն՝ ասելով. «մոլորական հավատակցություն», և նրանց պաշտամունքը խայտառակելով՝ խոսքն ավարտեց հրաշալի աստվածաբանությամբ, որքան որ հեթանոսների լսելիքը հանդուրժում էին, և ոչ թե պայծառ դավանությունը ամբողջովին զցեց անհավատների առաջ ծաղրելու համար, ինչպես մարգարիտը խոզերին ոտնակոխ լինելու, բայց այնքան կայծակի պես ցոլացրեց, որ մոգերի լեզուները մոխիր կտրեցին և ինքը թագավորը հիացած ապշած մնաց, և ատյանում եղած բոլոր բազմությունը, բարեկազմ պարսիկները, ականջները ցցած լսում էին ուշադրությամբ, այնպես որ Վռամը հրամայեց շատ արծաթ տալ նրան իբրև ճարտարախոս ու խիզախ հռետորի, որ այնպիսի թագավորի առաջ խոսում է այնպիսի համարձակությամբ:

Բայց նա չընդունելով՝ ասաց իր ազգակից Սուրենյան Պահլավին. «Նրա արծաթը թող իրեն մնա, բայց դու նրան համոզիր, որ այս երկու բանը կատարի ինձ համար, նախ՝ հրամայի, որ հայոց նախարարների գահը մնա այնպես, ինչպես սահմանվել է Արտաշիրից և պահպանվում է մինչև այսօր, և պարսիկ մարզպաններն իրավունք չունեն, չափազանցրած զեկուցումներ տալով, կամայականորեն փոփոխել: Եվ երկրորդ՝ որ իմ և քո ազգականի, երիտասարդ Գազավոնի, Հրահատի որդու տունը վերադարձնի, եթե ոչ իր տեղը տալով, քանի որ նա ատում է Արշակունի անունը, գոնե նախարարների կարգի մեջ մտցնելով, ինչ տեղում որ ինքը կամենա, ինչպես արեց նրա ազգակից Կամսարականին կամ Ամատունուն, սրանց հայրենական գահից և առաջնակարգ պատվից իջեցնելով ստորին աստիճանի, կամ գոնե արքունական գործակալությունը վստահի նրան (Ամատունուն) և զավակներին համանման վստահությամբ, մինչև որ Աստված քաղցրանա և նրան նորից տա հայրենական գահը որևէ թագավորի ձեռքով: Արդ՝ ջանա նրան համոզել ճարտար միջնորդի նման»:

Վռամը համաձայնելով՝ հրամայում է բոլորը կատարել, և նրա թոռ Վարդան ստրատելատին նորից հաստատելով իր Մամիկոնյան ցեղի տերության մեջ, ուղարկում է Հայաստան: Բայց եթե մեկն ասի, թե մենք պետք է գրենք Մեծն Սահակի խոսածները պարսից ատյանում, թող նա գիտենա, որ ամբողջն իսկությամբ մեր լսելիքին չի հասել ոչ ոքից, ուստի և մենք չենք հոժարում հյուսել այս պատմության մեջ: Որովհետև ես էլ մի մարդ եմ ծերացած և հիվանդոտ և թարգմանություններից անպարապ, ես միտքս դրի միայն շտապել, առանց խոսքի մաքրության հետևելու, որպեսզի քո կամքը կատարված լինի, և ես ազատվեմ քո ստիպողական խոսքերից և աղաչանքներից, քեզ էլ ես մարդ եմ համարում, կարիքների կողմից մեզ հավասար, և ոչ թե, ինչպես քերթողներն ասում են, որ իշխաններն աստվածների զարմից են, նրանց մերձավոր և սերնդակից:

ՄԵԾՆ ՍԱՀԱԿԻ ԱՆԱՐԺԱՆ ԻՇԽԱՆԱԿԻՑ ՇԱՄՈՒԵԼԻ ԳՈՐԾԵՐԸ

Շամուելը գալով գրավեց եպիսկոպոսության աթոռը, և հետևեց Բրքիշոյի վարքին, ագահության կողմից նրան գերազանցելով, որովհետև նա հափշտակում էր միայն վախճանված եպիսկոպոսների վիճակները, իսկ սա՝ նաև կենդանիներինը, որովհետև մեռածների տեղը նոր եպիսկոպոսներ ձեռնադրել թույլ չէր տալիս Մեծն Սահակին, իսկ կենդանիներին էլ չնչին պատճառներ գտնելով արքունական հարկերի խափանման մեջ, հալածում էր և բոլորի վիճակները խլում յուրացնում էր:

Ուստի նա ատելի դարձավ բոլոր եպիսկոպոսներին և արհամարհվեց, այնպես որ թեկուզ բյուրավոր չարիքներ նրանից կրեին, չէին գալիս նրա մոտ, բացի այն Սուրմակից, որի վիճակը նույնիսկ մեծացրեց, արքունական հրամանով շատերի վիճակները խլելով ու նրան հանձնելով: Ուրիշ եպիսկոպոսներ էլ, նրան նախանձելով, հանդգնեցին նույն բանն անել, պարսից թագավորին դիմելով իրենց իշխանների միջոցով:

Իսկ Մեծն Սահակը չդադարեց հոգևոր կաթով սնուցանել եկեղեցու մանուկներին Մեսրոպի հետ միասին, որին հաստատեց Վաղարշապատ քաղաքի կաթողիկե եկեղեցում, իսկ ինքը մնաց Բագրևանդ գավառում, այն տեղում, ուր երկրից լույս ծագեց՝ երբ Սուրբն Գրիգոր մկրտում էր Տրդատ թագավորին և բոլոր հայերին:

Բայց Շամուելը հինգ տարի ապրելով մեռավ մեր երկրում: Այն ժամանակ բոլոր նախարարները ժողովվեցին, գնացին Մեծն Սահակի մոտ, խոստովանեցին իրենց հանցավորությունը և աղաչեցին, որ նորից դառնա իր աթոռը, խոստանում էին, որ պարսից թագավորից նրան հաստատել կտան, և բոլորը կնքում էին ուխտի գիր, որ նույն իշխանությունը նրա թոռներին կտան ժառանգաբար: Բայց նա հանձն չէր առնում: Նրանց շատ թախանձանքներից ստիպված պատմեց նրանց այն տեսիլքը, որով քնի մեջ շատ ժամանակ առաջ հայտնվեցին ապագայում գալիքները: Նախարարներն այս լսելով և հասկանալով, որ աստվածային հրամանով նրա ցեղից քահանապետությունը դադարեց, արտասվեցին, վայ տվին իրենց, համաձայն ավետարանի խոսքին, թե «Գայթակղությունը պետք է գա, բայց վայ նրանց, որոնց ձեռքով կգա գայթակղությունը» և թողին նրա կամքին:

ՄԵԾՆ ՍԱՀԱԿԻ ԵՎ ԵՐԱՆԵԼԻ ՄԵՍՐՈՊԻ ԱՅՍ ԱՇԽԱՐՀԻՑ ՓՈԽՎԵԼԸ

Վռամը քսանմեկ տարի պարսից վրա թագավորելուց հետո մեռնում է, տերությունն իր Հազկերտ որդուն թողնելով: Սա հաշտությունը մոռանալով, հենց թագավորելուն պես դիմում է Մծբինի մոտ եղած հունաց զորքերի վրա: Ատրպատականի գնդին էլ հրամայում է մեր երկիրը մտնել: Սրանք եկան և անկարգ կերպով բանակ դրին Բագնաց ավանի (Բագավանի) մոտ:

Այս ժամանակ Մեծն Սահակի վրա մահվան հիվանդություն հասավ, աշակերտները նրան առան փոխադրեցին Բլուր կոչված գյուղը, իբրև մի ավելի սովոր և պարսից զորքերից ազատ տեղ, որոնք նրանց նեղություն էին տալիս: Այստեղ հասավ նրա վախճանը, հիսունմեկ տարի եպիսկոպոսապետություն անելուց հետո, սկսելով հայոց վերջին Խոսրով թագավորի երրորդ տարուց մինչև պարսից Հազկերտ թագավորի առաջին տարվա սկիզբը, նավասարդ ամսի վերջին, իր ծննդյան օրը: Որ մահկանացու ծնվելով՝ անմահ թողեց իր հիշատակը, պատվեց պատկերը, պատկառեց կոչումից, կյանքից կյանք փոխադրվեց, և այնպես կենցաղավարեց այնքան տարի, ու ծերությունից ոչ մի տեսակ պակասություն չերևաց նրա վրա և ոչ որևէ ախտի ենթարկվեց:

Նրա մասին պետք է փառավոր ճառ գրել, դրվատել մեր Սուրբ հորը, ինչպես նրան արժան է, բայց որպեսզի գլխի երկարությունը ընթերցողին ձանձրույթ չպատճառի, ուրիշ տեղի և ժամանակի կթողնենք այս բաները, այս գրքից դուրս, ինչպես սկզբի մասին էլ խոստացանք գրել:

Բայց նրա պատվական մարմինը վերցրին նրա սարկավագապետ Երեմիան իր աշակերտակիցներով և նրա հարսը՝ Դստրիկ անունով Մամիկոնյան տիկինը, որ Վարդան ստրատելատի կինն էր, տարան թաղեցին իրենց Աշտիշատ գյուղում, որ գտնվում էր Տարոն գավառում: Նրա աշակերտները, կրոնավոր սպուդեները իրենց գավառները ցրվելով՝ վանքեր հիմնեցին և եղբայրներ ժողովեցին:

Սուրբ Սահակի վախճանվելուց հետո, մեհեկան ամսի տասներեքին, Երանելի Մեսրոպն էլ այս աշխարհից փոխվեց Վաղարշապատ քաղաքում, գերազանցելով բոլոր առաքինի մարդկանցից, որպիսիք այն ժամանակ կային: Որովհետև ամբարտավանությունը և մարդահաճությունը նրա վարքում երբեք տեղ չգտան, այլ հեզ, բարյացակամ և բարեմիտ լինելով, երևում էր բոլորին երկնայինների սովորությամբ զարդարված: Որովհետև նա հրեշտակի տեսք ուներ, բեղմնավոր միտք, պայծառ էր խոսքով, գործերով ժուժկալ, մարմնով փառահեղ, սովորություններով աննման, խորհրդակցությամբ մեծ, հավատով ուղիղ, հուսով համբերող, սիրով անկեղծ, ուսուցանելիս անձանձրույթ: Բայց որովհետև բոլոր բարեմասնություններն անկարող եմ թվել, խոսքս կդարձնեմ նրա մարմնի հուղարկավորությանը:

Ինչպես լսեցի բազմաթիվ և արժանահավատ անձերից, խաչի աղոտ ձևով լույս էր շողում այն տան վրա, որտեղ Երանելին հոգին ավանդեց, և շուտով չանհետացավ այս շողքը, քչերին տեսանելի չեղավ, այլ ամբողջ բազմությանը, այնպես որ շատ անհավատներ մկրտվեցին: Այս ժամանակ ժողոված բազմության մեջ աղմուկ և շփոթություն ծագեց՝ այն պարկեշտ մարմինը թաղելու տեղի պատճառով, որ դեռ մահից առաջ մեռելության վարժեցրել էր իրեն: Բաժանվել էին երեք խմբի, մի մասն առաջարկում էր տանել

Տարոն, իր ծննդավայրը, մյուսները՝ տանել Գողթն, որտեղ առաջին անգամ ուսուցել էր, մի մասն էլ առաջարկում էր թաղել հենց Վաղարշապատ քաղաքում, Սրբերի հանգստարանում: Բայց հաղթեց քաջ Վահան Ամատունին, որ ավելի ջերմեռանդ էր հավատով և հզոր էր մարմնավորապես, որովհետև պարսիկներն այդ ժամանակ նրան էին վստահել մեր հայոց երկրի հազարապետությունը: Նա մարմինը վերցրեց և արժանավայել հուղարկավորությամբ տարավ իր գյուղը՝ Օշական:

Եվ նույն լուսեղեն խաչի երևույթը դագաղի վրա գնում էր դեմ հանդիման ժողովրդին, մինչև նրան հողին հանձնեցին Վահանը և նրա սպասավոր Թաթիկը, որից հետո նշանն աներևույթ եղավ: Իսկ եպիսկոպոսապետության աթոռը իբրև տեղակալ նստեց Երանելի Մեսրոպի հրամանով նրա աշակերտը Հովսեփ քահանան, որ Վայոց ձորի Հողոցիմ գյուղից էր:

ՈՂԲ՝ ՀԱՅՈՑ ԹԱԳԱՎՈՐՈՒԹՅԱՆ ԱՐՇԱԿՈՒՆՅԱՑ ՑԵՂԻՑ ԵՎ ԵՊԻՍԿՈՊՈՍԱՊԵՏՈՒԹՅԱՆ՝ ՍՈՒՐԲ ԳՐԻԳՈՐԻ ՏՈՀՄԻՑ ԴԱԴԱՐԵԼՈՒ ՄԱՍԻՆ

Ողբում եմ քեզ Հայոց աշխարհ, ողբում եմ քեզ, բոլոր հյուսիսային ազգերի մեջ վեհագույնդ, որովհետև վերացան թագավորդ և քահանադ, խորհրդականդ և ուսուցանողդ, վրդովվեց խաղաղությունը, արմատացավ անկարգությունը, խախտվեց ուղղափառությունը, հիմնավորվեց տգիտությամբ չարափառությունը:

Խղճում եմ քեզ, Հայաստանյայց եկեղեցիդ՝ բեմիդ բարեկարգությունից անշքացած, քաջ հովվից և հովվակցից զրկված: Այլևս չեմ տեսնում քո բանավոր հոտը դալար տեղում և հանգիստ ջրերի մոտ սնվելիս և ոչ էլ փարախի մեջ ժողոված՝ գայլերից զգուշանալու համար, այլ ցիրուցան եղած անապատներում և գահավեժ տեղերում:

Երանի առաջին և երկրորդ փոփոխություններին, որովհետև եղավ մի ժամանակ, որ փեսան և խաչեղբայրը հեռացան, բայց դու, հարսդ, համբերեցիր, ողջախոհությամբ պահելով ամուսնությունդ, ինչպես մեկը մեզանից առաջ իմաստնաբար ասաց: Մյուս անգամ էլ, երբ մեկը սիրեկանի նման հանդգնաբար հարձակվեց քո անարատ առագաստի վրա, դու հարսդ, չապականվեցիր, թեպետ բռնի կերպով փեսան վտարվեց - երբ ընդվզող որդիները իրենց ծնողին անարգեցին, նման այն խորթին, որոնք արժանապես անարգում են օտար հորը և եկվոր խորթ հորը,- բայց դու այս անգամ էլ ամեն բանով լքված չմնացիր, ակնկալելով քո փեսայի դարձին, դու հովվակցի ձեռքով մանուկներիդ փայփայեցիր, ոչ ինչպես տագերոջ, այլ ինչպես նույն զավակների տեր երկրորդ հոր ձեռքով: Իսկ այս երրորդ անգամ հեռանալիս՝ այլևս չկա դարձի ակնկալություն, որովհետև մարմնից բաժանվեց իր ընկերոջ ու գործակցի հետ:

Նրանց համար լավ է Քրիստոսի հետ բնակվել, Աբրահամի գոգում հանգչել և հրեշտակների խմբերը տեսնել: Բայց դու ես, որ արիությանդ մեջ առանց հոգացողի մնացիր, և մենք ենք խղճալի, որ զրկվեցինք հայրական խնամակալությունից: Որովհետև այնպես չէ մեր վիճակը, ինչպես հնում այն խրատելացոց ժողովուրդը, այլ մեր թշվառությունն ավելի է: Որովհետև Մեսրոպը վերացվում է, բայց Հեսուն չի հաջորդում, որ առաջնորդի դեպի Ավետյաց երկիրը: Ռոբովամն իր ժողովրդից մերժվեց, բայց նրան փոխարինեց Նաբատի որդին, և Աստծու մարդուն ոչ թե առյուծը ոչնչացրեց, այլ հասուն տարերքը: Եղիան համբարձավ, բայց Եղիսեն չմնաց կրկնակի հոգով՝ Հեսուին օծելու, այլ դեռ Ազայելն էլ հրավիրվեց Իսրայելին կոտորելու: Սեդեկիան գերի տարվեց, բայց չկա Զորաբաբել, որ տերությունը նորոգի: Անտիոքոսը բռնադատում է թողնել հայրենի կրոնը, բայց Մաղաթիան չի դիմադրում, պատերազմը մեզ շուրջանակի պաշարել է, բայց Մակաբեն չի փրկում: Այժմ ներսը կռիվներ, դրսից արհավիրք, արհավիրք հեթանոսների կողմից և կռիվներ հերձվածողների կողմից, և չկա այն խորհրդականը, որ խրատեր և պատերազմի պատրաստեր:

Ավաղ այս զրկանքներին, ավաղ այս թշվառ պատմությանը: Ինչպես դիմանամ այս ցավերին, ինչպես ամրապնդեմ միտքս ու լեզուս և հայրերիս հատուցանեմ խոսքով ծնունդի և սնունդի փոխարեն: Որովհետև նրանք ինձ ծնան և սնուցին իրենց տված ուսումով և ուրիշների մոտ ուղարկեցին կատարելագործվելու: Եվ մինչ նրանք սպասում էին մեր դարձին, որ փառավորվեին իմ անիմաստ գիտությամբ և լիակատար պատրաստությամբ, և մենք էլ Բյուզանդիայից շտապ շտապ դիմելով, հույս ունեինք հարսանիքներում պարել, խիզախ և արագ շարժումներով, և առազաստի երգեր երգել, այժմ, այդ ուրախության փոխարեն, գերեզմանի վրա ողբեր եմ ասում, ողորմելի հառաչելով, նույնիսկ չհասա տեսնելու նրանց աչքերի փակվելը, լսելու նրանց վերջին ձայնն ու օրհնությունը:

Այսպիսի վշտով խեղդվում եմ, մեր հոր կարոտով մաշվում: Ուր է այն քաղցր աչքերի հանդարտությունը ուղիղների համար և ահավորությունը շեղվածների համար, ուր է այն զվարթ շրթունքների ժպիտը լավ աշակերտներին հանդիպելիս, ուր է այն բարյացակամ սիրտը, որ հետևողներ էր գրավում, ուր է երկայն ճանապարհները հիշեցնող հույսը, նեղություններից հանգստացողը, կորավ ժողովուրդը, ծածկվեց նավահանգիստը, լքեց օգնականը, լռեց խրախուսիչ ձայնը: Ով այսուհետև պետք է հարգի մեր ուսումը, ով պետք է ուրախանա իր՝ աշակերտիս առաջադիմությամբ, ով հայրական զվարճությունը պիտի արտահայտի՝ մասամբ իր՝ որդուց հաղթվելով: Ով պետք է զսպի առողջ վարդապետության հակառակ դուրս եկողների հանդգնությունը, որոնք ամեն բանով քանդված ու քայքայված՝ շատ ուսուցիչներ են փոխում և բազմաթիվ գրքեր, ինչպես ասաց հայրերից մեկը, ամեն խոսքի առթիվ նրանք հավասարապես նեղանում են, և մարդկանց համար չար օրինակ են դարձնում մեզ ծաղրելն ու արհամարհելը, իբրև անհաստատ և որևէ պիտանի արվեստից զուրկ մարդկանց: Ով պետք է նրանց պապանձեցնի սաստելով և մեզ սփոփի գովելով և չափ դնի խոսքի և լռության:

Երբ մտածում եմ այս բաների մասին, իմ մեջ հառաչանք և արտասուք են ծագում, ինձ թելադրում են տխրալից և սգավոր խոսք ասել: Եվ չգիտեմ ինչպես հորինեմ իմ ողբը և կամ ում արտասվեմ,- արդյոք իմ թշվառ մանուկ թագավորին, որ վատթար խորհրդակցությամբ իր ցեղով հանդերձ դեն զցվեց և նախ քան մահով մեռնելը անարգաբար աթոռից կործանվեց, թե ինձ, որի գլխից վերցվեց փառավորող գեղեցիկ կյանքին օգտակար պսակը, արդյոք իմ հորն ու քահանայապետին, այն վսեմ մտքին, որ ուր գնում, տանում էր կատարյալ խոսքը, որով կառավարում էր և բարեկարգում, և սանձերը բուռը հավաքած՝ ուղղություն էր տալիս դեմքերին և սանձահարում էր օտարոտի մտքեր հայտնող լեզուները, թե ինձ, նրա հոգու խանդից զրկվածիս ու տնանկիս, արդյոք իմ ծնողին, այն վարդապետության աղբյուրը, որ ոռոգում է արդարությունը և իբրև հեղեղ դուրս էր քշում ամբարշտությունը, թե ինձ, նրա խրատները խմելու ծարավից ցամաքածիս ու թառամածիս, արդյոք մեր երկրին արդեն եկած աղետները թե ապագայում սպասվածները:

Ով մեզ այս բաներում ճառակից կլինի՝ մասնակցելով մեր տրտմությանը, ով մեզ կընկերանա՝ ցավակցելով մեր ողբին, կամ արձանների վրա փորագրելու: Զարթիր, Երեմիա, զարթիր և մարգարիանալով հանդերձ ողբա այն, ինչ թշվառություններ որ կրեցինք և ինչ դեռ պիտի կրենք, գուշակիր, որ տգետ հովիվներ պետք է երևան գան, ինչպես գուշակեց Զաքարիան իսրայելացիների համար:

Ուսուցիչները տխմար ու ինքնահավան, իրենք իրենցից պատիվ գտած և ոչ Աստծուց կոչված, փողով ընտրված և ոչ Սուրբ հոգով, ոսկեսեր, նախանձոտ, թողած հեզությունը, որի մեջ Աստված է բնակվում, և գայլ դարձած գիշատում են իրենց հոտերը:

Կրոնավորները կեղծավոր, ցուցամոլ, սնափառ, պատվամոլ, քան թե աստվածասեր:

Վիճակավորները հպարտ, դատարկապորտ, դատարկախոս, ծույլ, գիտություններն ու վարդապետական գրվածքներն ատող, առևտուր և կատակերգություններ սիրող:

Աշակերտները սովորելու մեջ ծույլ, սովորեցնելու մեջ փութաջան, որոնք դեռ չսովորած՝ աստվածաբան են :

Աշխարհականները ամբարտավան,ստահակ, մեծախոս, աշխատանքից խուսափող, արբեցող, վնասարար, ժառանգությունից փախչող:

Զինվորականները անարի, պարծենկոտ, զենք ատող, ծույլ, ցանկասեր, թուլամորթ, կողոպտիչ, գինեմոլ, հելուզակ, ավազակներին համաբարո:

Իշխանները ապստամբ, գողերին գողակից, կաշառակեր, կծծի, ժլատ, ագահ, հափշտակող, երկիր ավերող, աղտեղասեր, ստրուկներին համախոհ:

Դատավորները տմարդի, ստախոս, խաբող, կաշառակեր, իրավունքը չպաշտպանող, անկայուն, ընդդիմացող:

Եվ առհասարակ սերն ու ամոթը ամենքից վերացած:

Եվ ինչ կա այս բոլորի դիմաց, եթե ոչ այն, որ Աստված մեզ անտես է արել, և տարրերը փոխել են իրենց բնույթը, գարունը երաշտացած, ամառը սաստիկ անձրևային, աշունը ձմեռ դարձած, ձմեռը սաստիկ ցուրտ, մրրկալից և երկարատև: Քամիները բքաբեր ու խորշակաբեր, ցավեր տարածող ամպերը կայծակներ թափող, կարկտաբեր, անձրևներն անժամանակ և անօգուտ, իսկ պակասելը՝ չափազանց, հողի պտուղների անբերրիություն և անասունների անաճելություն, այլև երկրաշարժներ և սասանումներ: Եվ այս բոլորի վրա ամեն կողմից խռովություն, համաձայն այն խոսքի, թե ամբարիշտներին խաղաղություն չկա:

Որովհետև մեզ տիրեցին խստասիրտ և չար թագավորներ, որոնք ծանր, դժվարակիր բեռներ են բարձրացնում, անտանելի հրամաններ են տալիս, կառավարիչները կարգ չեն պահպանում, անողորմ են, սիրելիները դավաճանված են, թշնամիները զորացած, հավատը ծախվում է այս ունայն կյանքի համար: Ավազակներ են գալիս անհատնում և շատ կողմերից, տները թալանվում են, ստացվածքները հափշտակվում, գլխավոր մարդիկ կապվում են, հայտնի անձեր բանտարկվում են, դեպի օտարություն են աքսորվում ազնվականները, անթիվ նեղություններ են կրում ռամիկները, առնվում են քաղաքներ, քանդվում են ամրոցներ, ավերվում են ավաններ, հրդեհվում են շինություններ, անվերջ սովեր և հիվանդություններ և բազմատեսակ համաճարակներ: Աստվածապաշտությունը մոռացված է և կա դժողքի ակնկալություն:

Սրանից փրկիր, Քրիստոս Աստված, մեզ և բոլորին, որոնք ճշմարտությամբ երկրպագում են նրան: Նրան Փառք, բոլոր աստվածներից, Ամեն:

Ավարտվեց երրորդ գիրքը, որով վերջանում է Հայոց մեծերի պատմությունը: